EDUCAÇÃO ORQUESTRADA

Memórias de Uma Professora Universitária

AUTORIA
GABRIELA NEVES DELGADO

LTr®

EDUCAÇÃO ORQUESTRADA

Memórias de Uma Professora Universitária

Memorial de Cátedra
da Primeira Professora
Titular da Faculdade
de Direito da UnB

LTr Editora Ltda.

Rua Jaguaribe, 571
CEP 01224-003
São Paulo, SP — Brasil
Fone (11) 2167-1101
www.ltr.com.br
Abril, 2024

Produção Gráfica e Editoração Eletrônica: RLUX
Projeto de capa: DANILO REBELLO
Impressão: LOG & PRINT GRÁFICA E LOGÍSTICA

Versão impressa — LTr 6447.8 — ISBN 978-65-5883-300-0
Versão digital — LTr 9913.0 — ISBN 978-65-5883-301-7

Dados Internacionais de Catalogação na Publicação (CIP)
(Câmara Brasileira do Livro, SP, Brasil)

Delgado, Gabriela Neves
Educação orquestrada : memórias de uma professora universitária / Gabriela Neves Delgado — São Paulo : LTr, 2024.

Bibliografia
ISBN 978-65-5883-300-0

1. Direito do trabalho — Brasil 2. Educação superior 3. Professores universitários — Autobiografia 4. Relatos de experiências I. Título.

24-201442 CDU-34:331:377.8 (092)

Índice para catálogo sistemático:

1. Professores : Autobiografia : Direito do Trabalho 34:331:377.8 (092)

Cibele Maria Dias — Bibliotecária — CRB-8/9427

A cada manhã, nascemos em nós mesmos e uns pelos outros.

Para *Lucilia de Almeida Neves Delgado*, minha mãe-professora, e
Mauricio José Godinho Delgado, meu pai-professor,
com profundo amor e gratidão.

Para *Francisco Neves Delgado Bandeira* e
Isabela Neves Delgado Bandeira, meus filhos,
com os olhos preenchidos de gratidão por recebê-los em vida.
Sempre, com todo o amor que vive em mim.

SUMÁRIO

NOTA DA AUTORA

Em dezembro de 2023, fui promovida à cadeira de *Professora Titular de Direito do Trabalho da Faculdade de Direito da Universidade de Brasília – UnB.*

Tornar-me Professora Titular da UnB é uma honra, sobretudo porque se trata de uma Universidade Pública inclusiva, plural, democraticamente construída e legitimada a produzir Ciência a partir da problematização da realidade brasileira e de suas contradições, e com projeto de transformá-la. Mais do que isso, desde o idealizado por Darcy Ribeiro, a UnB se faz uma Universidade da sua gente, o povo brasileiro[1].

Para além da realização pessoal e profissional, alcançar tão sonhada titulação significa também contribuir, de forma definitiva, para a abertura de novos caminhos de afirmação e pertencimento de mulheres em meio aos desafios da carreira universitária, sobretudo considerando o fato de que, no ano de 2023, não haviam Professoras Titulares de Direito do Trabalho, na ativa e em exercício, nas Universidades Públicas brasileiras, considerados os 26 estados e o DF.

Da mesma maneira, ao final de 2023 ainda não tínhamos Professoras Titulares no quadro docente da Faculdade de Direito da UnB. *Tornei-me a primeira Professora Titular da Faculdade de Direito da UnB, em seus 61 anos de existência,* dado que o Curso de Direito foi inaugurado com a criação da Universidade de Brasília, em 1962.

---

(1) RIBEIRO, Darcy. *O povo brasileiro:* a formação e o sentido do Brasil. 4. ed. São Paulo: Global Editora, 2022.

A titularidade se concretizou numa dimensão muito maior do que eu poderia imaginar. Sinto-me, portanto, agradecida pela construção acadêmica de uma vida toda.

Neste livro, apresento o resultado dos Memoriais defendidos, perante Comissão Especial Examinadora, como um dos pressupostos obrigatórios para promoção à titularidade docente. O objetivo é, em grande medida, demonstrar como a educação me constitui enquanto pessoa e à forma como me coloco e me projeto no mundo enquanto professora universitária, pesquisadora e escritora. O texto também resgata minha atuação e integração como Professora da Faculdade de Direito da UnB, a partir da estruturação do que reconheço como *práticas da educação orquestrada, na docência do Direito do Trabalho.*

Que esta narrativa te alcance e que seja capaz de refletir a importância da educação como caminho da maior grandeza para uma existência com sentido.

Boa leitura!

APRESENTAÇÃO

Em 61 anos de existência da Universidade de Brasília, *Gabriela Neves Delgado* tornou-se a *primeira Professora Titular da Faculdade de Direito*. Alcançou o ponto mais alto da carreira docente em dezembro de 2023, 14 anos após haver ingressado na UnB. Não se trata de um feito qualquer. A conquista da especialista em Direito do Trabalho torna o mundo menos masculino e mais humano. E isso é motivo de comemoração para mulheres e homens.

Educação orquestrada: memórias de uma professora universitária, o memorial defendido para ilustrar a brilhante trajetória e que lhe concedeu o almejado título, mostra por inteiro a vida e a obra de Gabriela. Porque em sua trajetória há fusão e indissociabilidade entre o que ela é nas diferentes esferas, entre os espaços públicos e privados. Sua biografia identitária e acadêmica não pode ser decomposta em capítulos separados.

Se a educação precisa ser "orquestrada" em simbiose permanente, a regente Gabriela, nascida em Minas Gerais e brasiliense por adoção, é também ela um conjunto de pessoas e instrumentos. A música, que ela compõe e interpreta com todos os naipes, se faz de ouvido atento às questões contemporâneas que marcam a educação e o ensino superior no Brasil, em busca do equilíbrio entre sonho e realidade. A excelência está na mesma partitura da responsabilidade social. E o indivíduo ético pertence ao coletivo.

Gabriela atuou e atua na docência, na gestão e na pesquisa de modo exemplar. Ocupou cargos de relevância na estrutura da Faculdade de Direito e ofereceu inestimável colaboração ao longo dos anos para a administração da Universidade e seus Conselhos Superiores. Sabe que a democracia é parte do DNA da UnB e está presente em seu dia a dia. Leva esta convicção aos estudantes que recebe de braços abertos todos os semestres, compreendendo suas diferentes origens, seus diferentes desejos, suas múltiplas vocações.

Conheci a autora em 2009, quando eu era Decana de Ensino de Graduação e ela, Coordenadora de Graduação do Curso de Direito. Nunca mais nos perdemos de vista. A admiração pelo ex-reitor José Geraldo de Souza Junior e seu trabalho de vanguarda no pensamento e nas ações jurídicas é apenas um dos muitos elementos que nos unem.

Não poderia ter sido diferente: li com imenso prazer e orgulho este trabalho. É verdade que atravessei com algumas interrogações as partes duras da teoria jurídica (sou geóloga!). Mas também não é menos sincero o doce vagar com que passeei pelos trechos em que a maestrina-doutora nos mostra como suas profundas raízes se transformam em afetos multiplicadores.

Ao final, me senti parte tanto da orquestra como da plateia: toquei flauta e violino para a beleza do texto e aplaudi, entusiasmada, a pedagogia que transforma generosidade em conhecimento e vice-versa.

Felicidade e sorte da UnB, portanto, de ter em seu quadro de docentes a dedicação, o amor e o conhecimento de Gabriela Neves Delgado. Que este memorial se transforme em parte imensa de nossas boas memórias sobre a missão universal da docência universitária – com força e confiança no futuro do país, de fato e de direito por todas e todos que aqui experimentam o viver.

Márcia Abrahão

Reitora da Universidade de Brasília – UnB

PREFÁCIO

Se a Leitora ou o Leitor tiver a sorte de estar vendo uma árvore – ou mesmo se apenas imaginá-la – talvez possa concordar comigo que se trata de uma espécie de milagre.

Um milagre, é certo, tão milagre quanto um beija-flor, ou um arco-íris, ou um rio correndo ou um mar se abrindo, ou tantas outras maravilhas que a Natureza nos deu.

Mas um milagre, de todo modo, com elementos próprios e interessantes.

Na verdade, uma árvore revela ou esconde mil histórias por entre as folhas. E seja ela um jovem jacarandá ou um velho pequizeiro, certamente poderá nos ajudar a entender um pouco melhor o nosso mundo.

Se, por exemplo, uma árvore pudesse falar, ela saberia nos dizer onde viviam os seus pais ou os seus avós; e por qual razão suas raízes estão fincadas ali, tão longe de seu antigo chão.

Pois as árvores também caminham, graças aos ventos e passarinhos que vão levando as sementes. Aliás, às vezes, até lembram as migrações humanas. É todo um *povo de árvores* que se desloca da planície para a montanha ou para a beira de um rio.

E se uma árvore quisesse nos fazer sonhar, poderia nos contar, talvez, tantos contos de fadas e bruxas, gnomos e anões, gigantes e ogros, príncipes e princesas, crianças e dragões, todos eles lembrados nos belos livros da infância, ou segredados à beira de nossa cama, onde os nossos pais se sentavam para nos ajudar a dormir.

Alguns desses personagens habitavam também o mundo da roça, como a mula-sem-cabeça-soltando-fogo-pela-boca ou as tantas *assombrações* de minha própria meninice; e, num tempo ainda sem rádio e quase sem correio, algumas delas viajavam longe, para terras distantes, cantadas e contadas nas violas dos caboclos.

Outros personagens florestais povoaram o Brasil Colônia, onde os primeiros descobridores – ou, se quisermos, invasores – descreviam seres também sem cabeça, como aquela mula, mas com a boca na barriga; e mulheres nuas, de longos cabelos, e arco e flecha nas mãos, guerreando – invencíveis – nas margens do Solimões.

Mais abaixo, na Patagônia, talvez houvesse terríveis gigantes. E nas batalhas no meio das árvores, não só as cabeças dos indígenas quebravam as lanças dos invasores, como do chão podiam brotar anões fortíssimos e perigosos. E todo esse contingente arbóreo formaria o grande exército do Anticristo, na guerra final com o Cristo, anunciando o Apocalipse.

Em sentido bem diferente, conta-se que era à sombra das árvores que outros povos antigos se reuniam para ouvir as queixas e as iras, as denúncias e os pleitos, julgando os seus semelhantes. Nesses tribunais a um só tempo tão simples e imponentes, as folhas serviam para proteger do caos exterior os juízes e as partes, ritualizando e contendo a violência dos conflitos.

Será por isso, talvez, que até hoje, na África do Sul, a cena que representa a Justiça, no pincel dos artistas, costuma ser a de um grupo de pessoas em volta de uma árvore. E como nos contava, há tempos, um de seus juízes, até o prédio da Corte Suprema, de paredes transparentes, contém madeiras e outros elementos da natureza circunstante.

Já nos sertões do nosso país, é possível que os camponeses mais velhos ainda ensinem aos seus netos que foi uma árvore – o chorão – que escondeu José, Maria e o Menino Jesus dos soldados de Herodes, tão logo ouviu o alerta desesperado de um bem-te-vi que por ali passava. E por isso tanto o bem-te-vi quanto o chorão são sagrados para eles.

Entre muitos povos indígenas, aliás, a árvore é sempre sagrada. É preciso lhe pedir desculpas antes de ferir o seu tronco, ou agradecê-la ao colher os seus frutos ou as suas folhas. E ela está presente também em muitos nomes de pessoas e tribos, assim como em rituais, totens, adereços e tatuagens.

Até há pouco eu pensava que esses povos amavam a Natureza. Mas eu estava errado. É muito mais do que isso. Eles se sentem *parte* dela, em comunhão permanente. É como se cada pessoa fosse também uma onça, um nhambu, uma nuvem, uma flor, um ribeirão e uma árvore. Destinos que se confundem e se explicam. Histórias entrelaçadas, como nos mostram tantos passes de magia, tantos rituais milenares e tantos desenhos sobre a pele.

E mesmo nós, tão estrangeiros em nossa própria terra, já começamos a perceber essa sintonia, essa conexão. O Universo respira. Somos todos células de um mesmo corpo. Como escreveu alguém, "eu sou um e um outro".

A própria Ciência nos fornece subsídios para esse novo olhar, ao descobrir, por exemplo, que as árvores se comunicam e se ajudam. Na guerra eterna contra os predadores, elas próprias se avisam, com vários sinais de alarme, usando extensas redes de fungos, que fazem lembrar até a *internet*. E quando uma delas está ferida ou doente, as outras a socorrem, fornecendo nutrientes.

Pois bem.

A essa altura, eu imagino, a Leitora ou o Leitor estará se perguntando: "mas o que tem tudo isso a ver com este livro?".

É simples.

Gabriela é uma árvore.

Como aquelas irmãs suas, ela consegue reunir em volta de si pessoas que buscam apoio, carinho, justiça. E os seus alunos e alunas a enlaçam sempre – como eu próprio já adivinhava, antes mesmo de ouvir contar.

Desse modo, mesmo jovem, é reverenciada. E não só pelas pessoas de seu convívio, mas por tanta gente que só a conhece de longe, por suas obras, que já são tantas. Nesse sentido, todos nós a enlaçamos.

Como uma árvore, ela parece estável, firme, e de fato é; mas também caminha. Procura sempre novos ares, novos saberes. É inquieta – ou desinquieta. E extremamente curiosa. E com isso está sempre aprendendo, inclusive quando ensina.

Também à semelhança de uma árvore, ela é uma espécie de milagre. Como eu lhe disse uma vez – e peço mil perdões pelo estereótipo –, ela reúne a doçura da mulher antiga com a audácia da nova mulher, embora eu não desconheça, é claro, que a nova mulher também sabe ser doce, assim como a mulher antiga viveu grandes coragens.

Ainda como uma árvore, mil e um personagens habitam Gabriela. E alguns deles são aqueles mesmos da nossa infância – gnomos, fadas, duendes – que não só a inspiram em suas histórias infantis, como certamente a ajudam a sonhar com um futuro melhor para as pessoas desfavorecidas.

Tal como o Direito do Trabalho que nós tanto amamos, e defendemos, ela é realidade, mas também utopia. Tem raízes profundas, mas olha para as nuvens. E essa mistura vai fazendo com que, mesmo com a sua juventude, já tenha se tornado uma referência, um exemplo.

É verdade que as árvores têm os seus predadores. Alguns reais, como os homens e as suas motosserras, que fazem lembrar aquelas mulas sem cabeça ou aqueles gigantes terríveis. E não é diferente com Gabriela, que escreve o que nem todos querem ler ou ouvir, e por isso, certamente, terá os seus adversários explícitos ou ocultos – ainda mais num tempo em que o Direito do Trabalho vem sendo atacado de todos os lados.

Mas também aqui a sua vida se aproxima da realidade das outras árvores.

Quando enfrentam uma tempestade, algumas delas, como o salgueiro, usam o seu corpo delgado para se curvar à fúria do vento; mas em seguida se erguem, tão ou mais fortes do que antes, vencendo assim aquele seu inimigo. Aliás, como certa vez me contaram, foi daí que o sábio Jigoro Kano, um curioso médico japonês, buscou inspiração para criar o judô...

E é como eu vejo agir Gabriela. Vejo-a forte, firme, mas também (no bom sentido) habilmente flexível. Defende os seus ideais, com toda a bravura que tem – e que não é pouca – mas também sabe ouvir o vento, aprendendo os argumentos dele, dialogando com os contrários, e assim se fazendo ainda mais forte do que antes. Em outras palavras, observa cuidadosamente os adversários para então combatê-los melhor.

Mas as árvores, como eu dizia, também se ajudam nas batalhas, e ainda contam, de sobra, com o seu amigo curupira. Na mitologia tupi-guarani, é ele quem desvia a flecha do caçador, avisa os bichos dos perigos e prega peças nos que chegam com um machado na mão. E assim acontece com Gabriela, que conta com um número crescente de companheiros, palavra que vem de *cum panis*, velha expressão romana, indicando o costume de repartir o pão.

E entre esses curupiras eu diria, modestamente, que eu próprio me encontro. Sempre me encantei com a sua inteligência, a sua alma, a sua sensibilidade. E como temos os mesmos sonhos – que são também os de sua família –, procurei sempre estar ao seu lado. Na verdade, até nos tornamos compadres, graças ao seu enorme coração, que me fez padrinho – mesmo tão velho como eu sou – de minha querida Belinha.

Como sabemos, as árvores produzem sementes, e eu até fico imaginando, às vezes, se não será desse tipo a imortalidade que nos espera. E as sementes que Gabriela vai deixando no ar – levadas por seus passarinhos – certamente já estarão gerando novas árvores, cada qual com seus detalhes, sua beleza e o seu destino, mas todas, seguramente, com a marca de sua mãe.

Por fim, eu diria à Leitora e ao Leitor que essas folhas escritas por Gabriela – mais uma vez como as de uma árvore – têm mil histórias para contar.

São histórias que se entrelaçam com ideais, projetos, conceitos, que por sua vez indicam uma certa forma de ver e viver o Direito. E ao mesmo tempo são histórias que explicam e justificam as escolhas que ela fez.

Histórias muitas delas curiosas, instigantes, como tem sido, no geral, a vida de Gabriela. E sempre muito bem escritas. Aliás, a forma de escrever – tal como a foto ou a pintura de uma bela árvore – costuma ser um bom indício do conteúdo.

Eis aqui, portanto, um livro que representa muito mais do que um memorial de cátedra. E que tem a virtude de ser em grande parte autobiográfico, mesmo sem a intenção de ser um autoelogio.

Um livro que não apenas celebra uma conquista inédita – pois Gabriela, como sabem, é a primeira titular da Faculdade de Direito da UnB – mas sobretudo revela uma *pessoa* inédita.

Boa leitura!

Márcio Túlio Viana

Professor no Centro Universitário do Distrito Federal (UDF)

INTRODUÇÃO

SOMOS FEITOS DE HISTÓRIAS

I. Projetar Futuros

O real da vida se faz na *caminhada*. Não há jeito de voltar atrás, sendo o futuro um *tempo em aberto*. Passo a passo, olho para o que ficou e na mesma medida para frente, na vida que se pretende imaginada. Na dimensão do constituído, volto sempre ao *tempo presente*, onde me faço testemunha e protagonista desse lugar de entrega que é a *vida vivida*.

Toda caminhada se faz na *linguagem do tempo*, domínio universal e transcultural do pensamento humano, comumente identificado por "mapeamentos metafóricos"(2), sobretudo para reforçar a *dimensão da mudança*, em passagens tipificadas por fluxos e refluxos, acelerações e regressões, nutrições e ativações. Na dinâmica da vida, "cada tempo tem seu substrato e cada substrato temporal inclui em si singularidade e multiplicidade"(3).

Caminhar, como um percurso de encontro consigo mesmo, num processo de constituição identitária e do sentido de pertença ao mundo, é uma oportunidade para nos tornarmos fortes, presentes e inteiros, sensíveis à coletividade, aos outros e a nós mesmos(4). É também via para a construção de memórias individuais, coletivas e geracionais(5).

---

(2) ARNHEIM, Rudolf. *Arte y percepción visual*. Buenos Aires: Eudeba, 1962. Em acréscimo, consultar: SINHA, Chris; BERNÁRDEZ, Enrique. Espaço, tempo e espaço-tempo: metáforas, mapas e fusões. Tradução de Wany Bernardete de Araújo Sampaio. *Revista Brasileira de Linguística Antropológica*. v. 7, n. 1, jul. 2015, p. 53-54.

(3) DELGADO, Lucilia de Almeida Neves. *História oral:* memória, tempo, identidades. 2. ed. Belo Horizonte: Autêntica, 2010. p. 35.

(4) Conforme: HOLANDA, Ana. *Como se encontrar na escrita:* o caminho para encontrar a escrita afetuosa em você. Rio de Janeiro: Bicicleta Amarela, 2018. p. 45.

(5) DELGADO, Lucilia de Almeida Neves; FERREIRA, Marieta de Moraes (Org.). *História do tempo presente*. Rio de Janeiro: Editora FGV, 2014. p. 9.

Ninguém volta no tempo, já refletia Bartolomeu Campos de Queiroz[(6)], mas evocar o passado e reestabelecer contato com histórias, memórias e ancestralidade compõem a travessia. No percurso, vale ainda a tomada de consciência, o propósito de alterar rumos e de se reinventar, se necessário for[(7)]. Para José Geraldo de Sousa Júnior, essa dinâmica permite o *exercitar da existência*, a escolha dos "caminhos" que se pretende percorrer e do "ponto utópico" que se "quer alcançar pela força do pensamento de sujeito que age para transformar a realidade"[(8)].

Entre riscos e possibilidades, nos revitalizamos na caminhada quando amparados pela *esperança*[(9)]. Para Zeferino Rocha, a esperança, enquanto "princípio fundamental do funcionamento psíquico e da estruturação da subjetividade com a pulsão de vida", é "um horizonte que se descortina, um apelo que nos convida a caminhar e a ir sempre adiante pelos caminhos da vida", mesmo que por vias incertas e indefinidas, e quaisquer que sejam as dificuldades existentes[(10)].

Para se alcançar projetos futuros é preciso viver o tempo presente, dar passos adiante pelo trajeto percorrido. "Por vezes, para que seja

---

(6) QUEIRÓS, Bartolomeu Campos de. *Para ler em silêncio*. São Paulo: Moderna, 2007. p. 48.

(7) GROS, Frédéric. "Andar nos ensina a desobedecer", diz filósofo francês. Entrevista publicada em 19.09.2015. Disponível em: 'Andar nos ensina a desobedecer' diz filósofo francês – São Paulo São (saopaulosao.com.br). Acesso em: 27 abr. 2021. Consultar: GROS, Frédéric. *Caminhar, uma filosofia*. Tradução de Lília Ledon da Silva. São Paulo: Editora É Realizações, 2011.

(8) SOUSA JÚNIOR, José Geraldo. Máscaras no varal: a revolução é preta, feminista e imparável. *Jornal Estado de Direito*. Publicado em 13 de julho de 2022. Disponível em: http://estadodedireito.com.br/mascaras-no-varal-a-revolucao-e-preta-feminista-e-imparavel/. Acesso em: 27 mar. 2023.

(9) Os desafios da travessia, no contexto do enfrentamento da pandemia da Covid-19, foram originalmente apresentados em: DELGADO, Gabriela Neves; DELGADO, Mauricio Godinho. *O que nasce com a pandemia?* São Paulo: Editora JusPodivm, 2022. p. 107-113.

(10) ROCHA, Zeferino. Esperança não é esperar, é caminhar: reflexões filosóficas sobre a esperança e suas ressonâncias na teoria e clínica psicanalítica. *Revista Latinoamericana de Psicopatologia Fundamental*. São Paulo, ano X, n. 2, p. 255-273, jun. 2007. Disponível em: http://www.psicopatologiafundamental.org.br/uploads/files/revistas/volume10/n2/esperanca_nao_e_esperar,_e_caminhar.pdf. Acesso em: 27 abr. 2021. p. 259, 261 e 271; DELGADO, Gabriela Neves; DELGADO, Mauricio Godinho. *O que nasce com a pandemia? Op. cit.*, p. 108.

possível sustentar, significar e acalentar toda uma existência, também cabe lutar, persistir e resistir. Entrecruzar passos e caminhos"[11].

Este movimento do ético-político abre espaço para que o sujeito se faça um "sujeito invocante" em busca da conquista de sua própria voz, capaz de experenciar a vida concreta e o tempo da vida com autonomia e inteireza[12]. Assim, com a tomada de consciência, abre-se espaço para questionamentos que me parecem decisivos: Quanto tempo cabe em uma vida? Quanta vida cabe no tempo? Quem queremos ser?

Na perspectiva pessoal, há de se notar que praticamente metade da minha existência está diretamente vinculada à docência, já que me tornei professora aos 24 anos recém-completos e a conta não é exata. Ainda assim, mesmo que seja possível contabilizar o tempo de trabalho acadêmico, a importância desse período não deve ser medida pela exatidão dos números, mas pelo *valor de realidade* que a docência, por genética e por pertença, internalizou em minha perspectiva de ser e de estar no mundo. Nessa perspectiva, relembro Manoel de Barros ao anunciar em versos:

> "Que a importância de uma coisa
> não se mede com fita métrica
> nem com balanças
> nem com barômetros etc.
> Que a importância de uma coisa
> há que ser medida pelo encantamento
> que a coisa produza em nós"[13]

---

(11) DELGADO, Gabriela Neves; DELGADO, Mauricio Godinho. *O que nasce com a pandemia? Op. cit.*, p. 108.

(12) Para melhor compreensão do tempo do sujeito que se constitui pelo desejo e pela fala, consultar os estudos em Psicanálise do Trabalho de MENDES, Ana Magnólia. *Desejar, falar, trabalhar*. Porto Alegre, RS: Editora Fi, 2018; VIVÈS, Jean-Michel. A pulsão invocante e os destinos da voz. *Psicanálise & Barroco*. v. 7. n. 1, 2009. p. 1-17.

(13) Trecho do poema "Sobre importâncias", de Manoel de Barros. Consultar: BARROS, Manoel de. *Memórias inventadas*. Rio de Janeiro: Alfaguara, 2018. p. 43.

Vivencio a passagem do tempo de várias formas na docência. Quando entrei em sala de aula pela primeira vez como professora, tinha praticamente a mesma idade da maioria dos alunos da graduação. Hoje, na linha do tempo, me preparo para o futuro com gerações de alunos com quem tenho uma diferença etária de mais de duas décadas.

Antes, a linguagem docente em sala de aula era praticada com quadro, giz e cadernos debaixo dos braços. Hoje, no correr dos anos, a tecnologia digital, com seus tabletes, celulares, internet e redes sociais, alcançou os estudantes. E há algo de tão desafiador nessa relação marcada pelo instantâneo, sorvida pelos eletrônicos, que inevitavelmente nos situa no tempo da pós-modernidade.

Nas formaturas, como professora paraninfa ou homenageada, experimento a passagem do tempo no ritual solene de colação de grau, cuja simbologia da entrega do diploma concretiza o elo entre o passado e o futuro, entre o que já não é e o que pode vir a ser, e assim aponta para o sentido de eternidade(14).

Ao olhar no espelho, também vejo a passagem do tempo na minha própria formação docente, felizmente situada num percurso de expansão. O fluir do tempo também é materializado nas orientações, em projetos que dizem respeito à vida das pessoas. E há uma grandeza toda especial quando antigos orientandos se tornam professores em universidades públicas e privadas, num processo de perpetuação da caminhada.

No tempo da docência, nasci mãe por duas vezes. *Francisco* e *Isabela* transformaram definitivamente meu ser e estar no mundo. *Com eles inaugurei um novo tempo de vida no tempo presente.* Ser mãe foi ponto de partida para outro recorte da realidade e da percepção de

---

(14) Marguerite Yourcenar traz bela reflexão sobre a importância dos ritos e das simbologias na vida humana: "Os grandes ritos não fazem mais do que simbolizar os acontecimentos da vida humana, mas o símbolo vai mais longe que o ato, explica cada um dos nossos gestos em termos do mecanismo eterno". A respeito, consultar: YOURCENAR, Marguerite. *Memórias de Adriano:* seguido do caderno de notas das "Memórias de Adriano" e da Nota. Tradução de Martha Calderaro. Rio de Janeiro: Nova Fronteira, s/d. p. 150.

cosmovisão do mundo, o que me mobilizou a avançar nas reflexões críticas interseccionais(15), sobretudo a partir da categoria gênero.

Passou a fazer mais sentido do que nunca o canto de Milton Nascimento, em Maria Maria: "É preciso ter força, é preciso ter raça, é preciso ter gana sempre"(16). Os versos de Adélia Prado também me tocaram de outra forma: "Mulher é desdobrável. Eu sou"(17).

Num país que se estabelece aos quatro cantos a partir da estrutura patriarcal de poder, passei a refletir com maior clareza sobre os desafios da carreira universitária, diante de espaços enrijecidos de produção de conhecimento, em grande medida pautados em modelos de ciência masculinos e brancos, até as dificuldades para o alcance de cargos de gestão na Academia pelas mulheres, sobretudo se mães(18).

Clarificar o fato de que gênero é uma categoria estruturante da organização do cuidado e dos encargos familiares foi outro importante ponto de provocação. Tradicionalmente, mulheres e mulheres-mães tendem a assumir, em condição de exclusividade ou em grande medida, trabalhos domésticos e de cuidado, remunerados ou não remunerados, numa estrutura violadora do direito à igualdade como essência, que desvaloriza os trabalhos da esfera reprodutiva, em espaços de intensa e naturalizada exploração. Essa sobrecarga naturalmente impede ou dificulta a contratação, permanência e avanço de mulheres em trabalhos

---

(15) COLLINS, Patricia Hill; BILGE, Sirma. *Interseccionalidade*. Tradução de Rane Souza. São Paulo: Boitempo, 2021; AKOTIRENE, Carla. *O que é interseccionalidade?* Coordenação Djamila Ribeiro. Belo Horizonte: Letramento, 2018.

(16) Fernando Brant e Milton Nascimento. *Maria, Maria*. Álbum Clube da Esquina 2, 1978.

(17) PRADO, Adélia. *Bagagem*. 2. ed. Rio de Janeiro: Nova Fronteira, 1979.

(18) A respeito, consultar: PESSANHA, Vanessa. A docência em instituições privadas de ensino superior no Brasil do século XXI: desafios e perspectivas para a efetivação do direito fundamental ao trabalho digno. *In*: DELGADO, Gabriela Neves (Coord.). *Direito fundamental ao trabalho digno no século XXI*. Coleção Trabalho, Constituição e Cidadania. v. II. São Paulo: LTr, 2020; VENCO, Selma. A docência em instituições públicas da educação básica no Brasil do século XXI: precariedade e ocaso da função pública. *In*: DELGADO, Gabriela Neves (Coord.). *Direito fundamental ao trabalho digno no século XXI*. Coleção Trabalho, Constituição e Cidadania. v. II. São Paulo: LTr, 2020.

produtivos[19]. Esses trabalhos também são intensamente atravessados pela questão racial, por serem desenvolvidos quase sempre por mulheres negras. No entanto, só fui capaz de aprofundar a análise racializada do trabalho[20] anos depois, com o percurso de pesquisa já consolidado, especialmente a partir do momento em que a UnB, de forma visionária e pioneira, adotou a política de cotas na Universidade.

A longo prazo, passei a melhor refletir sobre as muitas fraturas do real do trabalho e suas candentes particularidades. Ampliei as ferramentas analíticas para melhor inter-relacionar as categorias de classe, raça, gênero, orientação sexual, entre outras, e assim melhor me haver com a complexidade do mundo, na perspectiva do meu campo investigatório.

Muito da minha vida mudou na caminhada, mas, por todo o percurso, a educação permaneceu como acontecimento definitivo, por se eternizar no tempo enquanto *vocação* e *missão de vida*.

Diante da rica oportunidade de rememorar a própria existência, na vida vivida, tomarei a liberdade de escrever estas memórias na primeira pessoa do singular, utilizando ferramentas da redação autobiográfica. A escolha por esta narrativa naturalmente afastou a composição de um texto de base estritamente jurídico.

---

(19) DELGADO, Mauricio Godinho; DELGADO, Gabriela Neves. *O novo manual do trabalho doméstico*. São Paulo, 2016. Em acréscimo, consultar: CALIL, Léa Elisa Silingowschi. *Direito do trabalho da mulher*: a questão da igualdade jurídica ante a desigualdade fática. São Paulo: LTr, 2007; DELGADO, Gabriela Neves; MIRAGLIA, Lívia Mendes Moreira. Casulos de vidro das trabalhadoras em *home office*. *In*: *Revista da Faculdade Mineira de Direito*. Dossiê "O desafio do trabalho feminino e sua relação como o Direito: entre o trabalho de cuidado, emocional e de (re) produção". v. 24, n. 47. Belo Horizonte: 2021; HIRATA, Helena. Subjetividade e sexualidade no trabalho de cuidado. *Cadernos Pagu*. Campinas, n. 46, p. 151-163, 2016; TEODORO, Maria Cecília Máximo. Quem é a mulher para o Direito do Trabalho? Responsabilidades de cuidados disfarçadas de direitos. *In*: *Revista LTr*. v. 86, n. 09, set. 2022; VIEIRA, Regina Stela Corrêa. Cuidadoras: a invisibilidade do trabalho de cuidado e o papel do Direito em seu reconhecimento. *In*: SOUTO MAIOR, Jorge Luiz; GNATA, Noa Piatã Bassfeld (Org.). *Trabalhos marginais*. São Paulo: LTr, 2013.

(20) A respeito, consultar: DAVIS, Angela. *Mulheres, raça e classe*. São Paulo: Boitempo, 2016; GONZALEZ, Lélia. Racismo e sexismo na cultura brasileira. *Revista Ciências Sociais Hoje*. Brasília, p. 223-243, 1984; RIBEIRO, Djamila. *Quem tem medo do feminismo negro?* São Paulo: Companhia das Letras, 2018; SANTANA, Raquel Leite da Silva. *As cuidadoras na sala de visita:* regulamentação jurídica do trabalho de cuidado à luz da trilogia de Carolina Maria de Jesus. São Paulo: Editora Dialética, 2022.

Como ensina Fernando Catroga, "o percurso biográfico aparece, na ordem explícita do recordado, como um itinerário que vai realizando a identidade", a partir de um "campo de experiência aberto à recordação e às expectativas", horizonte capaz de revivificar a memória "como herança e como imperativo de transmissão"(21).

Assim, neste espaço de escrita que se pretende dinâmico, entremeado por memórias e expectativas futuras(22), procurarei relatar fatos e circunstâncias que moldaram minha identidade e recuperar fragmentos da trajetória pessoal e profissional, em tempos de ensino e formação. O objetivo é, em grande medida, demonstrar como a educação me constitui enquanto pessoa e à forma como me coloco e me projeto no mundo enquanto professora universitária, pesquisadora e escritora. Pretendo, sobretudo, resgatar minha atuação e integração como *Professora de Direito do Trabalho da Faculdade de Direito da Universidade de Brasília – UnB.*

Somos feitos de histórias, o que me leva a situar estas memórias sobre o *real da vida.* E "o real não está no início nem no fim, ele se mostra pra gente é no meio da travessia", já ensinava Guimarães Rosa(23). Diante disso, meus olhos estarão concentrados no que se constrói na caminhada, nesse lugar de entrega que é a vida vivida.

Em acréscimo, estas memórias são um tributo àqueles que se integraram à minha formação e trajetória docente em espaços de generosa partilha para construir um mundo melhor. A todos, sem exceção, meus sinceros agradecimentos. Para reverberar a homenagem, as pes-

---

(21) CATROGA, Fernando. *Memória, história e historiografia.* Coimbra: Quarteto Editora, 2001. p. 28.

(22) No conjunto, consultar: BOSI, Ecléa. *O tempo vivo da memória. Ensaios de psicologia social.* São Paulo: Ateliê Editorial, 2003; BOSI, Ecléa. *Memória e sociedade:* lembranças de velhos. São Paulo: T. A. Queiroz, 1979; COSTA, Cléria Botelho; ALÈSSIO, Nançy. *Contar história, fazer história. História, cultura e memória.* Brasília: Paralelo 15, 2001; DELGADO, Lucilia de Almeida Neves. *História oral:* memória, tempo, identidades. 2. ed. Belo Horizonte: Autêntica Editora, 2010; LE GOFF, Jacques. *História e memória.* Campinas: Editora UNICAMP, 1990.

(23) ROSA, Guimarães João. *Grande sertão:* veredas. Rio de Janeiro: Nova Fronteira, 1986.

soas com quem construí vínculo profissional e que foram referenciadas neste texto tiveram seus nomes destacados em itálico.

II. Práticas da Educação Orquestrada

Se a educação é mola propulsora em minha vida, acredito que também posso ser ponte para que outros alcancem uma *educação orquestrada*, ainda que minha atuação esteja vinculada, especificamente, à docência no Direito do Trabalho.

E o que acredito ser uma *educação orquestrada*?

Neste texto, parto da alegoria inédita da orquestra para pensar a educação universitária.

Sabe-se que uma orquestra é um grupo musical em que os integrantes que a compõem, com suas habilidades e instrumentos musicais variados (cordas, sopros, metais, percussão, entre outros), se integram a uma via coletiva harmônica de exaltação da musicalidade com toda a sua riqueza de timbres.

O som da orquestra deve "exprimir o conjunto da obra musical, executada a partir da concepção criada pelo compositor, observada a interpretação dos executantes, sob o comando do Maestro, para manter a performance da composição"(24). Eis a importância do regente em seu papel de condução e coordenação da orquestra(25).

---

(24) FONSECA, Vicente José Malheiros da. *O direito e a música*. Artigo revisto e ampliado, com publicação no site Uruá-Tapera, edição de 25 de março de 2023. p. 15. A respeito, consultar: https://uruatapera.com/o-direito-e-a-musica/. A versão original consta de artigo datado de 2009. Consultar: FONSECA, Vicente José Malheiros da. A música e o direito. *Jornal Uruá-Tapera – Gazeta do Oeste*. Belém-PA, ano XVII, edição n. 168, ago. 2009.

(25) Sobre as funções do maestro enquanto regente de uma orquestra, que incluem a seleção das peças musicais, a preparação dos ensaios, a coordenação dos músicos, a interpretação da partitura e a transmissão de sua visão artística para os músicos, para garantir a execução da peça musical de forma harmônica e coesa, com a melhor performance possível, consultar: BOWDEN, Burt. *The maestro myth:* great conductors in pursuit of power. Oxford: Oxford University Press, 2020; LIÉBERT, Georges. *L´Art du chef d´Orchestre*. Paris: Fayard, 2013; JAMES, Burnett. *Conductors and orchestral leadership:* an exploration of conductor-orchestra relationships. Ashgate, 2012.

Esta dinâmica de comando e coordenação do som orquestral é denominada de *orquestração*, a "arte de distribuir as diferentes partes de uma peça musical, destinada a um conjunto, entre os diversos instrumentos deste conjunto, em função de seus respectivos timbres" ou, ainda, a "arte de organizar uma partitura musical"(26).

Orquestrar, portanto, é o ato de combinar, harmonizar, conciliar um coletivo que precisa ser visto a partir do todo, mas que demanda a observação cuidadosa de cada um dos integrantes, em suas particularidades e vocações. É também o ato de investir em timbres e fontes variadas de musicalidade em busca de uma sonoridade harmoniosa e única.

Compreendo que os pressupostos da orquestração seguramente transbordam o campo da musicalidade para alcançar a educação, por meio do que denomino de *práticas da educação orquestrada*. Algumas delas serão aqui registradas, sem que haja qualquer pretensão de exaurimento nesse sentido(27).

Do *ponto de vista intersubjetivo*, parece-me que o professor que almeja conduzir sua docência sob as bases de uma educação orquestrada precisa ser capaz de ultrapassar a esfera individual, seus interesses e demandas particulares, para imergir, ética e politicamente, no coletivo, e com pertencimento(28).

Ou seja, no momento em que o docente entra em sala de aula pela primeira vez e se apresenta para o grupo de alunos ali constituído, ele

---

(26) FERREIRA, Aurélio Buarque de. *Novo Dicionário da Língua Portuguesa*. 2. ed. Rio de Janeiro: Editora Nova Fronteira, 1986. p. 1243.

(27) Vicente José Malheiros da Fonseca, magistrado do trabalho aposentado e músico por tradição familiar e talento, apresenta interessante composição entre a música e o direito, ao identificá-los como "instrumentos de transformação cultural", "mundos que dialogam, se encontram e complementam, para compreensão da justiça". Nessa linha, reflete que se o maestro é o regente da orquestra musical, o magistrado é "o regente da orquestra social". A respeito, consultar: FONSECA, Vicente José Malheiros da. *O direito e a música*. *Op. cit.*, p. 15-16.

(28) DELGADO, Gabriela Neves; DELGADO, Mauricio Godinho. *O que nasce com a pandemia? Op. cit.*, p. 21.

também se integra a este grupo, numa equação única composta por alunos e professor, sempre com a proposta de multiplicar. Por isso, toda a sua conduta deve se direcionar ao coletivo e partir desse mesmo coletivo para compor o futuro que virá a seu tempo.

Nessa dinâmica, caberá ao professor, com o *estado de presença*[(29)] que é necessário, observar as características e particularidades de cada um que ali se integra ao grupo formado, respeitando as individualidades, histórias de vida, eventuais fragilidades, cargas de leitura e predileções teóricas, para melhor conduzi-los em seu processo de formação. Se não houver este tipo de abertura e disposição genuína para a escuta e o diálogo, o aluno poderá se sentir diminuído e invisibilizado, sem estímulo para se posicionar, duvidar e expressar seus talentos. Afinal, escutar e observar o outro são expressões de cuidado.

O professor também precisa ser capaz de situar seus próprios privilégios e responsabilidades diante das injustiças contra grupos sociais vulneráveis, e agir esclarecido e motivado por esta consciência crítica – reflexão para mim melhor consolidada desde a leitura de alguns dos estudiosos de formação anticolonialista e antirracista do mundo e do Brasil[(30)].

Reconheço e tenho consciência dos meus privilégios enquanto mulher branca que teve a oportunidade de estudar em escolas particulares,

---

(29) O necessário estado de presença se concretiza na atenção e foco ao momento em curso, mas também agrega a percepção emocional, no sentido da observância do que é "invisível aos olhos", como tão bem ilustrado na obra O Pequeno Príncipe, de Antoine de Saint Exupéry. A respeito, consultar: SAINT EXUPÉRY, Antoine de. *O pequeno príncipe.* Traduzido por Carlos Nougué. 2. ed. Rio de Janeiro: Nova Fronteira, 2023; WEIL, Pierre e TOMPAKOW, Roland. *O corpo fala. A linguagem silenciosa da comunicação não verbal.* 74. ed. São Paulo. Editora Vozes, 2015.

(30) Para exemplificar: RIBEIRO, Djamila. *Pequeno manual antirracista.* 1. ed. São Paulo: Companhia das Letras, 2019. p. 32-33; RIBEIRO, Djamila. *Lugar de fala.* São Paulo: Sueli Carneiro; Pólen, 2019; RIBEIRO, Djamila. *Quem tem medo do feminismo negro?* São Paulo: Companhia das Letras, 2018; FANON, Frantz. *Pele negra, máscaras brancas.* Traduzido por Sebastião Nascimento e colaboração de Raquel Camargo. São Paulo: Ubu Editora, 2020; DAVIS, Angela. *Mulheres, raça e classe.* São Paulo: Boitempo, 2016.

mas não sou indiferente às desigualdades de gênero, raça, classe, entre tantas outras facetas e interseccionalidades que permeiam um país de profundas desigualdades sociais, como é o caso do Brasil. Por isso, minha entrega de vida, enquanto Professora de Direito do Trabalho, é feita com *responsabilidade social*.

Isso significa que não me permito paralisar ou ficar alheia às injustiças sociais. Enquanto professora, procuro orientar os alunos, com técnica e sensibilidade, para que recebam o instrumental teórico necessário para reconhecer a realidade do mundo do trabalho e das relações de trabalho, sendo capazes de atuar, no campo do Direito do Trabalho, a partir de parâmetros humanistas, inclusivos e democráticos.

Enquanto pesquisadora, sigo firme nos estudos para melhor me inteirar do mundo que nos cerca. Procuro evidências científicas sólidas, com dados confiáveis e precisos, interpreto fontes de pesquisa, aprofundo categorias-chaves do Direito do Trabalho e suas interconexões com decisões judiciais.

Em igual medida, permaneço vigilante no sentido de "questionar a linguagem", enquanto "repositório de nossos preconceitos, de nossas crenças, de nossos pressupostos", como bem ensina Chimamanda Ngozi Adichie ao escrever sobre suas reflexões feministas[(31)].

Assim, compreendo que minha responsabilidade social também se concretiza na medida em que, como mulher e professora, oriento outras gerações de mulheres que também almejam seguir carreira acadêmica.

O predomínio de uma cultura de influência patriarcal[(32)] nas instituições impõe uma série de desafios à inserção e preservação das

---

(31) ADICHE, Chimamanda Ngozi. *Para educar crianças feministas:* um manifesto. Tradução Denise Bottmann. São Paulo: Companhia das Letras, 2017. p. 35. Consultar, ainda: ADICHE, Chimamanda Ngozi. *Sejamos todos feministas*. Tradução Christina Baum. São Paulo: Companhia das Letras, 2015.

(32) TIBURI, Márcia. *Feminismo em comum:* para todas, todos e todes. 3. ed. Rio de janeiro: Rosa dos Tempos, 2018. p. 26.

mulheres no mercado de trabalho, inclusive nos campos da gestão e pesquisa universitárias. *Solidariedade e sororidade são, portanto, práxis.* Nesse sentido, procuro receber as alunas com gestos de acolhimento e coragem para lhes assegurar um espaço de formação gregário e dialógico por natureza.

Não há dúvidas de que a educação, neste percurso de inclusão efetiva das pessoas e grupamentos vulneráveis em contextos sociais mais abrangentes, mediante exercício dos direitos de cidadania e realização das subjetividades, torna-se *emancipatória*, verdadeiro contributo para a formação de sujeitos potentes, responsáveis e com protagonismo social[(33)]. Viver é lutar.

Do *ponto de vista metodológico*, compreendo que o professor que pretende se alinhar às práticas da educação orquestrada deve investir em fontes e atividades complementares variadas no processo formativo de seus alunos, oportunizando *caminhos de expansão* que sejam capazes de ultrapassar a simples transferência técnica de conhecimento para imprimir espaços vivos de autonomia, reflexão crítica e criatividade. Por isso é bom exercitar uma certa *originalidade no fazer da sala de aula*, como um espaço vivo e dinâmico, *artesanalmente construído.*

É enriquecedor utilizar recursos e metodologias interdisciplinares, para além da tradicional formação teórica sob bases jurídicas, uma vez

---

(33) Conforme: GUSTIN, Miracy Barbosa de Sousa. *Uma pedagogia da emancipação:* desafios e perspectivas para o ensino das ciências sociais aplicadas no século XXI. Belo Horizonte: Fórum, 2010. p. 63. Para uma compreensão aprofundada das bases teóricas sobre educação e emancipação, consultar ainda: FREIRE, Paulo. *Pedagogia do oprimido.* 58. ed. Rio de Janeiro: Paz e Terra, 2014; FREIRE, Paulo. *Pedagogia da esperança.* 17. ed. São Paulo: Paz e Terra, 2011; Freire, Paulo. *Pedagogia da autonomia.* 1. ed. Rio de Janeiro: Paz e Terra, 2021. Uma proposta de vinculação da educação emancipatória à educação corporativa pode ser encontrada em: BOTTAMEDI, Ana Lúcia Francisco dos Santos. *Educação:* direito do trabalhador? Possibilidade e desafios da educação corporativa na perspectiva do direito do trabalho. São Paulo: LTr, 2017. p. 86. Este livro resultou da dissertação de mestrado da autora, defendida no Programa de Pós-Graduação em Direito da UnB, sob minha orientação, em 2016.

que "a interdisciplinaridade é uma postura crítica e reflexiva que se caracteriza pela capacidade de ver as coisas a partir de perspectivas diversas e pela busca de compreensão dos fenômenos de maneira global"[(34)].

Além disso, a *interdisciplinaridade* é via integradora das Ciências e se faz imprescindível no Direito do Trabalho, pois permite o alargamento do campo de visão do intérprete em extensão e profundidade. Por essa via, há espaço franqueado para a recepção de teorias diversas de outros planos epistemológicos, políticos e culturais.

Do *ponto de vista do conteúdo*, compreendo que o professor abrirá caminhos para práticas da educação orquestrada se for capaz de *engrandecer* a análise do objeto de suas intenções reflexivas, desde uma perspectiva analítica, crítica e autocrítica, com ênfase para os fundamentos de base, num percurso teórico que possa, em seguida, ser potencializado e problematizado na prática. Aqui cabe um tempo largo de reflexão, oportunidade para a vivência de uma intelectualidade aberta e dialógica, capaz de superar a fragmentação do conhecimento[(35)].

No percurso, é importante reforçar que modelos hegemônicos de conhecimento, condutores de intepretações da realidade a partir de "esquemas alheios", são espaços reprodutores de desigualdades sociais e culturais que só contribuem para "tornar-nos cada vez mais desconhecidos, cada vez menos livres, cada vez mais solitários"[(36)].

---

(34) FAZENDA, Ivani Catarina Arantes. *Interdisciplinaridade:* história, teoria e pesquisa. Campinas: Papirus, 1994. p. 17; THIESEN, Juares da Silva. A interdisciplinaridade como um elemento articulador no processo ensino-aprendizagem. *Revista Brasileira de Educação,* 13 (39), set./dez. 2008, p. 547. Disponível em: https://www.scielo.br/j/rbedu/a/swDcnzst9SVpJvpx6tGYmFr/. Acesso em: 30 mar. 2023.

(35) A crítica à fragmentação do conhecimento pode ser encontrada em JANTSCH, Ari Paulo, BIANCHETTI, Lucídio (Org.). *Interdisciplinaridade:* para além da filosofia do sujeito. Petrópolis: Vozes, 2008. p. 177-194. Em acréscimo, a ideia de que os limites das disciplinas é um entrave para a construção do conhecimento consta em KLEIN, Julie Thompson. *Crossing Boundaries:* Knowledge, Disciplinarities, and Interdisciplinarities. Virginia: University Press of Virginia, 1996.

(36) GARCÍA MÁRQUEZ, Gabriel. A solidão da América Latina. *In*: GARCÍA MÁRQUEZ, Gabriel. *Cem anos de solidão*. Tradução de Eric Nepomuceno. 83. ed. Rio de Janeiro: Record, 2014. p. 10.

É preciso, portanto, levar em conta as epistemologias do sul, para que seja possível abrir e ampliar o campo investigativo desde uma perspectiva contra-hegemônica[(37)]. Em acréscimo, cabe resgatar e respeitar as diversas cosmovisões de um Brasil profundo, em suas diferentes temporalidades e culturas.

Em busca de práticas da educação orquestrada, cabe ao professor-orientador estimular o orientando no processo de análise e adensamento do conteúdo pesquisado, acompanhando-o de perto na descoberta de talentos e estilos, contribuindo para que deixe um legado de avanço em sua área de pesquisa.

Assim, compreendo a *educação orquestrada* como o *conjunto de práticas educativas formadoras do ser humano, orientadas por um professor-educador que exerça uma liderança humanizadora, sendo capaz de ofertar conteúdo técnico com rigor científico, mas na mesma medida com sensibilidade, para contribuir na formação crítica, consciente e criativa de seus alunos, em espaços abertos, dialógicos e inclusivos por natureza*[(38)].

Eis a natureza de significação da docência: cognitiva e afetiva. Por meio dela, professores-educadores seguem firmes e comprometidos com as novas gerações, no futuro que virá a seu tempo. Desse modo, tendem a se tornar maiores do que a própria vida, capazes de inaugurar novos mundos, para si e para o próximo, deixando de herança memórias de fala, forma e conduta.

---

(37) SANTOS, Boaventura de Souza. *Epistemologias do sul*. São Paulo: Cortez, 2010. A ideia de construção do conhecimento a partir de uma "ecologia de saberes", que leve em conta o saber dos povos periféricos, está presente em: SANTOS, Boaventura de Souza. *Para além do pensamento abissal:* das linhas globais a uma ecologia de saberes. São Paulo: Cortez, 2000; SANTOS, Boaventura de Sousa. *O futuro começa agora:* da pandemia à utopia. São Paulo: Boitempo, 2021.

(38) A definição, ora formulada, toma por ponto de partida as seguintes obras: GUSTIN, Miracy Barbosa de Sousa. *Uma pedagogia da emancipação:* desafios e perspectivas para o Ensino das ciências sociais aplicadas no século XXI. Belo Horizonte: Fórum, 2010; FREIRE, Paulo. *Pedagogia do oprimido*. 58. ed. Rio de Janeiro: Paz e Terra, 2014; FREIRE, Paulo. *Pedagogia da esperança*. 17. ed. São Paulo: Paz e Terra, 2011; FREIRE, Paulo. *Pedagogia da autonomia*. 1. ed. Rio de Janeiro: Paz e Terra, 2021.

III. Panorama

Este livro é composto por *quatro capítulos*, estruturalmente vinculados. Algumas das reflexões aqui incorporadas já haviam sido elaboradas e publicadas anteriormente, porém, todas foram adequadas e aperfeiçoadas de modo a se integrarem, organicamente, ao espírito e aos objetivos deste texto.

No *Primeiro Capítulo* ("Dos primeiros anos escolares ao ensino médio"), apresento algumas memórias da infância e da adolescência, a partir dos vínculos familiares e escolares. Família e escola são dois sistemas vivos e dinâmicos, funcionais (ou não), que contribuem indelevelmente para a constituição identitária. Felizmente, tive o privilégio de ser nutrida nessas relações.

Retomar as origens foi também fundamental para lembrar que a docência foi um sonho de infância, vez que "sonhar é um dos maiores atrevimentos humanos, é acordar-se para dentro"(39).

No *Segundo Capítulo* ("A formação universitária"), percorro lembranças da graduação em Direito e algumas circunstâncias que me conduziram à pesquisa científica e, posteriormente, à docência no Direito do Trabalho. Também justifico a escolha por balizar a carreira docente a partir de uma formação interdisciplinar, interseccional e não exclusivamente jurídica para estudar o trabalho em seus sentidos filosófico, social e jurídico.

Ao rememorar a formação acadêmica, ainda reflito sobre o mestrado e o doutorado, além de registrar leituras integrantes da minha formação básica e definidoras das predileções teóricas da época. Ainda discorro sobre os pós-doutorados e alguns aspectos de formação complementar.

---

(39) QUINTANA, Mário. *Apontamentos de história sobrenatural*. Rio de Janeiro: Globo, 2005.

No *Terceiro Capítulo* ("A docência em Minas Gerais"), narro brevemente o inaugurar das trilhas universitárias na minha trajetória profissional em Minas Gerais, nas passagens pela Pontifícia Universidade Católica de Minas Gerais (PUC Minas), a Faculdade de Direito Milton Campo (FDMC) e a Universidade Federal de Minas Gerais (UFMG).

No *Quarto Capítulo* ("A docência na Universidade de Brasília – UnB"), volto os pensamentos para o meu passado recente, desde o concurso público de provas e títulos prestado para a cadeira de Direito do Trabalho da Universidade de Brasília, em 2009, seguida da aprovação e posse na Universidade, ainda naquele ano.

A trajetória docente na UnB foi detalhada com base nos indicadores para promoção à Classe E, com denominação de Professor Titular, nos termos da Resolução n. 0179/2017 e do Memorando-Circular n. 0002/2023, do Conselho de Ensino, Pesquisa e Extensão, da UnB (CEP/UnB).

Ao esclarecer pontos relevantes do percurso, pretendo demonstrar a fortuna crítica que o ensino, a pesquisa e a extensão me proporcionaram nesta trilha universitária. Na mesma medida, discorrerei sobre as principais atividades de gestão e representação universitária realizadas no período.

Preliminarmente, ainda cabe ressaltar que toda minha trajetória docente na Faculdade de Direito da UnB, enquanto Professora de Direito do Trabalho, foi construída a partir da referência teórica e contextual da *centralidade do ser humano e do sujeito trabalhador*, numa *perspectiva humanista e social* que se faz compromisso ético e direciona caminhos futuros.

Recolocar o trabalho na centralidade da vida humana, como atributo de produção de direitos, valores e sociabilidades, me levou à formulação da *tese do direito fundamental ao trabalho digno*, referência decisiva para a minha atuação no ensino, na pesquisa e na extensão em Direito do Trabalho, fundamento inarredável de todos meus trabalhos científicos(40).

Pela tese do direito fundamental ao trabalho digno, defendo a abertura do plexo de proteção jurídica para outras relações de trabalho que não as estritamente assalariadas, numa *perspectiva abrangente e inclusiva de efetivação dos direitos humanos e fundamentais trabalhistas*, o que doravante implicaria na expansão dos contornos do próprio Direito do Trabalho e das telas de proteção social no Brasil hoje.

Por certo, considerando a autofagia do sistema capitalista, qualquer via de proteção social pressupõe a *desmercantilização do trabalho humano*(41). Nesse contexto, "o Direito do Trabalho assume papel de destaque, pois sua direção normativa teleológica é explicitada pela desmercantilização do trabalho nos marcos da sociedade capitalista contemporânea"(42).

Ao enfatizar o *atributo de humanidade dos trabalhadores*, a tese do direito fundamental ao trabalho digno os reconhece – não alguns, mas a todos eles –, como *cidadãos*, destinatários de direitos humanos e fundamentais trabalhistas.

---

(40) A tese do direito fundamental ao trabalho digno será detalhada nos capítulos II e IV deste livro. A respeito, também consultar: DELGADO, Gabriela Neves. *Direito fundamental ao trabalho digno*. 2. ed. São Paulo: LTr, 2015; DELGADO, Gabriela Neves. *Direito fundamental ao trabalho digno*. São Paulo: LTr, 2006.

(41) A respeito, consultar: SILVA, Sayonara Grillo Coutinho Leonardo da; HORN, Carlos Henrique. O princípio da proteção e a regulação não-mercantil do mercado e das relações de trabalho. *In*: *Revista de Direito do Trabalho* (RDT), Editora Revista dos Tribunais, ano 34, v. 32, out./dez. 2008, p. 185-205; DELGADO, Gabriela Neves; BORGES, Lara Parreira de Faria. A revisitação do princípio da proteção pelo discurso constitucional trabalhista no Tribunal Superior do Trabalho. *In*: DELGADO, Gabriela Neves; PIMENTA, José Roberto Freire; MELLO FILHO, Luiz Philippe Vieira de; LOPES, Othon de Azevedo (Coord.) *Direito constitucional do trabalho:* princípios e jurisdição constitucional do TST. São Paulo: LTr, 2015.

(42) DELGADO, Mauricio Godinho; DELGADO, Gabriela Neves. O papel da justiça do trabalho no Brasil. *In*: DELGADO, Mauricio Godinho; DELGADO, Gabriela Neves. *Constituição da República e direitos fundamentais*: dignidade da pessoa humana, justiça social e direito do trabalho. 4. ed. São Paulo: LTr, 2017. p. 158.

Também nessa linha, destacam-se as reflexões do Professor Dr. João Leal Amado, no livro *Trabalhar e Amar*, cujo texto serviu de base à lição proferida no âmbito das provas de agregação, na Faculdade de Direito da Universidade de Coimbra, em que reforça a condição primeira de humanidade do trabalhador, condicionante de toda a regulação jurídica:

> "Com efeito, o trabalhador não é, apenas, um ser laborioso e produtivo, alguém que se dedica a cumprir escrupulosamente as múltiplas obrigações emergentes do contrato de trabalho, vendendo as suas energias laborais com o fito de obter um determinado rendimento patrimonial; antes e mais do que trabalhador, ele é uma pessoa e um cidadão"(43).

Esta é premissa básica na direção teleológica do Direito do Trabalho, entender que "homens e mulheres, no tempo e no local de trabalho, não abandonam a sua qualidade de cidadãos nem se despem dos atributos jurídicos da sua humanidade", como bem aponta Maria Regina Redinha(44).

No entanto, mesmo que os referenciais para a afirmação da dignidade da pessoa humana, da cidadania e da inclusão social estejam postos e sedimentados na Constituição brasileira, este é um campo em aberto, de permanente disputa. É que *o constitucionalismo exige afirmação cotidiana*(45), sobretudo se considerado o campo dos direitos

---

(43) AMADO, João Leal. *Trabalhar e amar:* poderes patronais, relações amorosas e direitos de personalidade dos trabalhadores. Coimbra: GESTLEGAL, 2019. p. 21.

(44) REDINHA, Maria Regina. Os direitos de personalidade no Código do Trabalho: actualidade e oportunidade da sua inclusão. *In*: *A Reforma do Código do Trabalho*, CEJ-IGT, Coimbra Editora, 2004. p. 161.

(45) DELGADO, Gabriela Neves; DELGADO, Mauricio Godinho. *O que nasce com a pandemia? Op. cit.*, p. 109; DELGADO, Mauricio Godinho. Constituição da República, Estado Democrático de Direito e Direito do Trabalho. *In*: DELGADO, Mauricio Godinho; DELGADO, Gabriela Neves. *Constituição da República e Direitos Fundamentais*: dignidade da pessoa humana, justiça social e direito do trabalho. 4. ed. São Paulo: LTr, 2017. p. 46-47.

fundamentais trabalhistas, no todo desafiado pela ingerência destrutiva do sistema do "metabolismo antissocial do capital" sobre as relações de trabalho, marcadas por novas formas de exploração, desemprego, informalidade e precarização, conforme ensina Ricardo Antunes(46).

Na trilha universitária da UnB, *reivindico o Direito Fundamental ao Trabalho Digno como um projeto orgânico de afirmação epistemológica do Direito do Trabalho constitucionalizado*. Para tanto, neste livro, demonstrarei o espaço expressivo que a tese ganhou na Faculdade de Direito, ao partilhar a nova bibliografia produzida por uma geração de pesquisadores sob minha orientação no Programa de Pós-Graduação em Direito da UnB, dinâmica que permitiu a expansão do seu conceito originário, de forma direta ou indireta, mas sempre por vias intelectuais compartilhadas. Intitulei este movimento teórico de *direito fundamental ao trabalho digno em dimensões*(47).

Esta dinâmica seguramente contribuiu para demarcar o espaço do PPGD da UnB como uma sólida referência de pesquisa no campo do *Direito do Trabalho*, sob as bases do constitucionalismo humanista e social.

A tese do direito fundamental ao trabalho digno também serve como guia para as ações de ensino, pesquisa e extensão do *Grupo de Pesquisa Trabalho, Constituição e Cidadania* (UnB/CNPq), em que participo como coordenadora em parceria com o *Professor Dr. Ricardo José Macêdo de Britto Pereira*, grande pesquisador da dignidade humana e dos direitos sociais trabalhistas(48).

---

(46) Ricardo Antunes trata do sistema de metabolismo antissocial do capital a que é submetida a classe trabalhadora em seus livros e pesquisas na Sociologia do Trabalho. No livro "Capitalismo Pandêmico", trata da forma atual desse sistema, que nos exige "reinventar um novo modo de vida". A respeito: ANTUNES, Ricardo. *Capitalismo pandêmico*. São Paulo: Boitempo, 2022.

(47) DELGADO, Gabriela Neves. Direito fundamental ao trabalho digno em dimensões: uma revisitação dos seus pressupostos constitutivos. *Revista Síntese Trabalhista e Previdenciária*. v. 33. n. 407, maio 2023, p. 36-57.

(48) A respeito, consultar: PEREIRA, Ricardo José Macêdo de Britto. *Dignidade humana e direitos sociais trabalhistas:* caminhos e desafios para a inclusão pelo trabalho. Belo Horizonte: RTM, 2022;

O *Grupo de Pesquisa Trabalho, Constituição e Cidadania* tem sido nacionalmente reconhecido pela construção coletiva de novas formas de pensar a proteção social trabalhista, protagonizando papel de vanguarda, por ter sido *o primeiro Grupo de Pesquisa de Direito do Trabalho do Brasil e o primeiro Grupo de Pesquisa da UnB a ser admitido na condição de Amicus Curiae para atuar no Supremo Tribunal Federal e no Tribunal Superior do Trabalho*, exteriorizando seu compromisso de ampliação dos debates jurídicos em torno do Direito do Trabalho constitucionalizado[(49)].

Concluído o registro dos últimos anos na trilha universitária da UnB, concluo a redação deste texto sinceramente agradecida pela oportunidade de acenar para o futuro, renovando meu compromisso com a educação pública universitária e a profunda crença nas potencialidades do ser humano.

PEREIRA, Ricardo José Macêdo de Britto. Constitucionalismo, democracia e direitos sociais: uma conexão necessária. *In:* SANTA CRUZ, Felipe; SANTANA, Paulo; SOUTO, João Carlos (Org.). *Constitucionalismo, federalismo e democracia*. São Paulo: Dialética, 2021; PEREIRA, Ricardo José Macêdo de Britto. Os direitos fundamentais nas perspectivas civilista e trabalhista. *In:* TEPEDINO, Gustavo; MELLO FILHO, Luiz Philippe; FRAZÃO, Ana; DELGADO, Gabriela Neves (Org.). *Diálogos entre o Direito do Trabalho e o Direito Civil*. São Paulo: Revista dos Tribunais, 2013.

(49) Para informações adicionais sobre o *Grupo de Pesquisa Trabalho, Constituição e Cidadania*, consultar o Capítulo IV deste livro.

CAPÍTULO I

DOS PRIMEIROS ANOS ESCOLARES AO ENSINO MÉDIO

1.1. Ancestralidade

No vasto campo da existência, permito-me percorrer o tempo ao encontro da minha *ancestralidade*(50), eis que toda "vida nova está armazenada na raiz"(51).

Meus avós maternos, *Gabriella Bello de Almeida Neves* e *Roberto de Almeida Neves*, muito precocemente se foram e, por isso, não sou capaz de alcançá-los em lembranças. Ainda assim, a todo o tempo sou aquecida pelas memórias de minha mãe, que me diz de um avô que foi para ela presença paterna dedicada e amorosa, e de uma avó, reconhecida como uma mulher talentosa e forte, com quem estou amorosamente ligada pelo batismo do nome. Também não tive a fortuna de conviver com *Eugênia Franco*, que cuidou tanto de minha mãe em vida, mas sou profundamente agradecida a ela pelo exemplo de amor maternal que faz laço de alma.

Enfim, posso dizer, inspirada em Clarissa Pinkola Estés, que os três pertencem à linhagem ancestral das pessoas "que se tornaram

(50) Um registro inspirador do "tempo histórico e ancestral de uma família" encontra-se em: RIBEIRO, Djamila. *Cartas para minha avó*. São Paulo: Companhia das Letras, 2021.

(51) Clarissa Pinkola Estés pensa na ancestralidade a partir da alegoria da árvore e assim descreve as "árvores filhas": "Toda árvore possui por baixo da terra uma visão primeva de si mesma. Por baixo da terra, a árvore venerável abriga 'uma árvore oculta', feita de raízes vitais constantemente nutridas por águas invisíveis. A partir dessas radículas, a alma oculta da árvore empurra a energia para cima, para que sua natureza mais verdadeira, audaz e sabia viceje a céu aberto". Nesse sentido, consultar: ESTÉS, Clarissa Pinkola. *A ciranda das mulheres sábias:* ser jovem enquanto velha, velha enquanto jovem. Tradução de Waldéa Barcellos. Rio de Janeiro: Rocco, 2007. p. 31 e 40.

lanternas luminosas a balançar na escuridão, iluminando o próprio caminho e os passos de outras"[(52)], espiritualmente integrados à nossa família, nos novos tempos de vida.

Tenho o privilégio de conviver de perto com minha tia *Magda Bello de Almeida Neves*, que, ao lado de minha mãe, é signo da "potência feminista"[(53)], mulher constituída na liberdade e que foi capaz de transformar a lógica de uma estrutura familiar tradicional, disputando e conquistando o direito de se formar no ensino superior e de trabalhar na educação como professora universitária. Ambas trazem exemplos de trajetórias profissionais que apontam para o futuro.

Com a linhagem materna, fui em grande medida provocada a me situar *politicamente* no campo democrático. Meu avô materno foi um firme defensor da democracia nos idos de 1964, circunstância que ensejou sua punição e sequente transferência para a reserva como General de Brigada. Outros da família seguiram carreira política, inclusive com atuação em importantes cargos públicos do país, com destaque para *Tancredo de Almeida Neves*, primeiro Presidente Civil eleito após o ciclo autoritário de cerca de duas décadas da ditatura militar, cuja contribuição para a retomada da democracia brasileira foi decisiva[(54)].

Com meus avós paternos, *Maria do Carmo Godinho Delgado* e *Mauricio de Paula Delgado*, tive o privilégio de uma convivência estreita

---

(52) ESTÉS, Clarissa Pinkola. *A ciranda das mulheres sábias:* ser jovem enquanto velha, velha enquanto jovem. *Op. cit.*, p. 62.

(53) Márcia Tiburi define as "potências feministas" da seguinte forma: "(...) podemos pensar que o feminismo é um signo para muitas definições possíveis, todas incompletas, carregadas das mais diversas potências – às quais daremos o nome de potências feministas. O feminismo não é apenas plural, portanto, é eminentemente potencial. Como abertura à compreensão, ao futuro, mais do que uma promessa, o feminismo é um método de transformação social capaz de modificar tanto a microfísica como a macroestrutura da sociedade – que foi alicerçada no patriarcado machista e sexista, o qual tem sua base na conhecida violência contra as mulheres, não por acaso excluídas do Sistema do poder-saber". A respeito, consultar: TIBURI, Márcia. *Feminismo em comum:* para todas, todos e todes. 3. ed. Rio de janeiro: Rosa dos Tempos, 2018. p. 72.

(54) A respeito, consultar: DELGADO, Lucilia de Almeida Neves; SILVA, Vera Alice Cardoso. *Tancredo Neves:* a trajetória de um liberal. Petrópolis: Vozes; Belo Horizonte: Universidade Federal de Minas Gerais, 1985.

e amorosa. Ao reencontrá-los em pensamentos sou nutrida por memórias de afeto, sobretudo em relação à minha avó, com quem tive profunda afinidade em vida.

Meus avós constituíram família numerosa. No caminho partilhado, sustentaram sólido compromisso com a *justiça social*, um dos maiores legados que deixaram aos seus onze filhos e 21 netos. Em grande medida, tive a oportunidade de captar de perto o sentido vivo de justiça social por eles experimentado. Esta referência se mostrava evidente nas ações sociais que promoviam, sobretudo em atividades de forte inserção religiosa.

Eles também pavimentaram caminhos de intelectualidade, num lar marcado pela educação e por preocupações políticas e sociais. Os encontros familiares eram uma fervura da leveza da vida, temperados com debates sobre política, direitos humanos e sociedade.

Minha avó se formou no Normal e foi professora da quarta série do curso primário. Apesar de não ter seguido na carreira do magistério, encontrou força e tempo para participar de movimentos cristãos de ajuda aos pobres e de ações em prol da educação de crianças[(55)].

São vários os relatos familiares sobre a sua disposição para construir um mundo mais justo[(56)]. Por exemplo, na época do exame de admissão para o Ginásio[(57)], ela organizou um "cursinho de admissão", em parceria com meu avô e outras pessoas da comunidade local, para preparar

(55) Em 2005, a família Godinho Delgado foi presenteada com um livro artesanal em homenagem à minha avó, com relatos pessoais colhidos na forma de entrevista oral, por Rosalba Lopes e revisão de Didice Godinho Delgado, Tatau Godinho e Merrina Godinho Delgado. O livro traz registros de seu nascimento, em São João Del Rei, em 1923, até o nascimento do seu último filho, Miguel Godinho Delgado, em Juiz de Fora, em 1963. A respeito, consultar: DELGADO, Maria do Carmo Godinho. *Queira-me Sempre bem*. Belo Horizonte, 2005. p. 37.

(56) LOPES, Rosalda. Introdução. *In*: DELGADO, Maria do Carmo Godinho. *Queira-me sempre bem*. Belo Horizonte, 2005. p. 5-6.

(57) Hoje equivalente ao Ensino Fundamental II.

as crianças da pequena cidade de Lima Duarte – onde ainda não havia esta formação da etapa escolar –, para que pudessem fazer a prova na cidade vizinha, Juiz de Fora(58). Depois de um tempo, meus avós paternos também participaram e contribuíram diretamente para a fundação do Ginásio da cidade, o que é motivo de orgulho para a família(59).

Meu avô foi Dentista e, posteriormente, Advogado, Juiz de Direito e Professor Universitário. Iniciou a trajetória docente na Universidade Federal de Juiz de Fora (UFJF) e a encerrou, em Belo Horizonte, na Faculdade de Direito Milton Campos. Foi um exemplo. Todos os meus tios e tias seguiram carreira universitária. Meu pai, como meu avô, escolheu a carreira jurídica. Tios e netos também avançaram nessa direção.

Experimentei meu primeiro grande luto com a perda da minha avó paterna, em junho de 2008. Como já dizia Isabel Allende, "precisamos todos de uma avó"(60). Mesmo que àquela época tenha vivido um silêncio encharcado de ausências, minha avó *Maria do Carmo* segue em mim como presença viva e eterna.

1.2. Família Nuclear

Ser professora é um sonho de infância. Mesmo ainda tão pequena, uma menina, tinha certeza de que meu caminho de vida passaria pela educação. E assim foi.

Seguramente, aquele desejo de infância se fortaleceu na convivência com minha *família nuclear*, com os espelhos que tive dentro de casa: meus pais, ambos professores universitários, referências da intelectualidade brasileira e mineira em suas respectivas áreas de formação.

---

(58) DELGADO, Maria do Carmo Godinho. *Queira-me sempre bem*. Belo Horizonte, 2005. p. 37.
(59) Segundo relatos familiares.
(60) ALLENDE, Isabel. *Paula*. Tradução de Irene Moutinho. 20. ed. Rio de Janeiro: Bertrand Brasil, 2021. p. 35.

Minha mãe, *Lucilia de Almeida Neves Delgado*, nasceu em São João Del Rei, em Minas Gerais, em 12 de junho de 1952. Ela foi Professora universitária de História por toda a vida profissional, até se aposentar definitivamente em 2017.

Meu pai, *Mauricio José Godinho Delgado*, nasceu em Lima Duarte, em Minas Gerais, em 13 de maio de 1953. Sua vida profissional foi dedicada ao Direito, área em que ainda atua como Ministro do Tribunal Superior do Trabalho (TST) e Professor de Direito do Trabalho.

Os dois se conheceram em Juiz de Fora, no início dos anos 1970. Além da vida afetiva partilhada desde 1974, também comungavam do mesmo projeto profissional de atuação no magistério superior. Diante disso, em 1975, resolveram concorrer à seleção para o Curso de Mestrado em Ciência Política da Universidade Federal de Minas Gerais (UFMG). Aprovados, mudaram para Belo Horizonte em janeiro de 1976 para se integrarem ao ambiente intelectual belo-horizontino e à política universitária. Casaram-se poucos meses depois, em 31 de julho daquele mesmo ano.

A partir de março de 1978, atuaram como Professores Colaboradores da UFMG, no Ciclo Básico de Ciências Sociais do Departamento de Ciência Política da Faculdade de Filosofia e Ciências Humanas (FAFICH). Em 1980, prestaram concurso público para o cargo de Professor Assistente do mesmo departamento e assim deram continuidade às suas respectivas carreiras universitárias.

Minha mãe concluiu o mestrado em Ciência Política pela UFMG em dezembro de 1979. Sua transferência para o Departamento de História da UFMG ocorreu em 1987, após a conclusão do doutorado em Ciência Política, pela Universidade de São Paulo (USP).

Um dos momentos chaves da sua trajetória acadêmica foi o período em que atuou como Pró-Reitora de Graduação da UFMG, na gestão do *Professor Dr. Tomáz Haroldo da Mota Santos*, de 1994 a 1996.

Em julho de 1996, após cumprir os requisitos da época para pleitear aposentadoria como professora universitária, encerrou suas atividades na UFMG. A partir de então, tornou-se Professora Adjunta da Pontifícia Universidade Católica de Minas Gerais (PUC Minas). Lá trabalhou cerca de quinze anos, até alcançar, via concurso, o cargo de Professora Titular de História. Ao se desligar da PUC Minas, prestou concurso público para o cargo de Professora Adjunta de História da Universidade de Brasília (UnB), onde permaneceu até 2017, quando encerrou sua carreira docente.

Sua carreira de pesquisadora pode ser dividida em duas etapas: dedicou-se ao estudo do movimento operário e sindical, de 1976 a 1996; em seguida, ampliou o campo investigatório a partir da metodologia da história oral, de 1996 até 2017. Entre as produções acadêmicas de maior importância, destacam-se os livros "O Comando Geral dos Trabalhadores no Brasil (1961-1964)", "PTB: do Getulismo ao Reformismo (1945-1964)" e "História Oral: memória, tempo, identidades"[(61)].

Intelectual versátil, ela segue explorando os caminhos da escrita, mas agora também no campo da literatura, onde já publicou vários livros de poesia[(62)]. Igualmente expressa sua veia artística na pintura, vocação herdada da minha avó materna.

Meu pai defendeu o mestrado em 1980. Permaneceu como Professor do Departamento de Ciência Política de 1978 a 1993. Em 1993,

---

(61) DELGADO, Lucilia de Almeida Neves. *Comando geral dos trabalhadores no Brasil (1961-1964)*. 2. ed. Petrópolis: Vozes, 1986; DELGADO, Lucilia de Almeida Neves. *PTB:* do getulismo ao reformismo (1945-1964). 2. ed. São Paulo, LTr, 2010; DELGADO, Lucilia de Almeida Neves. *História oral:* memória, tempo, identidades. 2. ed. Belo Horizonte: Autêntica, 2010.

(62) NEVES, Lucilia de Almeida. *Jardim do tempo*. Belo Horizonte: Del Rey, 1999; DELGADO, Lucilia de Almeida Neves. *Amor e asas*. Belo Horizonte: Gutemberg, 2004; DELGADO, Lucilia de Almeida Neves. *Noites solares*. Rio de Janeiro: 7Letras, 2013; DELGADO, Lucilia de Almeida Neves. *Deslocamentos*. Brasília: Outubro Edições, 2019; DELGADO, Lucilia Neves; VALE, Chico do. *Minas Gerais:* memórias afetivas. Brasília: Outubro Edições, 2022.

prestou outro concurso público na própria UFMG, desta vez para Professor Assistente da área de Direito do Trabalho. Aprovado, migrou da FAFICH para a Faculdade de Direito. Em 1994, defendeu a tese de doutorado em Direito e passou a Professor Adjunto.

Em 2000, pediu exoneração e se desligou da UFMG, em face da possibilidade de participar da organização de uma área de concentração em Direito do Trabalho, nos cursos de mestrado e doutorado da Pontifícia Universidade Católica de Minas Gerais. Assim, naquele mesmo ano, foi contratado como Professor Adjunto de Direito do Trabalho da PUC Minas, onde atuou na graduação e na pós-graduação, até julho de 2012.

Naquele período idealizou, em parceria com os *Professores Drs. Márcio Túlio Viana, José Roberto Freire Pimenta* e *Luiz Otávio Linhares Renault*, a área de concentração em Direito do Trabalho do mestrado da PUC Minas, que se tornou desde então um sucesso entre os estudiosos e pesquisadores da área.

Autor consagrado, conta com grande acervo de livros individuais, duais e coletivos, tendo se destacado especialmente quando da publicação da primeira edição do *Curso de Direito do Trabalho*, em abril de 2002, uma contribuição densa e diferenciada no campo do Direito do Trabalho brasileiro. A obra se tornou um clássico do Direito, contando com várias tiragens anuais e mais de duas dezenas de edições[(63)].

Já morando em Brasília, foi Professor do Centro Universitário IESB, entre 2008 e 2013. Em fevereiro de 2014, tornou-se Professor do UDF com objetivo de idealizar o Programa de Pós-Graduação em Direito do Trabalho da instituição. O mestrado em Direito das Relações Sociais e Trabalhistas foi aprovado em dezembro de 2015, com início

---

(63) O Curso de Direito do Trabalho, até a 19ª edição, foi publicado pela Editora LTr. A partir da vigésima edição, o livro passou a ser publicado pela Editora JusPodivm. A respeito, consultar: DELGADO, Mauricio Godinho. *Curso de direito do trabalho*. 20. ed. São Paulo: JusPodivm, 2023.

das atividades acadêmicas em fevereiro de 2016. Lá ele permanece firme na qualidade de Professor Titular e Decano do PPGD.

Além da vida acadêmica, também segue carreira na Magistratura Trabalhista desde novembro de 1989, quando tomou posse como Juiz do Trabalho Substituto, após ter sido aprovado em primeiro lugar no respectivo Concurso Público de Provas e Títulos. Foi Desembargador do Tribunal Regional do Trabalho de Minas Gerais, mediante promoção por merecimento, em maio de 2004. Em novembro de 2007, foi promovido a Ministro do Tribunal Superior do Trabalho (TST), em Brasília, onde vive até hoje.

Esta breve síntese cronológica contribui, em alguma medida, para demonstrar a efervescência da trajetória profissional dos meus pais, compreendida a fundo por aqueles que, como eu, tiveram a oportunidade de acompanhá-los de perto, no dia a dia, de corporificar seus exemplos em vida(64).

Fato é que os dois construíram vidas plenas de sentido e de significado. Apesar dos percursos independentes, considero que houve um ponto de conexão importante entre eles, a *devoção à docência*, sedimentada pedagogicamente pela abertura a práticas de ensino humanas e dialógicas, pela consistência teórica e sólida formação acadêmica, além da responsabilidade ética na condução dos saberes.

1.3. Memórias da Infância

Nasci em 29 de janeiro de 1978, em Belo Horizonte, Minas Gerais.

Nasci dentro das montanhas, na serra, onde o povo dobra as esquinas, conversa solto, fala macio, emenda palavras e engole sílabas. Nasci

(64) Na obra Pedagogia da Autonomia, Paulo Freire discorre amplamente sobre o ato de ensinar. No conjunto de suas reflexões, aponta que "ensinar exige a corporificação das palavras pelo exemplo", em relações recíprocas e dialógicas experimentadas no concreto da vida. A respeito, consultar: FREIRE, Paulo. *Pedagogia da autonomia.* Rio de Janeiro: Paz e Terra, 2021. p. 33.

em casa com cheiro de café, onde as paredes têm memórias e as ruas vibram uma forte cultura regional. Nasci num povoamento cuja aliança pela acolhida e hospedagem do outro passa de mãos em mãos. Nasci familiarizada com a delicadeza dos "mimos mineiros"(65). Nasci em meio ao encontro dessas muitas pessoas que vivem a mineiridade. Parafraseando Antonio Tabucchi, *esta é a geografia que pertence à minha memória*(66).

Pouco mais de um mês após meu nascimento, no início de março daquele mesmo ano, minha mãe apresentou-se em sala de aula para iniciar sua carreira docente na Universidade Federal de Minas Gerais.

Lembro-me com clareza de todas as vezes que ela revisitou o passado ao descrever, com orgulho, o duplo desafio que assumiu naquela época. Além da responsabilidade de cuidar da primeira filha, recém-nascida, também precisou dar conta da nova carreira como professora do magistério público universitário.

Ela dizia que, não raras as vezes, precisava interromper as aulas para me amamentar ali mesmo, no campus universitário. O tempo passou e ainda me sinto tão nutrida, fortificada e revigorada neste ambiente que seguramente posso afirmar que a universidade segue sendo alimento para mim.

Voltando ao passado, lembro-me de frequentar a FAFICH para acompanhar minha mãe-professora em suas atividades acadêmicas. Fecho os olhos e me vejo correndo pelos corredores da universidade ou numa sala de aula observando, embevecida, sua linguagem corporal, liderança e postura iluminada.

Também me recordo da presença frequente de estudantes universitários em nossa casa, que ali compareciam para atividades de orientação. Eu, menina, recebia aquelas visitas com especial naturalidade. Quase

---

(65) PIÑON, Nélida. *Livro das horas*. Rio de Janeiro: Record, 2012. p. 43.
(66) TABUCCHI, Antonio. *O tempo envelhece depressa*. Tradução Nilson Moulin. São Paulo: Cosac Naify, 2010. p. 15.

sempre ficava curiosa para acompanhar a relação acadêmica tecida entre minha mãe-professora e seus alunos-orientandos. Naturalmente aprendi que *a potencialidade dos alunos se multiplica quando eles se integram a um ambiente acolhedor, de confiança e respeito recíprocos.*

Mais tarde compreendi, com Paulo Freire, que espaços de orientação abertos ao pensar e à construção de afetos refletem a *natureza da prática educativa enquanto prática formadora,* numa perspectiva essencialmente humana[(67)].

Há inclusive estudiosos da decolonialidade que reforçam a importância do *corazonar,* como uma forma de conhecimento que alia a dimensão afetiva à razão[(68)]. Com substrato nestas referências, José Geraldo de Sousa Júnior conceitua o "corazonar" como uma

> "postura intelectual, acadêmica e política de luta decolonial a partir do *corazonamiento* do saber, do poder e do ser. Ou seja, a religação da afetividade com a racionalidade intelectual, uma postura de decolonialidade do saber, do sentir e do ser, mas também, uma descolonização da própria academia e sua racionalidade universalizante"[(69)].

No processo de aprender, era como se eu tivesse um radar ligado à minha mãe-professora. Experimentava alguma autonomia com

---

(67) FREIRE, Paulo. *Pedagogia da autonomia.* Rio de Janeiro: Paz e Terra, 2021. p. 9, 14, 32.
(68) ARIAS, Patricio Guerrero. Corazonar el sentido de las epistemologías dominantes desde las sabidurías insurgentes, para construir sentidos otros de la existencia (primera parte). *In*: *Calle14: revista de investigación en el campo del arte.* 4 (Julio-Diciembre), 2010; ARIAS, Patricio Guerrero. *Corazonar:* uma antropologia comprometida com la vida. Quito, Ecuador; Abya Yala, 2010; SOUSA, Fernanda Brabo. Corazonar o pensar e o fazer pesquisa em educação como proposta para metodologias outras: esboços germinais. *In*: *Revista COCAR.* Programa de Pós-Graduação em Educação da Universidade do Estado do Pará (UEPA). Belém. v. 11. n. 22, p. 248 a 266 – jul./dez. 2017. Disponível em: http://páginas.uepa.br/seer/index.php/cocar.
(69) SOUSA JÚNIOR, José Geraldo. Varrendo para cima do tapete: da invisibilidade social à regulamentação jurídica do trabalho na limpeza urbana. *Jornal Estado de Direito.* Publicado em 30 de março de 2023. Disponível em: http://estadodedireito.com.br/varrendo-para-cima-do-tapete-da-invisibilidade-social-a-regulamentacao-juridica-do-trabalho-na-limpeza-urbana/. Acesso em: 30 mar. 2023.

as tarefas escolares, mas a todo o tempo desejava ter por perto aquela referência materno-professoral. Não poderia imaginar que estava me constituindo exatamente assim.

Eu a observava, atenta e amorosamente, por isso, inclusive, é que repetia, na linguagem infantil, muito do que ela representava para mim, com liberdade para me aventurar. Sua docência povoava meu imaginário e as inúmeras brincadeiras que preenchiam todo o meu tempo livre. Lembro-me, como se fosse hoje, das vezes em que reunia minha irmã e as crianças vizinhas do prédio em que morava para brincar de escola: eu, quase sempre, na posição de professora.

Com meu pai foi diferente. Não tive a oportunidade de acompanhá-lo em sala de aula, mas sua rotina de estudos diários, sobretudo na preparação para o concurso da magistratura trabalhista, foi também importante referência na minha infância. Com ele aprendi a respeitar os silêncios da casa, não de forma "desatenta e egoísta", mas com a exigência das "cumplicidades mais delicadas", como bem ensina Affonso Romano de Sant'Anna ao tratar da casa como um lugar de permanência e intimidade[70].

Minha irmã, *Marina Neves Delgado,* nasceu em 7 de abril de 1982. Temos uma diferença de idade de aproximadamente 4 anos e meio. Com ela exercitei toda a minha vocação materna e um forte senso de responsabilidade. Por isso, desde menina, a acolhi em gestos de amor. É que ela despertava em mim um sentido de proteção intenso. Pela vida afora foi assim.

Desde a infância, nós fomos apresentadas aos livros pelas mãos dos nossos pais. E ali nascemos de novo, como bem reflete Marguerite Yourcenar:

---

(70) Para rememorar suas lembranças de vida, Affonso Romano de Sant'Anna utiliza as alegorias de "tempo interior" e "tempo exterior". A respeito, consultar: SANT'ANNA, Afonso Romano de. *Tempo de delicadeza.* Porto Alegre: L&PM, 2009. p. 40.

> "O verdadeiro lugar de nascimento é aquele em que lançamos pela primeira vez um olhar inteligente sobre nós mesmos: minhas primeiras pátrias foram os livros"(71).

Os livros eram uma extensão de minha casa. Na infância, num dos cômodos ficava a biblioteca conjunta dos meus pais; na juventude, com a mudança para um apartamento maior, eram dois escritórios, um com livros de Direito, do meu pai, e outro com livros de História, Literatura e Artes, da minha mãe. Transitava por aqueles espaços com liberdade plena para me ocupar com os livros. Com olhos atentos, passeava pelas prateleiras num percurso de crescente curiosidade para ler e aprender o que "os outros sabiam do mundo"(72). E assim, em meio à cena rotineira, fui *cativada pela potência dos livros*. Como bem descreve Jorge Luis Borges:

> "Dos diversos instrumentos do homem, o mais assombroso é, sem dúvida, o livro. Os outros são extensões do seu corpo. O microscópio e o telescópio são extensões de sua vista; o telefone é extensão da voz; ainda temos o arado e a espada, extensões do braço. Mas o livro é outra coisa: o livro é uma extensão da memória e da imaginação"(73).

Além dos livros, meus pais sempre incentivaram a leitura de jornais impressos para que pudéssemos nos situar e mapear o mundo com agilidade. Notícias e reportagens eram debatidas no almoço em família, nosso ponto de encontro diário. Em torno da mesa, também conversávamos sobre a vida, aprendíamos com liberdade a ler o mundo, a escutar, a cultivar dúvidas, a expressar sentimentos e a construir

---

(71) YOURCENAR, Marguerite. *Memórias de Adriano:* seguido do caderno de notas das "Memórias de Adriano" e da Nota. Tradução de Martha Calderaro. *Op. cit.*, p. 40

(72) QUEIRÓS, Bartolomeu Campos. *Foi assim* ... Ilustrações Sandra Bianchi. São Paulo: Moderna, 2008. Quarta-Capa.

(73) BORGES, Jorge Luis. *Borges, oral & sete noites.* Tradução Heloisa Jahn. São Paulo: Companhia das Letras, 2011.

coletivamente soluções, quando necessário fosse. Ainda hoje seguimos esta bela tradição, que em muito nos traz o sentido de família.

Marina, integrada a este ambiente familiar, também decidiu seguir carreira acadêmica. No curso da vida, se tornou Bióloga, com mestrado em Botânica, pela Universidade Federal de Viçosa (UFV) e doutorado em Ecologia, pela Universidade de Brasília (UnB). Hoje ela é Professora do Instituto Federal de Brasília e se enraizou na cidade, onde construiu sua própria família.

1.4. Mundo Letrado

Aos 6 anos, fui alfabetizada no *Colégio Olímpico*, de Belo Horizonte. Intuitivamente percebia a importância de conhecer as letras e de buscar os sons das palavras para aprender a ler e a escrever. Com os primeiros cadernos e lápis nas mãos e uma grande letra de fôrma, fui me situando no novo mundo letrado, para mim muito mais atraente do que o universo dos números[(74)].

Das primeiras leituras da infância, lembro-me particularmente da *Coleção Gato e Rato*, de Mary França e Eliardo França, e dos livros a *Bonequinha Preta* e o *Bonequinho Doce*, de Alaíde Lisboa de Oliveira, sucessos da literatura infantil brasileira há várias gerações[(75)]. Também gostava dos contos de Grimm, com tradução de Ana Maria Machado[(76)] e dos contos de Andersen[(77)].

---

(74) Com especial sensibilidade, Bartolomeu Campos de Queirós reflete sobre o desvendar da escritura, em suas letras, palavras e orações, e por isso se faz inspiração. A respeito, consultar: QUEIRÓS, Bartolomeu Campos de. *Sobre ler, escrever e outros diálogos*. Belo Horizonte: Autêntica Editora, 2012. p. 17-25.

(75) FRANÇA, Mary; FRANÇA, Eliardo. *Histórias da Coleção Gato e Rato*. São Paulo: Ática, 1988; OLIVEIRA, Alaíde Lisboa de. *A bonequinha preta*. Belo Horizonte: Editora Lê, 2004 (1938); OLIVEIRA, Alaíde Lisboa de. *O bonequinho doce*. 2. ed. Belo Horizonte: Editora Lê, 1982.

(76) GRIMM, Jacob. *Chapeuzinho Vermelho e outros contos de Grimm*. Seleção e tradução de Ana Maria Machado. Rio de Janeiro: Nova Fronteira, 1986.

(77) *Os melhores contos de Andersen*. Versão portuguesa de Ricardo Alberty. Ilustrações de Paul Durand. Lisboa: Verbo, sem registro do ano.

De fato, a alfabetização, no seu grandioso sentido e ideário pedagógico, é instrumento decisivo para se alcançar autonomia no exercício da liberdade de pensamento e de expressão. No campo da educação, retomando as lições de Rubem Alves, é também prática que amplia a consciência e alarga mundos[(78)].

Aos 7 anos de idade, alfabetizada, passei a estudar no *Colégio Promove*, onde permaneci pelo restante da vida escolar. Tenho as melhores lembranças daquele período. Aquela escola era meu lugar preferido no mundo. Um espaço de integração plena, em todos os sentidos.

Foi no ensino fundamental, aos onze anos de idade, que me conscientizei da importância de ter bons professores em sala de aula, da diferença que eles podem fazer na vida de seus alunos, contribuindo efetivamente para sua formação e expansão. Por isso, costumo dizer que *bons professores são capazes de dar potência ao outro*, atuando como trampolins ou pontes para que seus alunos se façam grandes e inaugurem novos mundos[(79)].

Com a *Ademarci*, professora de português da quinta série, foi assim. Para muitos colegas, ela era brava, mas, para mim, aquele traço de personalidade não importava. O relevante era a possibilidade de aprender caminhos de escrita e leitura com uma professora tão exigente quanto dedicada, um exemplo a ser seguido.

A partir daquele momento, tive clareza do meu gosto e pendor como aprendiz da Língua Portuguesa. Gostava de escrever em cadernos,

---

(78) ALVES, Rubem. *Conversas com quem gosta de ensinar*. Campinas, São Paulo: Papirus, 2000. p. 72-73. Consultar ainda: ALVES, Rubem. *Aprendiz de mim:* um bairro que virou escola. Campinas, São Paulo: Papirus, 2004; ALVES, Rubem. *A alegria de ensinar*. Campinas, São Paulo: Papirus, 2000.
(79) Para Rubem Alves, "(...) o educador fala às pessoas e assim *constrói as teias* que tornam possível o mundo humano. Discurso que *faz um mundo*. Mas essa construção (que pode também ser demolição) depende da capacidade do educador de usar os símbolos que circulam entre as pessoas comuns". Nesse sentido, consultar: ALVES, Rubem. *Conversas com quem gosta de ensinar*. Campinas, São Paulo: Papirus, 2000. p. 61. (grifos nos originais).

diários, folhas soltas... Qualquer lugar que pudesse traduzir em palavras o mundo, o quintal de casa, a existência e as pessoas ao meu redor.

Buscava as palavras onde elas poderiam estar: na *sala de aula*, aprendendo atentamente sobre as palavras escritas, sua morfologia, sintaxe, semântica, produção e interpretação de textos; e no *coral*, explorando as palavras cantadas, arranjos, técnicas vocais e de respiração.

O repertório do coral, inclusive, me conduziu, pela primeira vez, às canções de Chico Buarque, Toquinho e Vinícius de Moraes, interpretadas por um time de primeira grandeza da Música Popular Brasileira. Com eles, cantei "Aquarela"(80), "A Casa"(81), "O Leão"(82), "A Bailarina"(83), "O Pato"(84), "O Caderno"(85), "Peixe Vivo"(86), tudo na ponta da língua.

Foi também cantando "Maria, Maria"(87), "Nos Bailes da Vida"(88) e "Calix Bento"(89) que conheci a sonoridade específica do Clube da Esquina, tão bem representada nas músicas e na voz de Milton Nascimento. A mineiridade habita suas canções. Ele faz questão de dizer que é um cidadão do mundo, mas que é Minas Gerais. Com uma voz aveludada e um canto que é em si um projeto de existência ético-política, leva sua arte para onde o povo está.

No conjunto, as músicas, composições, versos, rimas e refrãos, conduziram-me por viagens, histórias, tempos e espaços da imaginação, tornando meu universo infantojuvenil ainda maior.

---

(80) Guido Morra, Maurizio Fabrizio, Toquinho e Vinicius de Moraes. *Aquarela*. Álbum Aquarela, 1983.

(81) Sergio Bardotti, Sérgio Endrigo e Vinícius de Moraes. *A Casa*. Álbum A Arca de Noé, 1980-1981.

(82) R. Fagner e Vinicius de Moraes. *O Leão*. Álbum A Arca de Noé 2, 1981.

(83) Toquinho. *A Bailarina*. Álbum Casa de Brinquedos, 1983.

(84) Vinícius de Moraes. *O Pato*. Álbum A Arca de Noé 1, 1980.

(85) Vinícius de Moraes. *O Caderno*. Álbum Casa de Brinquedos, 1983.

(86) Neurisvan Rocha Alencar e Valdemar de Jesus Almeida. Intérprete: Milton Nascimento. *Peixe Vivo*.

(87) Fernando Brant e Milton Nascimento. *Maria, Maria*. Álbum Clube da Esquina 2, 1978.

(88) Fernando Brant e Milton Nascimento. *Nos Bailes da Vida*. Álbum Caçador de Mim, 1981.

(89) Tavinho Moura. Intérpretes: Pena Branca e Xavantinho. *Cálix Bento*. Álbum Velha Morada, 1980.

Ainda na pré-adolescência, desde a leitura de Jorge Amado, descobri livros que exaltam a cultura brasileira e o vigor da nossa gente[90]. Com os anos e pela vida afora, me aproximei de autores latino-americanos, com predileção pelo talento narrativo de Isabela Allende[91] e Gabriel García Márquez[92]. Com as biografias, alarguei ainda mais o campo de leitura. Ainda tomei gosto pelo tempo largo das poesias, para mim um lugar de permanente retomada, onde quero ficar sempre um pouco a mais.

O universo de leituras foi também temperado pelas aulas de dança frequentadas por um longo período, da infância à adolescência. É curioso observar o quanto o aprendizado com a música e a dança reverberam em minhas práticas pedagógicas, especialmente na sala de aula e nas palestras, contribuindo para uma presença integralizada e consciente dos "empenhos vocal e cinético do corpo"[93].

Não tenho dúvidas de que a primeira etapa da escolaridade, do percurso que se inicia com a alfabetização e que se estende pelos primeiros anos do ensino fundamental (do primeiro ao quinto ano), é decisiva para que o aluno possa ler com fluência e escrever de forma

---

(90) Apenas a título de exemplo: AMADO, Jorge. *Capitães da areia*. Ilustrações de Poty, capa de Aldemir Martins. 57. ed. Rio de Janeiro: Record, 1983; AMADO, Jorge. *A morte e a morte de Quincas Berro D'água*. Ilustrações de Floriano Teixeira. 52. ed. Rio de Janeiro: Record, 1983; AMADO, Jorge. *Gabriela, cravo e canela:* crônica de uma cidade do interior. Ilustrações de Di Cavalcanti, retrato do autor por Jordão de Oliveira. 65. ed. Rio, São Paulo: Record, 1983.

(91) Apenas a título de exemplo: ALLENDE, Isabel. *A casa dos espíritos*. Tradução de Carlos Martins Pereira. Rio de Janeiro: Bertrand Brasil, 1995; ALLENDE, Isabel. *Paula*. Tradução de Irene Moutinho. 20. ed. Rio de Janeiro: Bertrand Brasil, 2021; ALLENDE, Isabel. *Mulheres de minha alma:* sobre o amor impaciente, a vida longa e as bruxas. Tradução de Ivone Benedetti. Rio de Janeiro: Bertrand Brasil, 2020.

(92) Apenas a título de exemplo: GARCÍA MÁRQUEZ, Gabriel. *Cem anos de solidão*. Tradução de Eric Nepomuceno. 83. ed. Rio de Janeiro: Record, 2014.

(93) VIEIRA, S.; LIGNELLI, C. Narrativas atitudes e parâmetros do som: A voz e a palavra em uma aproximação pragmática. *Revista de Estudos Teatrais Pitágoras*. v. 7, p. 4-15, 2018. Sobre a voz e a palavra, consultar, em acréscimo: DAVINI, Silvia. *Vocalidade e cena:* tecnologia de treinamento e controle de ensaio. Folhetim, Teatro do Pequeno Gesto, p. 58-73. Rio de Janeiro: Rioarte, n. 15, out./dez. 2002; MARCONDES, Danilo. *A teoria dos atos da fala como concepção pragmática de linguagem*. Filosofia Unisinos, p. 217-203. Rio Grande do Sul: Unisinos, set. 2006; LIGNELLI, César. *Sons e(m) cenas:* parâmetros do som. Tomo 1. 2. ed. Curitiba: Appris, 2020.

concatenada, a par, é claro, do alcance das noções estruturais do campo matemático e dos outros eixos de formação complementar, todos igualmente fundamentais.

A partir da perspectiva freiriana é que compreendo que os "saberes fundantes"(94), como a alfabetização e os diversos outros letramentos, vão além do domínio estritamente técnico e repetitivo, de capacitação e memorização. Eles se apresentam como uma via de expansão para uma educação emancipatória, meios de inserção e integração autônoma e consciente no mundo que nos cerca. São *caminhos de pertencimento.*

1.5. Ensino Médio

No ensino médio, nas atividades conteudistas de sala de aula, tinha predileção e vocação para as matérias de humanas (português, história e geografia), além de grande facilidade e fluência com o inglês, chegando até mesmo a ser monitora da disciplina para crianças menores no curso que frequentava para complementar a formação escolar. Acompanhava as aulas de ciências (biologia e química) com tranquilidade, ainda que sem maior interesse.

De fato, minha dificuldade estava na área das exatas: matemática e física, matérias que sempre me exigiram um esforço maior de estímulo, concentração e aprendizagem. Sentia que o tempo encurtava quando precisava me haver com aquelas disciplinas, mas ainda assim seguia focada para lidar com o desafio, talvez o maior da minha vida escolar.

Em acréscimo às dinâmicas típicas de sala de aula, a escola também promovia as mais variadas atividades integrativas, com destaque para as olimpíadas anuais.

---

(94) Paulo Freire denomina os saberes indispensáveis à formação humana de "saberes fundantes", pressupostos para uma "prática educativo-criativa ou progressista" capaz de alavancar a autonomia dos seres educandos. A respeito, consular: FREIRE, Paulo. *Pedagogia da autonomia.* Rio de Janeiro: Paz e Terra, 2021. p. 22-23.

A grande peculiaridade das olimpíadas do *Colégio Promove* é que, para além dos campeonatos esportivos em suas mais diversas modalidades, havia também uma competição artística na abertura do evento, em que os grupos concorrentes, integrados por todas as turmas dos segmentos fundamental e médio, organizavam uma apresentação temática a ser julgada pela direção escolar e professores, com direito a pódio e premiação.

Foi nesta atividade que experimentei, pela primeira vez, a capacidade de liderança e de trabalho em equipe. Ano após ano, coordenava as apresentações artísticas das olimpíadas escolares. Em grupo, passava meses entretida com preparativos e organização de cenários, figurinos, coreografia e sonoplastia. Ali, alunos das mais diversas séries e turmas se uniam com um mesmo propósito: fazer a abertura do evento para a plateia de pais, demais colegas e convidados, apresentando uma proposta temática criativa e impactante, com uma mensagem coletiva que fosse o fio condutor de toda a encenação.

Em razão da expressiva cultura radiofônica da época, tínhamos especial atenção aos elementos sonoros das cenas, compreendendo sua relevância e impacto para o envolvimento do público na construção de imagens e sensações. Por isso, ao longo dos anos, para cada apresentação temática escolhida, procurávamos a antiga *Rádio 107 FM*, que ficava ao lado da escola, para gravar a sonoplastia do espetáculo, sempre de forma gratuita.

Com o consentimento dos meus pais, ficava horas na rádio experimentando músicas, sons e volumes, acompanhando o passo a passo da gravação até que a fita cassete com a versão sonora final da apresentação fosse concluída e entregue aos meus cuidados.

Não tenho dúvidas de que a participação da *Rádio 107 FM* naqueles bastidores foi decisiva para a sua integração ao Colégio Promove não apenas como vizinha, mas como se parte dele fosse.

No conjunto, as atividades complementares patrocinadas pelo Colégio Promove promoveram novas formas de conhecer e ensinar, em espaços de fazer necessariamente criativos e solidários. Mais do que isso, tais projetos permitiram situar os alunos como *sujeitos coletivos* do processo pedagógico, algo que reverberou em minha formação quando, no Direito do Trabalho, passei a ensinar sobre a importância do reconhecimento dos *sujeitos de direitos* como *sujeitos coletivos*, emancipados por natureza na luta por melhores condições de vida e de trabalho(95).

1.6. Par de Asas

Na adolescência, foram muitas as vozes e os exemplos recebidos, especialmente dos meus pais e avós paternos, sobre a importância de me posicionar e ter presença, de cuidar do próximo para expandir a vida e estar alerta diante das injustiças do mundo.

Era preparada para me inteirar sobre os desafios políticos do País, a avançar em indagações curiosas e a ter um olhar comprometido com as causas sociais e o próximo. Enfim, a alargar a visão de mundo para além do cenário privilegiado de vida no qual me inseria.

Mais do que isso, fui francamente estimulada a sair do campo das ideias e abstrações para entrar em movimento e participar de mobilizações estudantis e políticas, experimentar o que já havia introjetado como significado de justiça social. Foi a partir dali que passei a participar de projetos e movimentos coletivos, ainda que em sua maioria restritos ao universo escolar.

---

(95) ESCRIVÃO, Antônio Sérgio. FILHO; SOUSA, José Geraldo de. JUNIOR. Para um debate teórico-conceitual e político sobre os direitos humanos 2ª reimp. Belo Horizonte: Editora D'Plácido, 2019; HERRERA FLORES, Joaquín. *A reinvenção dos direitos humanos*. Tradução de Carlos Roberto Diogo Garcia; Antônio Henrique Graciano Suxberger; Jefferson Aparecido Dias. Florianópolis: Fundação Boiteux, 2009; ALVARENGA, Rúbia Zanotelli de. *O direito do trabalho como dimensão dos direitos humanos*. São Paulo: LTr, 2009.

Minha primeira experiência política aconteceu por ocasião do movimento estudantil brasileiro ocorrido em 1992, com objetivo de assegurar o *impeachment* do então Presidente Fernando Collor de Mello.

Tinha quatorze anos, um par de asas e as cores verde e amarela estampadas no rosto, integrada que estava à "geração cara pintada". Nessa circunstância, me uni a centenas de alunos de escolas públicas e particulares da cidade de Belo Horizonte contra os esquemas de corrupção política que assolavam o País.

Essas manifestações transcorreram por todo o mês de setembro de 1992 até que, no mês seguinte, foi instaurado o processo de *impeachment* do Presidente no Senado Federal. Em dezembro, Collor foi afastado da política e dos cargos públicos pelo período de oito anos. Logo em seguida renunciou à Presidência da República, que passou à condução de Itamar Franco, até 1995.

Em 31 de agosto de 1993, aos quinze anos, com uma percepção clara e consciente dos problemas sociais e uma considerável dose de ousadia, escrevi uma carta endereçada ao Presidente da República Itamar Franco, em que demandava a articulação de políticas públicas e condições de justiça social e de igualdade para todos os brasileiros. Para minha grata surpresa, a carta foi respondida pelo então Presidente, via telegrama, em 27 de outubro daquele mesmo ano(96).

Ao completar 16 anos de idade, em 1994, exerci o direito facultativo de voto nas eleições. Desde então, acompanho a política do País ativamente, apesar de não ter me filiado a qualquer partido político.

---

(96) Transcrição literal do telegrama remetido pela Presidência da República, em 27 de outubro de 1993: "Acuso recebimento de sua carta de 31/08/93 Agradeco o envio de suas 'reflexões sobre vivencias diárias'. Os problemas que a sociedade brasileira enfrenta sao muitos e podem se verificar em todos os setores. Esses problemas, complexos, antigos e de solucao deemorada, sao objeto de estudos constantes por parte do governo, que se empenha em promover uma sociedade mais justa onde todos tenham oportunidade de concretizar os sonhos e projetos. O apoio de bons brasileiros, cara Gabriela, eh importante, nesse processo de conducao do país a melhores dias, quando bem-estar e justiça não serao o privilegio de poucos, mas a certeza de todos. Cordial abraco, Itamar Franco Presidente da Republic"

No ambiente escolar, em 1993, aos meus 15 anos de idade, quando então cursava o primeiro ano do ensino médio, passei a integrar o *Grêmio Estudantil e Literário* da escola, ocasião em que fui eleita vice-presidente da agremiação. Em setembro daquele mesmo ano, segui para a presidência do grêmio, liderança que se estendeu até meados de 1994, quando já cursava o segundo ano do ensino médio, aos 16 anos de idade.

No grêmio estudantil, me integrei a um coletivo escolar democrático, inclusivo e participativo. Entre as atividades administrativas, estavam previstas reuniões rotineiras com lideranças estudantis para ouvir, planejar e divulgar ações. Também acompanhávamos a emissão das carteirinhas estudantis e a eleição dos representantes de turma, com o apoio da orientação pedagógica da escola. Ainda alavancávamos projetos de acolhida e ambientação dos alunos novatos.

Usufruíamos dos espaços e do tempo escolar com liberdade criativa. Nos minutos de pausa do recreio, organizávamos campeonatos esportivos e grupos de teatro, um respiro para as atividades conteudistas da sala de aula. Também articulávamos ações de entretenimento interescolares, com a participação de mais de uma dezena de grêmios estudantis de escolas públicas e privadas de Belo Horizonte, agregadas a campanhas de assistência a alunos carentes.

O espaço da escola era preenchido das mais variadas formas. Além de um "jornal mural" para divulgar notícias da cena política brasileira, também contávamos com um jornal impresso de tiragem mensal, o "Impressão", formatado com pautas que transitavam livremente da política à arte, da música à literatura. É justo registrar que a escola não opôs qualquer resistência ao formato e ao conteúdo desse jornal, mesmo quando as edições traziam temas polêmicos, como aborto e pena de morte, por exemplo.

E assim, preenchidos de sentido, seguíamos incansáveis a reivindicar a construção de uma *escola gregária, crítica e criativa*. Os anos passaram e, na vida adulta, ainda hoje recupero memórias daquele "tempo interior"(97) com as primeiras e embrionárias experiências de um situar na arena política como testemunha e protagonista de processos de conscientização, mobilização e resistência coletiva.

1.7. O Futuro era Logo Ali

O ano era 1995. Tinha 17 anos e duas convicções: cursaria Direito e seria Professora Universitária.

A escolha da graduação em Direito transcorreu com naturalidade. Para além do fato de ter uma grande inspiração em casa – meu pai –, contava, ainda, com o exemplo do meu avô paterno.

Nos debates em sala de aula e como representante de turma, fui me apropriando de uma linguagem carregada de valores sociais, mesmo que à época não tivesse preparo técnico e teórico para articular os conceitos de direitos humanos, direitos fundamentais, trabalho digno e justiça social. Parecia claro que, pelo Direito, poderia ampliar minha visão de mundo, pensar soluções de justiça social para o Brasil e atuar em favor de grupos sociais vulneráveis.

O desejo de ser professora era chama acesa desde a infância. A admiração nutrida pela trajetória acadêmica dos meus pais seguramente contribuiu para esta escolha profissional, mesmo que não tenha recebido qualquer pressão familiar direta nessa direção. Já sabia que construir uma vida intelectual daria sentido para ser quem sou hoje. Então, era preciso pavimentar o caminho.

Assim, me inscrevi na turma de humanas do terceiro ano do ensino médio e decidi me afastar do movimento estudantil e dos demais

(97) Para rememorar suas lembranças de vida, Affonso Romano de Sant'Anna utiliza as alegorias de "tempo interior" e "tempo exterior". A respeito, consultar: SANT'ANNA, Afonso Romano de. *Tempo de delicadeza*. Porto Alegre: L&PM, 2009. p. 40.

projetos acadêmicos complementares oportunizados pela escola para me preparar exclusivamente para o vestibular, o que fiz com absoluta dedicação.

Na nova fase, me concentrei inteiramente na rotina de estudos. A escola também parecia indicar nesse sentido. Saí de um período de leveza e criatividade para outro de rigidez e pressão. Pesou demais para mim. Estudei o ano inteiro acompanhada dos livros e de uma ansiedade que só passou quando, ao final do ano, fui aprovada no vestibular.

Na formatura, para minha honra e alegria, fui escolhida oradora da turma, na companhia do colega *Conrado Gonçalves Lima*. O discurso foi um aceno de despedida carregado de memórias, agradecimentos e saudades.

O ensino médio se fez passado. O futuro era logo ali.

CAPÍTULO II

A FORMAÇÃO UNIVERSITÁRIA

2.1. Graduação em Direito: entre livros e dicionários

Primeiro dia de aula. Cheguei de carona à *Faculdade de Direito Milton Campos*, com um caderno nas mãos e um orgulho que não cabia no peito. A partir dali, era estudante universitária.

Apesar da euforia dos dezoito anos de idade recém completados, precisei de concentração para decifrar os códigos do Direito. Lembro-me que as primeiras leituras para a disciplina "Introdução ao Estudo do Direito" me deixaram perplexa. Precisava me apropriar do vocabulário jurídico, dos termos técnicos, categorias-chaves e reflexões teóricas ainda fora de alcance.

Para pensar o Direito, ganhei fôlego de leitura. Percorria a biblioteca da faculdade quase que diariamente para conhecer seu acervo e escolher o próximo livro de cabeceira. Me sentia pequena num espaço com centenas de livros, mas ao mesmo tempo estimulada pela abertura do campo de visão que a leitura seguramente me proporcionava.

Passei a estudar com frequência naquele lugar silencioso que me fazia forte. E, desde então, como reflete Bartolomeu Campos de Queirós,

> "sempre me emociono ao percorrer uma biblioteca. Por maior que seja o seu espaço físico, por maior que seja o número de obras acolhidas, eu sei que ainda falta e faltará sempre, sei que haverá irremediavelmente o ainda por descobrir"(98).

---

(98) QUEIRÓS, Bartolomeu Campos de. *Sobre ler, escrever e outros diálogos*. Júlio Abreu (organizador). Belo Horizonte: Autêntica Editora, 2012. p. 100.

Nesse percurso inicial, ainda procurando me apropriar dos espaços de reflexão, crítica e criação próprios do Direito, usufruí livremente da biblioteca do meu pai e, para melhor conhecer as particularidades do humano no mundo, percorria as prateleiras de livros de Ciências Humanas e Literatura no escritório da minha mãe. Este movimento de leituras complementares, numa lógica de construção aberta do saber, assegurou o tom da minha formação jurídica, *no todo interdisciplinar*. Na mesma medida, serviu para evitar a compartimentalização do aprendizado e a dicotomização do conhecimento[(99)].

No primeiro ano do Curso de Direito retomei o uso de dicionários e enciclopédias, dos mais variados tipos e temas. Ao meu pai pedi um dicionário jurídico. Ganhei o presente, momentos de estudo em conjunto e alguns livros do Norberto Bobbio, que se tornou uma referência para mim[(100)]. Com o tempo, montei minha própria coleção[(101)], certa de que minha experiência no Direito se tornava mais rica quando usufruía destes recursos de leitura.

---

(99) THIESEN, Juares da Silva. A interdisciplinaridade como um elemento articulador no processo ensino-aprendizagem. *Revista Brasileira de Educação*, 13 (39), set./dez. 2008, p. 546. Disponível em: https://www.scielo.br/j/rbedu/a/swDcnzst9SVpJvpx6tGYmFr/. Acesso em: 30 mar. 2023; FERNANDES, Aliana; GUIMARÃES, Flávio Romero; BRASILEIRO, Maria do Carmo Eulálio (Organizadores). *O fio que une as pedras:* a pesquisa interdisciplinar na pós-graduação. São Paulo: Editora Biruta, 2002; KLEIN, Julie Thompson. *Crossing Boundaries:* Knowledge, Disciplinarities, and Interdisciplinarities. Virginia: University Press of Virginia, 1996.

(100) BOBBIO, Norberto. *A era dos direitos*. Tradução de Carlos Nelson Coutinho. Rio de Janeiro: Campus, 1992; BOBBIO, Norberto. *Teoria do ordenamento jurídico*. Tradução de Maria Celeste C. J. Santos. 10. ed. 1999; BOBBIO, Norberto. *O positivismo jurídico:* lições de filosofia do direito. Tradução e notas de Márcio Pugliesi, Edson Bini e Carlos E. Rodrigues, 1999.

(101) LALANDE, André. *Vocabulário técnico e crítico da filosofia*. 3. ed. São Paulo: Martins Fontes, 1999; BOBBIO, Norberto; MATTEUCCI, Nicola; PASQUINO, Gianfranco. *Dicionário de política*. Tradução de João Ferreira; revisão geral de João Ferreira e Luís Guerreiro Pinto Cascais. 5. ed. Brasília: Editora Universidade de Brasília; São Paulo: Imprensa Oficial do Estado, 2000; GALLINO, Luciano. *Dicionário de sociologia*. Tradução de José Maria de Almeida. São Paulo: Paulus, 2005; *Latinoamericana:* enciclopédia contemporânea da América Latina e do Caribe. Coordenador geral Emir Sader; coordenadora executiva Ivana Jinkings; coordenadores Carlos Eduardo Martins e Rodrigo Nobile. São Paulo: Boitempo; Rio de Janeiro: Laboratório de Políticas Públicas da UERJ, 2006; TRAVESSONI, Alexandre. *Dicionário de teoria e filosofia do direito*. São Paulo: LTr, 2011; AZEVEDO, Francisco Ferreira dos Santos. *Dicionário analógico da língua portuguesa:* ideias afins/thesaurus. 3. ed. Rio de Janeiro: Lexikon, 2016.

Descobri os livros jurídicos. Visitava as bibliotecas e as livrarias frequentemente. Em meio às leituras direcionadas pelas disciplinas propedêuticas, me deparei com os princípios e o campo de afirmação dos direitos humanos e fundamentais. Este universo também serviu de baliza para minha formação na dogmática do Direito e até hoje faz parte das minhas predileções de leitura e pesquisa.

A disciplina Teoria Geral do Estado, ministrada pelo caro *Professor Ricardo Arnaldo Malheiros Fiúza*, no segundo período do curso, foi decisiva para a compreensão de categorias-chaves do Direito, posteriormente articuladas nas pesquisas em Direito do Trabalho, com destaque para o estudo do Estado enquanto organização político-jurídica, seus elementos constitutivos (povo, território, poder), sua origem (com o estudo dos clássicos Hobbes, Locke e Rousseau(102)), formas de Estado e de Governo; Poder Constituinte; a Constituição de 1988, os órgãos de Estado e a supremacia constitucional(103).

Ainda que de forma incipiente, compreendi a importância da *matriz humanista e social da Constituição Federal de 1988* e a ela aderi de pronto, avançando nas primeiras leituras de formação da área(104).

A Constituição de 1988, nas perspectivas política, jurídica, institucional e cultural, é referência jurídica basilar no processo interpretativo

---

(102) HOBBES, Thomas. *Leviatã ou matéria, forma e poder de um estado eclesiástico e civil.* Trad. João Paulo Monteiro e Maria Beatriz Nizza da Silva. 3. ed. São Paulo: Abril Cultural, 1983. (Coleção Os Pensadores.); LOCKE, John. *Carta acerca da tolerância; Segundo tratado sobre o governo; Ensaio acerca do entendimento humano.* Trad. Anoar Aiex e E. Jacy Monteiro. 2. ed. São Paulo: Abril Cultural, 1978. (Coleção os Pensadores.); ROUSSEAU, Jean-Jacques. *Contrato social.* São Paulo: Abril Cultural, 1983. (Coleção Os Pensadores).

(103) Anos mais tarde, em 2006, o Professor Ricardo Fiúza lançou a obra "Aulas de Teoria de Estado", em parceria com a Professora Mônica Aragão. A respeito, consultar: FIUZA, Ricardo Arnaldo Malheiros; COSTA, Mônica Aragão Martiniano Ferreira e. *Aulas de teoria do estado.* Belo Horizonte: DelRey, 2006.

(104) AZAMBUJA, Darcy. *Teoria geral do estado.* 36. ed. São Paulo: Globo, 1997; DALLARI, Dalmo de Abreu. *Elementos de teoria geral de estado.* 22. ed. São Paulo: Saraiva, 2001; MÜLLER, Friedrich. *Quem é o povo? A questão fundamental da democracia.* 2. ed. Tradução de Peter Naumann. São Paulo: Max Limonad, 2000.

de busca por um desenvolvimento humanístico, social, econômico, cultural e institucional para o País. Em seu texto há destaque para o *status* diferenciado conferido à pessoa humana na estruturação da sociedade política e da sociedade civil. É a partir da centralidade da pessoa que a Constituição solidifica seus conceitos e princípios fundamentais, em suas múltiplas facetas, com ênfase para os conceitos de *Estado Democrático de Direito* e de *Direitos e Garantias Fundamentais*(105).

Para dar corpo e densidade ao Texto Constitucional, sobrelevam-se os princípios da dignidade da pessoa humana, da valorização do trabalho e do emprego, da justiça social, da inviolabilidade do direito à vida, da não discriminação, da subordinação da propriedade à sua função socioambiental, da progressividade social e da vedação do retrocesso social(106).

Do conjunto, destaca-se o *princípio da dignidade da pessoa humana* que, ao centralizar o ser humano na ordem jurídica, política e social, torna-se referência matriz da Constituição de 1988, a partir da qual se estruturam todos os demais princípios, normas e institutos jurídicos constitucionalizados, produzindo, também, repercussões na ordem jurídica infraconstitucional(107).

Com largo espectro, o princípio da dignidade, inerente à condição humana, abrange uma dimensão interior, voltada ao campo de afirmação pessoal do indivíduo, bem como uma dimensão exterior, direcionada à

---

(105) DELGADO, Mauricio Godinho; DELGADO, Gabriela Neves. *Tratado jurisprudencial de direito constitucional do trabalho*. São Paulo: Revista dos Tribunais, 2013. Coleção tratado jurisprudencial de direito do trabalho, v. 1. p. 31.

(106) *Idem. Ibidem.*

(107) O Texto Constitucional de 1988 faz remissões, diretas e indiretas, ao princípio da dignidade da pessoa humana em várias passagens, com destaque para o art. 1º, III, que menciona expressamente o princípio. Em acréscimo, o art. 3º, I, que enfatiza a ideia de *sociedade livre, justa e solidária,* requisito essencial à garantia da dignidade humana. Em seguida, o art. 170, que determina à ordem econômica assegurar a todos *existência digna. Finalmente,* o art. 193, que enuncia ter a ordem social como base o *primado do trabalho e como objetivo o bem-estar e a justiça sociais,* diretrizes necessariamente abarcadas pela dimensão da dignidade humana.

sua afirmação no plano social circundante. Em qualquer das perspectivas, a afirmação, a integração e o desenvolvimento do ser humano dependem da concretização do plexo de direitos humanos e fundamentais[(108)].

Assim, juridicamente, mesmo que se considere a perspectiva kantiana de que a dignidade é inerente ao ser humano[(109)], para que condições de dignidade se concretizem, no marco de uma convivência civilizatória, inclusiva e diversificada, é imprescindível avançar no campo dos direitos humanos e fundamentais, num percurso de conscientização, reconhecimento, declaração e efetivação desses direitos[(110)].

O aporte teórico alcançado no primeiro ano da graduação, com ênfase para os conceitos fundantes do princípio da dignidade da pessoa humana e dos direitos humanos e fundamentais, teve ressonância definitiva em minha formação no Direito do Trabalho.

Na virada para o segundo ano da graduação, a necessidade de aprofundar os estudos e a formação teórica me pareceu premente. Assim despontou o desejo de pesquisar.

2.2. Iniciação Científica

Para seguir as trilhas da pesquisa, logo no terceiro período do curso, solicitei minha transferência para a *Faculdade Mineira de Direito da Pontifícia Universidade Católica de Minas Gerais*, reconhecida por sua tradição de intercâmbio, produção e publicação científica.

(108) DELGADO, Mauricio Godinho. *Princípios de direito individual e coletivo do trabalho*. 3. ed. São Paulo: LTr, 2010. p. 39.

(109) KANT, Immanuel. *Fundamentação da metafísica dos costumes*. Tradução de Paulo Quintela. Lisboa: Edições 70, 1995; SALGADO, Joaquim Carlos. *A ideia de justiça em Kant:* seu fundamento na liberdade e na igualdade. Belo Horizonte: UFMG, 1986; GOMES, Alexandre Travessoni. *O fundamento de validade do direito – Kant e Kelsen*. Belo Horizonte: Mandamentos, 2000.

(110) FLÓREZ-VALDÉZ, Joaquin Arce y. *Los principios generales del derecho y su formulación constitucional*. Madrid: Civitas, 1990. p. 149.

Em 1998, me integrei ao *Instituto de Relações do Trabalho da PUC Minas* (IRT-PUC Minas), na condição de estudante bolsista, para desenvolver pesquisa sobre o trabalho da criança e do adolescente no Brasil, numa perspectiva jurídica. A pesquisa foi financiada pelo Fundo de Amparo ao Trabalhador (FAT), com duração de 1 (um) ano.

Continuei mobilizada pela pesquisa, de modo que no ano seguinte, em 1999, participei do Programa de Bolsas de Iniciação Científica da PUC Minas (PROBIC), sob a orientação da *Professora Dra. Wilba Lúcia Maia Bernardes,* da área de Direito Constitucional e Teoria da Constituição, com o tema "O Trabalho da Criança e do Adolescente: a Constituição Federal de 1988 como horizonte de cidadania". O resultado da pesquisa foi também apresentado como trabalho de conclusão de curso (TCC) naquele mesmo ano.

Importante ressaltar que muitas das referências teóricas e categorias-chaves desta pesquisa inaugural foram por diversas vezes retomadas em estudos posteriormente desenvolvidos no campo do Direito do Trabalho, por meio de *leituras (releituras) espelhadas,* dinâmica típica das pesquisas científicas.

Este *primeiro percurso de pesquisa* teve início com a análise das bases teóricas sobre o conceito de *cidadania* e sua evolução nas Constituições brasileiras até a vigência da Constituição Federal de 1988[(111)]. Em seguida foram estudados os princípios e regras constitucionais norteadores dos direitos das crianças e dos adolescentes no Brasil, avançando-se, por fim, para o campo justrabalhista, com o estudo dos regramentos sobre o tema.

---

(111) BARACHO, José Alfredo de Oliveira. *Teoria geral da cidadania:* a plenitude da cidadania e as garantias constitucionais e processuais. São Paulo: Saraiva, 1995; NEVES, Lucilia de Almeida. Cidadania: dilemas e perspectivas na república brasileira. *Tempo – Revista do Departamento de História da UFF.* Niterói, v. 2, n. 4, p. 80-102, dez. 1997; QUIRINO, Célia Galvão; MONTES, Maria Lúcia. *Constituições brasileiras e cidadania.* São Paulo: Ática, 1987; VIEIRA, Liszt. *Cidadania e globalização.* Rio de Janeiro: Record, 1997.

No *primeiro capítulo*, a pesquisa partiu da teoria de Marshall sobre a evolução histórico-linear da cidadania, a partir da classificação dos direitos civis, políticos e sociais(112). A evolução dos direitos fundamentais em gerações, conforme o momento histórico em que surgiram, foi destacada com suporte em Bobbio(113). Como contraponto, a pesquisa focou nas *dimensões dos direitos fundamentais*, para enfatizar o processo histórico e dialético de construção dos direitos, desde uma realidade dinâmica e multifacetada, com ênfase para as reflexões de Paulo Bonavides(114).

Sob o prisma constitucional, a pesquisa científica destacou a importância do marco civilizatório edificado pela Constituição Federal de 1988, mediante articulação de balizas gerais para orientar a atuação do Estado e da sociedade em torno da promoção dos direitos fundamentais da pessoa humana.

Constatou-se que o padrão constitucional de proteção e integração, pela via dos direitos fundamentais, não se estende a toda e qualquer pessoa. É que a realidade absorve uma visão restritiva dos destinatários dos direitos fundamentais, o que doravante Jessé Souza identificou como "subcidadania"(115).

Aqui houve uma tomada de consciência de que a dinâmica progressiva dos direitos fundamentais, em seu processo de constitucionalização

---

(112) MARSHALL, T. H. *Cidadania, classe social e status.* Rio de Janeiro: Zahar, 1967.

(113) BOBBIO, Norberto. *A era dos direitos.* Trad. Nelson Coutinho. Rio de Janeiro: Campus, 1992. p. 5.

(114) BONAVIDES, Paulo. *Curso de direito constitucional.* 10. ed. São Paulo: Malheiros, 2000. p. 517. No curso das leituras (releituras) espelhadas, avancei no estudo da doutrina de Ingo Wolfgang Sarlet. A respeito, consultar: SARLET, Ingo Wolfgang. *A eficácia dos direitos fundamentais.* 4. ed. Porto Alegre: Livraria do Advogado, 2004; SARLET, Ingo Wolfgang. *Dignidade da pessoa humana e direitos fundamentais na Constituição Federal de 1988.* 3. ed. Porto Alegre: Livraria do Advogado, 2004.

(115) SOUZA, Jessé. (Não) Reconhecimento e subcidadania, ou o que é "'ser gente'"? *Lua Nova: Revista de Cultura e Política, [S. l.]*, n. 59, p. 51–73, 2003. DOI: 10.1590/S0102-64452003000200003.

e expansão, só se torna completa se estes direitos forem efetivamente protegidos e concretizados no pano social circundante(116).

É que o *Direito é disputa,* por isso a importância da conscientização pública, das organizações coletivas, da abertura ao diálogo social e da atuação do Estado, em suas diferentes funções, no sentido de demandar o *fazer constitucional.* Estas mobilizações, por óbvio, se alinham ao reconhecimento dos direitos de cidadania.

E é próprio ao fazer constitucional da linguagem democrática, na linha bem demarcada por Marilena Chauí, legitimar os atores coletivos e os conflitos sociais, na condição de "contra poderes sociais", por serem eles potencialmente habilitados a ressignificar, reformular e transformar a sociedade, com destaque para os movimentos populares, sindicais, associações de classes, entre outros(117).

Ainda para articular os direitos fundamentais como direitos de cidadania, a pesquisa científica recuperou os *paradigmas do Estado constitucional contemporâneo,* desde o *Estado Liberal de Direito,* seguido da passagem pelo *Estado Social de Direito,* até o alcance ideal do *Estado Democrático de Direito.*

Esta articulação teórica teve por fundamento central os estudos do constitucionalista *Menelick de Carvalho Netto*(118), que anos depois

---

(116) BOBBIO, Norberto. *Teoria geral da política:* a filosofia política e as lições dos clássicos. Trad. Daniela Beccaccia Versiani e org. Michelangelo Bovero. Rio de Janeiro: Campus, 2000. p. 481-482.

(117) Nesse sentido, sustenta a autora: "A democracia é a *sociedade verdadeiramente histórica,* isto é, aberta ao tempo, ao possível, às transformações e ao novo. Com efeito, pela criação de novos direitos e pela existência dos contrapoderes sociais, a sociedade democrática não está fixada numa forma para sempre determinada, ou seja, não cessa de trabalhar suas divisões e diferenças internas, de orientar-se pela possibilidade objetiva (a liberdade) e de alterar-se pela própria práxis". Consultar: CHAUÍ, Marilena. *Convite à filosofia.* 13. ed. São Paulo: Ática, 2004. p. 406.

(118) CARVALHO NETTO, Menelick de. O requisito essencial da imparcialidade para a decisão constitucionalmente adequada de um caso concreto no paradigma constitucional do Estado Democrático de Direito. *Direito Público.* Belo Horizonte, Procuradoria Geral do Estado de Minas Gerais, v. 1, n. 1, jan./jun. 1999; CARVALHO NETTO, Menelick de. Da responsabilidade da administração pela situação falimentar de empresa privada economicamente viável por inadimplência ou retardo indevido da satisfação dos valores contratados como contraprestação por

se tornaria amigo, colega de trabalho na UnB e um dos fundadores do *Grupo de Pesquisa Trabalho, Constituição e Cidadania.*

Em suas reflexões, o autor recapitula a projeção dos *direitos de primeira dimensão* ou *direitos de liberdade*, no curso do *Estado Liberal de Direito*, conectando-os às figuras da *cidadania-formal* e do *cidadão-proprietário*(119).

Com as *liberdades civis* emergiram os direitos individuais (vida, segurança individual, propriedade privada), mediante valorização do homem enquanto indivíduo singular, livre e independente da figura estatal, com livre trânsito para a promoção do ideal burguês do *laissez faire, laissez passer*. Com a *liberdade política*, foram enunciados direitos políticos aos proprietários dos meios de produção, e apenas quanto ao direito de voto, numa perspectiva peculiar às figuras da *cidadania-formal* e do *cidadão-proprietário*(120).

O Estado reduziu sua atuação à defesa da ordem e segurança públicas, numa perspectiva de estado mínimo ligada à legalidade, formalidade e tecnicismo jurídicos(121). Esta concepção resultou em atividades hermenêuticas mecânicas, no compasso do positivismo jurídico, além de promover a segmentação do Direito entre os ramos público e privado, onde a seara pública, estritamente convencional, existiria apenas para garantir o livre trânsito dos interesses privados(122).

---

obras realizadas – ilícito do Estado – igualdade de todos diante dos encargos públicos – princípio da continuidade da empresa – Estado democrático de direito. 1996. *Revista da Ordem dos Advogados do Brasil,* Brasília, p. 123-152, jul./dez. 1986.

(119) CARVALHO NETTO, Menelick de. O requisito essencial da imparcialidade para a decisão constitucionalmente adequada de um caso concreto no paradigma constitucional do Estado Democrático de Direito. *Direito Público.* Belo Horizonte, Procuradoria Geral do Estado de Minas Gerais, v. 1, n. 1, jan./jun. 1999, p. 103.

(120) *Idem. Ibidem.*

(121) GONÇALVES, Aroldo Plínio. *Técnica processual e teoria do processo.* Rio de Janeiro: AIDE, 2001. p. 7.

(122) CARVALHO NETTO, Menelick de. O requisito essencial da imparcialidade para a decisão constitucionalmente adequada de um caso concreto no paradigma constitucional do Estado Democrático de Direito. *Direito Público. Op. cit.*, p. 103.

Na análise do *Estado Social de Direito*, destaca-se o movimento de expansão dos *direitos de segunda dimensão* ou *direitos de igualdade*, com ênfase para os direitos sociais, culturais e econômicos, além da vinculação da propriedade à sua função social, como fatores condicionantes da ruptura do tradicional esquema do Estado burguês, limitado à previsão de direitos individuais e políticos[(123)].

A *igualdade*, enquanto valor, é dimensionada tanto na perspectiva formal, como e sobretudo na perspectiva material, com o indicativo de que as leis deveriam reconhecer materialmente as diferenças, no campo da diversidade, a fim de que os intérpretes do Direito passassem a incorporar a interpretação finalística ou teleológica em suas decisões[(124)].

Como corolário do Estado Administrador, intervencionista e assistencialista, estruturou-se a figura do *cidadão-cliente*, numa visão de cidadania burocrática e condicionada à dinâmica estatal[(125)].

Do ponto de vista ideal, será com o *Estado Democrático de Direito* que o sentido de cidadania ganha amplitude e profundidade, deixando de ser reconhecido apenas como um direito e uma qualidade restrita daquele que se ativa politicamente ao Estado a que pertence, para alcançar contornos de universalidade. Dessa forma, o cidadão se faz universal[(126)], porque portador do campo aberto de direitos humanos e fundamentais[(127)].

---

(123) CARVALHO NETTO, Menelick de. O requisito essencial da imparcialidade para a decisão constitucionalmente adequada de um caso concreto no paradigma constitucional do Estado Democrático de Direito. *Direito Público. Op. cit.*, p. 105.

(124) *Idem. Ibidem.*

(125) *Idem. Ibidem.*

(126) ROCHA, Cármen Lúcia Antunes. *República e federação no Brasil:* traços constitucionais da organização política brasileira. Belo Horizonte: Del Rey, 1996. p. 118-119. Em complemento, consultar: SILVA, Benedicto; MIRANDA NETTO, Antônio Garcia de. *Dicionário de ciências sociais.* Rio de Janeiro: Fundação Getúlio Vargas, Instituto de Documentação, 1986. p. 178; BARACHO, José Alfredo de Oliveira. *Teoria geral da cidadania:* a plenitude da cidadania e as garantias constitucionais e processuais. São Paulo: Saraiva, 1995. p. 1; SOARES, Mário Lúcio Quintão. *Teoria do Estado:* o substrato clássico e os novos paradigmas como pré-compreensão para o direito constitucional. *Op. cit.*, p. 258.

(127) Cançado Trindade reforça que a coexistência de distintos instrumentos jurídicos, com a garantia dos mesmos direitos, se apresenta no sentido de ampliar e fortalecer a proteção ao ser

Portanto, a *cidadania*, em *sentido amplo e contemporâneo*, típica do Estado Democrático de Direito, pode ser conceituada como a prerrogativa direcionada a todo e qualquer sujeito de adquirir e exercer a universalidade de direitos – humanos e fundamentais -, além de garantias e proteções da ordem jurídica, aptos a reconhecê-los como iguais a seus semelhantes, em espaços de pluralidade, no contexto da sociedade local, regional ou global. A cidadania é um caminho. No Brasil, um longo caminho(128).

É na perspectiva do Estado Democrático de Direito que emergem os *direitos de terceira geração ou difusos*, relacionados a sujeitos indeterminados ou a agrupamentos indetermináveis, como, por exemplo, o direito ao meio ambiente ecologicamente equilibrado, à defesa das minorias, à conservação do patrimônio histórico, entre outros. Os direitos público e privado são redimensionados, tornando-se necessariamente interdependentes(129).

Neste contexto paradigmático, além da inserção do *sistema dos direitos fundamentais* como vetor da normativa constitucional, o *caráter normativo dos princípios* é também reconhecido, em diversas dimensões e vertentes, sobretudo a partir da segunda metade do século XX, provocando importante giro hermenêutico nas decisões judiciais, que passam a identificar os princípios como normas jurídicas efetivamente vinculantes e não simples enunciados programáticos do sistema jurídico(130).

---

humano. A respeito, consultar: TRINDADE, Antônio Augusto Cançado. A interação entre o Direito Internacional e o Direito Interno na Proteção dos Direitos Humanos. *In*: *Arquivos do Ministério da Justiça*, Brasília, jul./dez. 1993, p. 52-53.

(128) CARVALHO, José Murilo de. *Cidadania no Brasil:* O longo caminho. Rio de Janeiro: Ed. Civilização Brasileira, 2004.

(129) CARVALHO NETTO, Menelick de. O requisito essencial da imparcialidade para a decisão constitucionalmente adequada de um caso concreto no paradigma constitucional do Estado Democrático de Direito. *Op. cit.*, p. 105.

(130) A respeito de tais contribuições teóricas, consultar: ALEXY, Robert. *Teoria de la argumentación jurídica.* Trad. Manuel Atienza e Isabel Espejo. Madrid: Centro de Estudios Constitucionales, 1989;

O novo cenário também reforça a *Teoria dos Valores ou Axiologia Jurídica*(131), na perspectiva do constitucionalismo humanista e social, direcionado à pessoa humana, em sua condição de dignidade, em torno da qual orbitam os direitos humanos e fundamentais.

No *segundo capítulo* da pesquisa científica, foram identificados os princípios e regras constitucionais norteadores dos direitos das crianças e adolescentes no Brasil(132).

ALEXY, Robert. *Teoria de los derechos fundamentales*. Madrid: Centro de Estudios Constitucionales, 1993; BONAVIDES, Paulo. *Curso de direito constitucional*. 10. ed. São Paulo: Malheiros, 2000; CANOTILHO, José Joaquim Gomes. *Direito constitucional*. Coimbra: Almedina, 1992; DWORKIN, Ronald. *Los derechos en serio*. Traducción castellana de M. Guastavino, con un estudio preliminar de A. Calsamiglia. Barcelona: Ariel, 1984; FLÓREZ-VALDEZ, Joaquín Arce y. *Los princípios generales del derecho y su formulación constitucional*. Madrid: Civitas, 1990.

(131) A respeito de tais contribuições teóricas, consultar: AFONSO, Elza Maria Miranda. O direito e os valores (reflexões inspiradas em Franz Brentano, Max Scheler e Hans Kelsen). *Revista do Centro Acadêmico Afonso Pena (CAAP) – Nova Fase*, Belo Horizonte, ano IV, n. 07, p. 15-62, 1999; COMTE-SPONVILLE, André. *Pequeno tratado das grandes virtudes*. Trad. Eduardo Brandão. São Paulo: Martins Fontes, 1995; HESSEN, Johannes. *Filosofia dos valores*. Prefácio e trad. L. Cabral de Moncada. 5. ed. Coimbra: Armênio Amado, 1980; NASCIMENTO, Marilza Geralda do. *O trabalho como valor:* afirmação e crise em perspectiva tridimensional. 2002. 244 f. Dissertação (Mestrado em Filosofia do Direito) Faculdade de Direito – Universidade Federal de Minas Gerais, Belo Horizonte, 2002; TRAVESSONI GOMES, Alexandre. Ética, valor e direito. 2002. 260 f. Tese (Doutorado em Filosofia do Direito) – Faculdade de Direito, Universidade Federal de Minas Gerais, Belo Horizonte, 2002; VILHENA, Paulo Emílio Ribeiro de. Valor: realidade, ficção ou projeção da realidade. *Revista da Faculdade de Direito da Universidade Federal de Minas Gerais*, Belo Horizonte, n. 37, p. 235-259, 2000.

(132) PEREIRA, Tânia da Silva. *Direito da criança e do adolescente*: uma proposta interdisciplinar. Rio de Janeiro: Renovar, 1996 (com nova publicação, atualizada, em 2008). Posteriormente, a autora lançou o livro "*O melhor interesse da criança*: um debate interdisciplinar", também pela editora Renovar, no ano 2000. Outras leituras complementares também foram agregadas ao percurso, com destaque para: COSTA, Antônio Carlos Gomes da. *O Estatuto da Criança e do Adolescente e o trabalho infantil no Brasil*: trajetória, situação social e perspectivas. Brasília, DF: OIT; São Paulo: LTr, 1994; FACHIN, Luiz Edson. *Elementos críticos do direito de família*. Rio de Janeiro: Renovar, 1999; LIBERATI, Wilson Donizeti. *O Estatuto da Criança e do Adolescente*: comentários. Brasília: Instituto Brasileiro de Pedagogia Social (IBPS), 1991; MAGANO, Octavio Bueno. *Trabalho de crianças e adolescentes*. Consulex, ano III, v. I, n. 30. 30, jun. 1999; MORAES, Antônio Carlos Flores de. *Trabalho do adolescente*: proteção e profissionalização. Belo Horizonte: Del Rey, 1995; OLIVEIRA, Oris. *O trabalho da criança e do adolescente*. São Paulo: LTr; Brasília, DF: OIT, 1994; PEREIRA, Rodrigo da Cunha. *Direito de família*: uma abordagem psicanalítica. Belo Horizonte: Del Rey, 1997; VERONESE, Josiane Rose Petry. *Interesses difusos e direitos da criança e do adolescente*. Belo Horizonte: Del Rey, 1997.

A pesquisa se ateve à análise da *doutrina da proteção integral*, e seu corolário *princípio do melhor interesse da criança*, orientados à proteção especial da criança e do adolescente, na condição de pessoas em desenvolvimento. Contemplou-se, ainda, o *princípio da prioridade absoluta*, que hoje abarca um modelo harmonioso de atenção e cuidado, com dignidade, segurança e integridade em favor de crianças e adolescentes (art. 227, *caput*, CF/1988)[(133)].

No *terceiro capítulo*, a pesquisa científica avançou no estudo do regramento justrabalhista que veda o trabalho de crianças e estabelece proteções jurídicas e restrições ao trabalho de adolescentes. Para consolidar os referenciais teóricos do Direito do Trabalho, iniciei a leitura de clássicos da área, com destaque para Arnaldo Süssekind e João de Lima Teixeira Filho; José Martins Catharino; Orlando Gomes e Elson Gottschalk e Amauri Mascaro Nascimento[(134)].

Especificamente sobre o tema pesquisado, sabe-se que a Constituição de 1988, aperfeiçoada pela Emenda Constitucional n. 20/1998, proíbe terminantemente o trabalho de crianças. *Não existem exceções à faixa de idade*, já que "não há espaço no Direito Constitucional brasileiro para diplomas legais que autorizem o trabalho de crianças e adolescentes em limites etários inferiores aos da Constituição da República e sem as proteções e garantias fixadas no Texto Máximo de

(133) Os direitos à segurança e à integridade da criança e do adolescente têm sido um construto muito importante, derivados da doutrina da proteção integral, aplicáveis principalmente na defesa contra formas de violência, negligência, tráfico e exploração, ampliando a tutela da pessoa em desenvolvimento não apenas no âmbito doméstico, pela Constituição e pelo Estatuto da Criança e do Adolescente (ECA, Lei n. 8.069/1990), mas também no Direito Internacional, por exemplo, no texto do Protocolo Facultativo para Convenção sobre os Direitos da Criança relativo à venda de crianças, prostituição e pornografia infantis (2000) e, de forma genérica, para todos, no texto dos arts. 3º, 4º e 5º da Declaração Universal dos Direitos Humanos (1948).

(134) SÜSSEKIND, Arnaldo; TEIXEIRA FILHO, João de Lima. *Instituições de direito do trabalho*. v. I e II. 20. ed. São Paulo: LTr, 2002; CATHARINO, José Martins. *Compêndio de direito do trabalho*. v. 1 e 2, 3. ed. São Paulo: Saraiva, 1982; GOMES, Orlando; GOTTSCHALK, Elson. *Curso de direito do trabalho*. 15. ed. Forense, 1999; NASCIMENTO, Amauri Mascaro. *Curso de direito do trabalho*. 13. ed. São Paulo: Saraiva, 1997; NASCIMENTO, Amauri Mascaro. *Direito do trabalho na Constituição de 1988*. São Paulo: Saraiva, 1989.

1988", nem tampouco *exceções ao tipo de trabalho ou atividade realizada*, seja como aprendiz, estagiário, ajudante em oficinas ou empresas familiares, para subsistência própria ou de familiares. Portanto, não cabem, em definitivo, quaisquer "interpretações artificiosas a justificarem o trabalho infantil no País, em vista de ser muito clara, específica e objetiva a Constituição nesse assunto: a proibição é plena"[(135)].

Para adolescentes, autoriza-se o trabalho a partir dos dezesseis anos de idade, salvo na condição de aprendiz, a partir de quatorze anos (arts. 7º, XXXIII e 227, § 3º, I, CF/1988). As hipóteses de trabalho do adolescente previstas pela Consolidação das Leis do Trabalho (CLT), no Capítulo IV ("Da Proteção do Trabalho do Menor"), do Título III ("Das Normas Especiais de Tutela do Trabalho"), se não recepcionadas pela Constituição de 1988, serão obrigatoriamente interpretadas em consonância com os preceitos contidos nos arts. 7º, XXXIII e 227, § 3º, I, da CF/1988.

Mesmo com o término da iniciação científica, e já caminhando para os últimos períodos da graduação, continuei mobilizada em torno das atividades de pesquisa.

Na PUC Minas, em parceria com um grupo de estudantes universitários, concebemos e estruturamos o *Núcleo Acadêmico de Pesquisa* (NAP) da Faculdade de Direito. Entre as atividades do NAP, tive a oportunidade de organizar variados eventos e apresentar oficinas em cursos de aperfeiçoamento para os alunos da graduação.

Também apresentei e publiquei[(136)] os resultados da pesquisa de iniciação científica em fóruns e seminários, tendo sido agraciada com

---

(135) DELGADO, Mauricio Godinho; DELGADO, Gabriela Neves. *Tratado jurisprudencial de direito constitucional do trabalho*. São Paulo: Revista dos Tribunais, 2013. Coleção tratado jurisprudencial de direito do trabalho, v. 2, p. 227-228.

(136) DELGADO, Gabriela Neves. *O trabalho da criança e do adolescente no Brasil:* a Constituição Federal de 1988 como horizonte de cidadania. *In*: 8º Seminário de Iniciação Científica da PUC-MG, 2000, Belo Horizonte. Anais do 8º Seminário de Iniciação Científica da PUC-MG. Belo

Menção Honrosa em evento acadêmico específico da Universidade Federal de Ouro Preto (UFOP), em 1999.

Neste contexto, conheci a *Professora Tânia da Silva Pereira*, uma das maiores especialistas em direitos das crianças e adolescentes no Brasil. Logo nos identificamos, algo que me pareceu natural, já que acompanhava sua produção científica fazia um bom tempo.

Fui convidada para estagiar em seu escritório, no Rio de Janeiro. Fiquei em êxtase, porque se tratava do *Escritório do Professor Caio Mário da Silva Pereira*, à época o maior jurista do Direito Civil brasileiro, dos meus autores preferidos no campo civilista.

Foram três meses de aprendizagem, no período das férias universitárias. Além da atuação num escritório especializado na área de Direito de Família, Sucessões e Direitos da Criança e do Adolescente, tive a oportunidade de também estagiar no *Juizado da Infância e da Juventude do Rio de Janeiro*, no seu *Posto Integrado de Proteção Integral* (PAPI). Em Belo Horizonte, experimentei estágio semelhante na *Vara da Infância e da Juventude*.

Findo o estágio, retornei para casa já com o convite para me integrar à equipe de advogados do escritório tão logo me formasse e fosse aprovada no exame da *Ordem dos Advogados do Brasil* (OAB). Foi o que fiz. Colei grau em dezembro de 2000, com a honra de ter sido eleita a juramentista da turma. Outra grande emoção foi receber

---

Horizonte: PUC-MG, 2000. p. 128-129; DELGADO, Gabriela Neves. *O direito à vida e à saúde de crianças e adolescentes*. *In*: I Seminário de Iniciação Científica da Faculdade Mineira de Direito da PUC-MG, 2000, Belo Horizonte. I Seminário de Iniciação Científica da Faculdade Mineira de Direito. Belo Horizonte: PUC-MG, 2000. v. 1, p. 7-7; DELGADO, Gabriela Neves. *O trabalho da criança e do adolescente no Brasil:* a Constituição Federal de 1988 como horizonte de cidadania. *In*: I Seminário de Iniciação Científica da Faculdade Mineira de Direito, 2000, Belo Horizonte. I Seminário de Iniciação Científica da Faculdade Mineira de Direito. Belo Horizonte: PUC-MG, 2000. v. 1, p. 17-17; DELGADO, Gabriela Neves. *O trabalho da criança e do adolescente no Brasil:* enfoque constitucional e trabalhista. *In*: VII Seminário de Iniciação Científica da Universidade Federal de Ouro Preto – UFOP, 1999, Ouro Preto. Anais do VII Seminário de Iniciação Científica da Universidade Federal de Ouro Preto. Ouro Preto: UFOP, 1999. v. 7, p. 222-222.

o diploma de formatura das mãos dos meus pais, à época Professores da PUC Minas. No mesmo mês fui aprovada no exame da OAB/MG e segui de mudança para o Rio de Janeiro. Tinha 22 anos.

Iniciei minha vida profissional como advogada contratada do *Escritório do Professor Caio Mário da Silva Pereira*. Também atuei, voluntariamente, como advogada do *Posto Integrado de Proteção Integral* (PAPI), no *Juizado da Infância e da Juventude do Rio de Janeiro*.

Tive a grata oportunidade de conhecer o *Professor Caio Mário* pessoalmente, ele já com idade bem avançada. Sob a direção da querida *Professora Tânia da Silva Pereira,* conseguimos ainda entrevistá-lo em trabalho coletivo, cujos resultados compilados desdobraram-se na publicação de artigo na Revista Trimestral de Direito Civil do Rio de Janeiro[(137)].

No mesmo período, fui aprovada no processo seletivo da *Especialização em Direitos da Criança e do Adolescente*, da *Universidade Estadual do Rio de Janeiro (UERJ)*. Comecei o curso, mas não concluí, porque logo constatei que o que mais me mobilizava na pesquisa sobre o trabalho de crianças e adolescentes não era o Direito Civil, mas sim o Direito do Trabalho. Somado a isso, rapidamente constatei que investir na advocacia no início da trajetória profissional me impediria de investir, com a profundidade que almejava, na área acadêmica.

Foi uma decisão difícil, mas escolhi voltar para Belo Horizonte com o objetivo de prestar a seleção do *Mestrado em Direito do Trabalho da PUC Minas* e me preparar adequadamente para a docência. Contei com a amizade e o apoio decisivo da *Professora Tânia*. Era junho de 2001, estava com 23 anos.

---

(137) PEREIRA, Tânia da Silva; DELGADO, Gabriela Neves; GONÇALVES, C. M. C. Diálogos com a doutrina – Entrevista com o Professor Caio Mário da Silva Pereira. *Revista Trimestral de Direito Civil,* Rio de Janeiro, v. 1, p. 295-318, 2000.

Passei no processo seletivo do Programa de Pós-Graduação da PUC Minas (PPGD da PUC Minas), na área de concentração em Direito do Trabalho, em primeiro lugar. Realizada, me integrei por completo àquele novo período de formação.

Foi num Colóquio Internacional de Sociologia, da Faculdade de Filosofia e Ciências Humanas da UFMG, que tive a oportunidade de me aproximar do *Professor Dr. Márcio Túlio Viana*. Nos encontramos por acaso, pouco depois de ter sido por ele avaliada no processo de seleção do mestrado, num ambiente formal e, para mim, particularmente tenso.

Me lembro como se fosse hoje daquele evento científico. Foram dias leves, que me trouxeram a oportunidade de reconhecer ao meu lado um professor humano e sábio, daqueles que não negam sentido às pessoas e à vida. Saí de lá com o orientador escolhido.

2.3. Mestrado em Direito do Trabalho

O mestrado foi uma experiência especialmente engrandecedora. Enquanto na graduação as aulas se concentravam na dogmática do Direito do Trabalho, lugar comum da argumentação jurídica, na pós-graduação, houve uma inversão de perspectiva direcionada pelo desafio de ler, compreender e interpretar as relações de trabalho e o mundo do trabalho sob bases interdisciplinares, especialmente no campo da Sociologia do Trabalho.

Nesta fase, pelas mãos da *Professora Dra. Magda Neves*, fui apresentada aos estudos sociológicos de análise da ingerência dos arquétipos de acúmulo do capital e dos modelos de produção taylorista, fordista e toyotista sobre as relações de trabalho, por meio de rico catálogo bibliográfico, que me permitiu melhor compreender o sistema capitalista mercantilizado em contraposição à força das transformações sociais emancipatórias.

Comecei a dialogar com *Ricardo Antunes*, por meio da leitura dos clássicos "Adeus ao trabalho? Ensaio sobre as metamorfoses e a centralidade do mundo do trabalho" (1997) e "Os sentidos do trabalho: ensaio sobre a afirmação e a negação do trabalho"[(138)].

Com suas obras, aprofundei o estudo do sistema de produção capitalista, que desumaniza e aliena o ser humano, num mundo marcado pelo trabalho enquanto mercadoria, "num processo *destrutivo* que tem gerado uma imensa precarização do trabalho e aumento monumental do exército industrial de reserva, do número de desempregados"[(139)].

A partir das consequências impostas pelo neoliberalismo e a reestruturação produtiva toyotista, desenvolvi pesquisa sobre as formas de precarização do trabalho e de fragilização da vida e do tecido social estruturadas desde meados dos anos 1970, com ênfase para a terceirização trabalhista, que avançou desregradamente nos cenários doméstico e internacional, neste caso, sobretudo, com as cadeias produtivas globais.

Constatei que as desigualdades nas relações de trabalho têm alcance diferenciado e não repercutem de modo uniforme por todo o globo. Países pertencentes a uma mesma matriz de dominação colonial[(140)], como é o caso brasileiro, tendem a lidar com uma "exploração extrema do trabalho e com práticas particularizadas de dominação e de organização do trabalho derivadas de um longo, intenso e virulento processo de acumulação capitalista"[(141)].

---

(138) ANTUNES, Ricardo. *Adeus ao trabalho?* Ensaio sobre as metamorfoses e a centralidade do mundo do trabalho. 4. ed. São Paulo: Cortez; Campinas, SP: Editora da Universidade Estadual de Campinas, 1997; ANTUNES, Ricardo. *Os sentidos do trabalho:* ensaio sobre a afirmação e a negação do trabalho. 4. ed. São Paulo: Boitempo, 2001.

(139) ANTUNES, Ricardo. 4. ed. *Os sentidos do trabalho:* ensaio sobre a afirmação e a negação do trabalho. São Paulo: Boitempo, 2001 (1999). p. 16 e 19-21.

(140) A respeito da noção de "colonialidade do poder" na América Latina, consultar: QUIJANO, Anibal. Colonialidade do poder, eurocentrismo e América Latina. *In*: LAENDER, Edgardo (Org.). *A colonialidade do saber. Eurocentrismo e ciências sociais. Perspectivas Latino-americanas.* Colección Sur, CLACSO. Buenos Aires: CLACSO, 2005.

(141) DELGADO, Gabriela Neves; DELGADO, Mauricio Godinho. *O que nasce com a pandemia?* São Paulo: JusPodivm, 2022. p. 62.

Assim, no Brasil, o cenário neoliberal predominante, com expansão da flexibilização trabalhista e da informalidade, reduziu hermeneuticamente a própria força da Constituição em sua matriz humanista e social. Este projeto reverberou em iniciativas legislativas e interpretações judiciais na linha precarizadora, mediante o esvaziamento das telas públicas de proteção social, numa "linguagem que se distancia intencionalmente dos parâmetros das relações sociais concretas e das referências constitucionalizadas de cidadania plena e de proteção ao trabalho em condições de dignidade"(142).

Como contraponto, avancei na compreensão das dinâmicas de organização coletiva e resistência da classe trabalhadora, no processo dialético da história. Os estudos contemplaram a perspectiva da ação política-sindical, enquanto um dos pilares do Direito do Trabalho. Aprendi sobre os impactos da reestruturação produtiva na atividade sindical, entendendo que o neoliberalismo prejudica a atuação sindical ao enfraquecer a constituição dos sujeitos sociais, enquanto atores políticos, incapacitando-os de atuarem efetivamente na constituição do tecido social. Esta dinâmica também debilita a solidariedade de classe, fragmenta as negociações coletivas, desaguando no decréscimo do número de sindicalizados por toda parte(143).

Com Ricardo Antunes fui provocada a pensar alternativas que não paralisem a arena política, a partir da imprescindibilidade de reativação

---

(142) DELGADO, Gabriela Neves; DUTRA, Renata Queiroz. O que vem depois da crise? O Estado Social nos lembra o seu papel. *In*: *Jota – Opinião & Análise*. Disponível em: https://www.jota.info/opiniao-e-analise/artigos/o-que-vem-depois-da-crise-o-estado-social-nos-lembra-o-seu-papel-08042020. Acesso em: 14 abr. 2021. Para estudo aprofundado do neoliberalismo, consultar: DARDOT, Pierre; LAVAL, Christian. *A nova razão do mundo:* ensaio sobre a sociedade neoliberal. Tradução Mariana Echalar. São Paulo: Boitempo, 2016.

(143) ALVES, Giovanni. *O novo (e precário) mundo do trabalho:* reestruturação produtiva e crise do sindicalismo. São Paulo: Boitempo, 2005 (Coleção Mundo do Trabalho), p. 9-19. Sobre a "temporalidade histórica do capital", em Giovanni Alves, consultar: ALVEZ, Giovanni. *Trabalho e cinema*: o mundo do trabalho através do cinema. v. 1. Londrina: Práxis, 2006.

dos mais variados movimentos sociais populares, numa rota de fortalecimento das solidariedades perenes(144).

Outro ponto de partida decisivo para a compreensão do mundo do trabalho foi o estudo do tempo, do tempo de trabalho, do autocontrole sobre o tempo de trabalho e do tempo de vida(145). Esta reflexão sociológica originária foi posteriormente amplificada com o estudo jurídico do direito fundamental à limitação da jornada de trabalho, pela necessidade de afirmação dos direitos fundamentais trabalhistas, na busca de uma vida dotada de sentido dentro e fora do trabalho.

Priorizei a análise do tempo de trabalho a partir dos desafios impostos pelo modelo toyotista de produção. Observei que relações de trabalho fundadas no "discurso capitalista colonial predominante"(146), com sobrecarga de funções, sobrejornada de trabalho, disponibilidade ininterrupta e sem pausas, são cenários propícios a danos à saúde física e mental do trabalhador e à eliminação de direitos trabalhistas e previdenciários(147). Esta sobrecarga também tende a reforçar a desigualdade de gênero, "dentro de uma lógica que perpetua uma série de problemas estruturais, patriarcais e interseccionais que marcam o trabalho feminino"(148).

---

(144) ANTUNES, Ricardo. *Coronavírus:* o trabalho sob fogo cruzado. São Paulo: Boitempo, 2020.
(145) ANTUNES, Ricardo.. *Os sentidos do trabalho.* Ensaio sobre a afirmação e a negação do trabalho. 4. ed. São Paulo: Boitempo, 2001 (1999), p. 174.
(146) MENDES, Ana Magnólia; VIVÈS, Jean-Michel. Voz do supereu e melancolização no trabalho que adoece. *In*: COELHO, Rosana; MOTTA, Diego Airoso da (Org.). *Psicanálise & Trabalho: retratos do contemporâneo.* Memorial da Justiça do Trabalho no Rio Grande do Sul. Porto Alegre: Tribunal Regional do Trabalho da 4ª Região, 2020. p. 190.
(147) Conforme: ANTUNES, Ricardo. *O privilégio da servidão:* o novo proletariado de serviços na era digital. São Paulo: Boitempo, 2018; DELGADO, Mauricio Godinho; DELGADO, Gabriela Neves. *A Reforma Trabalhista no Brasil:* com os comentários à Lei n. 13.467/2017. 2. ed. São Paulo: LTr, 2018; DELGADO, Gabriela Neves; DI ASSIS, Carolina; ROCHA, Ana Luísa Gonçalves. A melancolia no teletrabalho em tempos de coronavírus. *In*: *Revista do Tribunal Regional do Trabalho da 3ª Região.* Edição Especial: Covid-19 e a efetivação dos direitos inerentes ao trabalho humano. Tomo I. jul. 2020.
(148) DELGADO, Gabriela Neves; MIRAGLIA, Lívia Mendes Moreira. Casulos de vidro das trabalhadoras em *home office*. *In*: *Revista da Faculdade Mineira de Direito.* Dossiê "O desafio do

Em meus estudos de mestrado, também busquei desenvolver uma interpretação criativa sobre o Direito do Trabalho, inspirada pelo *Professor Dr. Márcio Túlio Viana*, com suas reflexões e textos de linguagem leve e fluida, que a todos ensina que escrever difícil não é escrever bem. Com ele aprendi que os textos jurídicos não precisam ser herméticos para serem profundos. Desde então, acompanho atenta sua produção acadêmica.

A primeira leitura que fiz dos seus textos foi a do artigo "A proteção social do trabalhador no mundo globalizado – O Direito do Trabalho no limiar do século XXI", que desde então indico para meus alunos da graduação em Direito do Trabalho, pela importante análise panorâmica e multidisciplinar do papel do Direito do Trabalho na história e nas transformações sociais e econômicas no transpor do milênio(149).

Ainda no campo jurídico, empenhada em construir uma formação sólida e com consistência analítica, avancei na leitura do Curso de Direito do Trabalho, do *Professor Dr. Mauricio Godinho Delgado*(150), que se tornou uma das maiores referências da área para gerações de profissionais e estudiosos do Direito do Trabalho. Também indico este livro como referência bibliográfica básica para todas as turmas de graduação e retomo sua leitura a cada edição publicada.

Registro, enfim, que o conjunto de leituras agregadas no Mestrado em Direito do Trabalho da PUC Minas é permanentemente retomado em meus escritos e nas pesquisas científicas sob minha orientação.

2.4. Dissertação de Mestrado

Durante o mestrado, fui bolsista da CAPES e orientada pelo *Professor Dr. Márcio Túlio Viana*.

---

trabalho feminino e sua relação com o Direito: entre o trabalho de cuidado, emocional e de (re) produção". v. 24, n. 47. Belo Horizonte: 2021. p. 31.

(149) VIANA, Márcio Túlio. A proteção social do trabalhador no mundo globalizado. O Direito do trabalho no limiar do século XXI. *Revista LTr*, São Paulo, v. 63, p. 885-896, 1999.

(150) DELGADO, Mauricio Godinho. *Curso de direito do trabalho*. São Paulo: LTr, 2002.

A dissertação intitulada "Terceirização: paradoxo do Direito do Trabalho contemporâneo" foi defendida em 2002, perante banca examinadora composta pelos *Professores Drs. Luiz Otávio Linhares Renault* (PUC Minas) e *Jorge Luiz Souto Maior* (USP), com *aprovação, por unanimidade, nota máxima e distinção de louvor.*

Com recorte epistemológico específico, o núcleo da pesquisa foi a *terceirização trabalhista,* enfocada a partir de seus fundamentos, estruturas e paradoxos no Direito do Trabalho brasileiro, por ser ela uma das principais expressões do processo capitalista de acumulação flexível, desenvolvido sob a ofensiva neoliberal pós anos 1970, pautada na flexibilização das relações de trabalho e do próprio Direito do Trabalho.

A partir da década de 1970, o ciclo de ouro do sistema capitalista entrou em crise profunda. Tal crise atingiu não só os países centrais, nos quais o modelo capitalista havia alcançado pleno desenvolvimento, mas também os denominados países periféricos e dependentes, que quase sempre tiveram suas economias posicionadas a reboque das oscilações do capitalismo central[(151)].

Alguns elementos foram propulsores da referida crise, conforme identifica Ricardo Antunes: a queda da taxa de lucro agregada ao aumento do preço da força de trabalho; o esgotamento dos padrões taylorista e fordista de produção; a hipertrofia da esfera financeira; a maior concentração de capitais em monopólios; a crise do Estado de Bem-Estar Social e a acentuação das privatizações[(152)].

Em um mundo interligado pelas teias do capital, o neoliberalismo conformou e reduziu o significado da função social do Estado

---

(151) DELGADO, Gabriela Neves. *Direito fundamental ao trabalho digno.* 2. ed. São Paulo: LTr, 2015.

(152) ANTUNES, Ricardo. *Os sentidos do trabalho.* Ensaio sobre a afirmação e a negação do trabalho. 4. ed. São Paulo: Boitempo, 2001. p. 30.

ao incrementar práticas liberais de livre negociação por todo o globo, procurando subjugar o político, o jurídico e o social sob um discurso aparente de cientificidade(153), além de oprimir a "classe que vive do trabalho", como conceitua Ricardo Antunes(154), e a "pessoa que trabalha", segundo Giovanni Alves(155).

Integrados a esse movimento, os Estados Unidos da América e grande parte dos países da Europa ocidental firmaram políticas neoliberais, com acentuada perspectiva mercadológica e individualista, mediante o deslocamento da matriz estatal para o mercado, como elemento dinâmico para o avanço econômico e a conformação dos direitos sociais(156).

Com forte impacto nesse processo de transformações, especificamente entre os anos de 1979 a 1982, ocorreram vitórias político-eleitorais decisivas nos países desenvolvidos, todas elas de matiz neoliberal: Margareth Thatcher, a partir de 1979, declarou a imposição de um sistema manifestamente neoliberal em um país de capitalismo avançado, como a Inglaterra. Posteriormente, em 1980, Ronald Reagan assumiu a presidência dos Estados Unidos empenhado na promoção do projeto neoliberal. Na Alemanha, em 1982, Helmut Kohl derrotou o regime social-democrata de Helmut Schmidt, para

---

(153) SALGADO, Joaquim Carlos. Estado ético e Estado poiético. *Revista do Tribunal de Contas do Estado de Minas Gerais,* Belo Horizonte, v. 27, n. 2, p. 37-68, abr./jun. 1998. p. 56.

(154) ANTUNES, Ricardo. *Os sentidos do trabalho.* Ensaio sobre a afirmação e a negação do trabalho. 4. ed. São Paulo: Boitempo, 2001.

(155) ALVES, Giovanni. *O novo (e precário) mundo do trabalho:* reestruturação produtiva e crise do sindicalismo. São Paulo: Boitempo, 2000; ALVES, Giovanni. "Modelo Uber", auto empreendedorismo e as misérias do trabalho vivo no século XXI: breves notas sobre alienação e auto alienação no capitalismo flexível. *In*: MORETTO, Amilton José. *As transformações no mundo do trabalho e o sistema público de emprego como instrumento de inclusão social.* Fortaleza: Instituto de Desenvolvimento do Trabalho, Id, 2018. p. 85-103.

(156) ANDERSON, Perry. Balanço do neoliberalismo. *In*: SADER, Emir; GENTILI, Pablo. (Org.) *Pós-neoliberalismo:* as políticas sociais e o Estado democrático. 4. ed. Rio de Janeiro: Paz e Terra, 1995. p. 11.

também seguir o neoliberalismo. Na Dinamarca, em 1983, o Estado passou a ser controlado por uma coalizão de direita, representada pelo governo de Schluter(157).

Nos anos 1990, o neoliberalismo também avançou acentuadamente nos países latino-americanos como, por exemplo, na Argentina e no Brasil, mediante implantação de um agressivo receituário de políticas públicas de privatizações de entidades estatais, processo de desregulamentação social e de flexibilização da legislação trabalhista, aprofundamento da terceirização, entre outras medidas similares(158).

No conjunto das mudanças, as relações de trabalho foram fortemente afetadas por marcante tendência de precarização e de desconfiguração do paradigma protetivo vinculado ao clássico regime da relação jurídica de emprego(159). Nesse contexto, foram aprofundadas as "relações de trabalho rarefeitas", como fórmula de se escapar da normatividade trabalhista de caráter protetivo, com destaque para a *terceirização trabalhista*(160).

A implantação do fenômeno da terceirização no Brasil foi resultado de processo periódico, gradual e incisivo de inserção do *modelo toyotista de produção* no país, que se estendeu, sobretudo a partir da década de 1970, com a inserção dos "círculos de controle de qualidade" nas grandes empresas, conforme ensina Graça Druck(161).

---

(157) DELGADO, Gabriela Neves. *Direito fundamental ao trabalho digno*. 2. ed. São Paulo: LTr, 2015. p. 149.

(158) DELGADO, Gabriela Neves; AMORIM, Helder Santos. *Os limites constitucionais da terceirização*. 2. ed. São Paulo: LTr, 2015. p. 20.

(159) DRUCK, Graça; THÉBAUD-MONY, Annie. Terceirização: a erosão dos direitos dos trabalhadores na França e no Brasil. *In:* DRUCK, Graça; FRANCO, Tânia (Org.). *A perda da razão social do trabalho:* terceirização e precarização. São Paulo: Boitempo, 2007. p. 38-42.

(160) DELGADO, Gabriela Neves; AMORIM, Helder Santos. *Os limites constitucionais da terceirização*. 2. ed. São Paulo: LTr, 2015.

(161) DRUCK, Maria da Graça. *Terceirização*: (des)fordizando a fábrica. São Paulo: Boitempo, 1999. p. 102.

Em meados dos anos 1980, as inovações gerenciais traçadas pelo toyotismo, com especial destaque para a política do *just in time*, as novas tecnologias de automação e os programas de qualidade total, foram amplamente adotadas pelas empresas do complexo automobilístico, que incorporaram quase que de forma integral o novo modelo de gestão produtiva no país[(162)].

A partir dos anos 1990, a gestão toyotista se expandiu intensamente por todos os setores da economia brasileira, consolidando uma fase de "epidemia da qualidade e da produtividade", acrescida da implantação de programas de qualidade total e de terceirização nas empresas, em reforço aos novos mecanismos de gestão já adotados desde a década de 1970. Foi também a partir desse período que se firmou uma espécie de expansão indiscriminada da terceirização por diversos setores da economia, nos segmentos público e privado, tanto em áreas periféricas, como em setores produtivos nucleares[(163)].

Este movimento resultou em novas diretrizes de inserção dos trabalhadores no mercado do trabalho, em conformidade com o modelo de acumulação flexível ora consolidado. Por consequência, o contingente do proletariado industrial tradicional ("mestres em manufatura, carpinteiros, torneiros mecânicos, chefes administrativos"[(164)]) cedeu lugar a formas mais flexíveis de contratação trabalhista, presentes nas diversas modalidades de trabalho precarizado e toyotizado, com destaque para os "trabalhadores de *telemarketing* e *call center*, *motoboys*, empregados de *fast food*, de hipermercados", entre outros. Em paralelo, aumentou o contingente de trabalhadores em serviços básicos ("asseio e conservação,

---

(162) DRUCK, Maria da Graça. *Terceirização*: (des)fordizando a fábrica. São Paulo: Boitempo, 1999. p. 103.

(163) *Ibidem*, p. 104-105.

(164) As profissões destacadas neste parágrafo foram selecionadas por Márcio Pochman. Conferir em: POCHMAN, Márcio. *O emprego na globalização*: a nova divisão internacional do trabalho e os caminhos que o Brasil escolheu. São Paulo: Boitempo, 2001. p. 70.

segurança pública e privada, construção civil", entre outros), sobretudo com o avanço da terceirização no segmento privado da economia(165).

Ainda na perspectiva sociológica, a partir do estudo da própria motricidade da terceirização localizada na realidade brasileira e com subsídio em inúmeros dados estatísticos, a dissertação de mestrado procurou comprovar a natureza flexível das contratações terceirizadas, em comparação às contratações empregatícias clássicas, revelando-se como uma estratégia de otimização dos lucros fortemente baseada na precarização do trabalho humano(166) e na vinculação do trabalhador terceirizado ao conceito do "precariado"(167).

Os dados compilados indicaram, por exemplo, que expressivo contingente dos trabalhadores terceirizados está na informalidade, às margens de um Direito regulado e protegido. Para além disso, o trabalho terceirizado tende a ser preenchido por aqueles com maior vulnerabilidade no mercado de trabalho, com destaque para mulheres, negros, jovens e imigrantes indocumentados(168).

---

(165) Segundo Márcio Pochman, entre as décadas de 1980 e 1990 do século XX, a economia brasileira perdeu perto de um milhão e meio de empregos no setor da manufatura. Nesse sentido, conferir: POCHMAN, Márcio. *O emprego na globalização*: a nova divisão internacional do trabalho e os caminhos que o Brasil escolheu. São Paulo: Boitempo, 2001. p. 56. Ricardo Antunes registra que no ABC paulista, área de grande contingente de operariado metalúrgico no Brasil, houve redução de aproximadamente 240 mil operários nos anos de 1980 para menos de cem mil em 2007. Nesse sentido, consultar: ANTUNES, Ricardo. Dimensões da precarização estrutural do trabalho. *In*: DRUCK, Graça, FRANCO, Tânia (Org.). *A perda da razão social do trabalho*: terceirização e precarização. *Op. cit.*, p. 14 e 18.

(166) *Terceirização e desenvolvimento*: uma conta que não fecha. Dossiê DIEESE/CUT, setembro de 2011. Disponível em: http://www.sinttel.org.br/downloasds/dossie-terceirizacao-cut.pdf. Acesso em: 19 jun. 2014. (Grifos acrescidos)

(167) Guy Standing identifica o *precariado global pelo conjunto de* "(..) milhões de pessoas ao redor do mundo sem uma âncora de estabilidade". A respeito, consultar: STANDING, Guy. *O precariado:* a nova classe perigosa. Tradução de Cristina Antunes. Belo Horizonte: Autêntica Editora, 2014. p. 15. Sobre o tema, consultar também Ruy Braga, que tem se empenhado em avaliar o precariado pós-fordista situado na "(...) confluência entre a terceirização empresarial, a privatização neoliberal e a financeirização do trabalho". BRAGA, Ruy. *A política do precariado:* do populismo à hegemonia lulista. São Paulo: Boitempo: USP, Programa de Pós-Graduação em Sociologia, 2012. (Mundo do Trabalho).

(168) *Terceirização e desenvolvimento*: uma conta que não fecha. Dossiê DIEESE/CUT, setembro de 2011. *Op. cit.*, p. 4.

As estatísticas também confirmaram que a terceirização trabalhista provoca redução expressiva dos patamares salariais e, como contraponto, aumento do tempo de trabalho e de disponibilidade obreira. As jornadas de trabalho dos terceirizados tendem a ser maiores do que aquelas realizadas por empregados diretamente contratados pela tomadora de serviços, indicador aferido sem considerar horas extras e bancos de horas(169).

A condição de rotatividade permanente da mão de obra terceirizada também foi comprovada nas estatísticas, circunstância que dificulta as dinâmicas coletivas de trabalho, desde a organização sindical aos espaços de negociação coletiva.

Além de intensificarem a privação dos direitos fundamentais patrimoniais trabalhistas, as dinâmicas de precariedade, exclusão social e discriminação engendradas na terceirização impedem os trabalhadores terceirizados de consolidarem sua identidade no trabalho (tanto no prisma individual, como no coletivo, via consciência de classe), faceta usualmente não indicada nas estatísticas(170).

Como se fossem "trabalhadores/cidadãos de segunda classe"(171), deixam de ser reconhecidos como trabalhadores dotados de especialização, habilidades e profissões específicas, para serem identificados simplesmente como "trabalhadores terceirizados", epíteto genérico,

---

(169) *Terceirização e desenvolvimento*: uma conta que não fecha. Dossiê DIEESE/CUT, setembro de 2011. *Op. cit.*, p. 6.

(170) Cristiano Paixão e Ricardo Lourenço discorrem sobre a dificuldade de construção da identidade do trabalhador terceirizado ao identificá-lo como um "indivíduo sem referência de tempo e espaço – que são as dimensões constitutivas da experiência humana no mundo exterior". Consultar: PAIXÃO, Cristiano; LOURENÇO FILHO, Ricardo Machado. Entre a indisponibilidade e a negociação: as normas coletivas como fontes do direito do trabalho. Caderno Jurídico. *Escola Judicial do TRT da 10ª Região*. Brasília, ano 3, v. 3, n. 4, jul./ago. 2009.

(171) *Terceirização e desenvolvimento*: uma conta que não fecha. Dossiê DIEESE/CUT, setembro de 2011. Disponível em: http://www.sinttel.org.br/downloasds/dossie-terceirizacao-cut.pdf. Acesso em: 19 jun. 2014. p. 18.

fluido e impreciso, que revela apenas o modelo de contratação trabalhista celebrado. Não se reconhece mais o bancário, o metalúrgico, o petroleiro, o químico, o comerciário, por exemplo, trata-se, simplesmente, de um trabalhador terceirizado(172).

Uma vez comprovadas as implicações da terceirização enquanto realidade posta no mercado de trabalho brasileiro, a dissertação partiu para a análise jurídica, mediante o desafio de identificar instrumentos justrabalhistas de proteção aos trabalhadores terceirizados – o que foi denominado por Mauricio Godinho Delgado de "*controles civilizatórios da terceirização*"(173).

Pretendeu-se, nesse contexto, investigar as respostas que o Direito do Trabalho brasileiro oferece à problemática da terceirização nas relações de trabalho, tendo por referencial e contraponto necessário a Constituição Federal de 1988. Nessa medida, foram apresentados os debates doutrinários e jurisprudenciais sobre a isonomia remuneratória entre os trabalhadores terceirizados e os empregados contratados diretamente pela empresa tomadora de serviços; a disputa em torno da responsabilidade trabalhista em casos de terceirização ilícita e o problema da representação e atuação sindicais que o fenômeno da terceirização suscita(174).

A dissertação foi publicada pela Editora LTr, em 2003, com o título "*Terceirização: paradoxo do Direito do Trabalho contemporâneo*"(175). Desde então, este tema sempre esteve à frente das minhas predileções de pesquisa.

---

(172) Conforme: DELGADO, Gabriela Neves; AMORIM, Helder Santos. *Os limites constitucionais da terceirização*. 2. ed. São Paulo: LTr, 2015. p. 17.
(173) DELGADO, Mauricio Godinho. *Curso de direito do trabalho*. 14. ed. São Paulo: LTr, 2015. p. 511-522.
(174) DELGADO, Mauricio Godinho. *Curso de direito do trabalho*. 14. ed. São Paulo: LTr, 2015.
(175) DELGADO, Gabriela Neves. *Terceirização:* paradoxo do direito do trabalho contemporâneo. São Paulo: LTr, 2003.

2.5. Doutorado em Filosofia do Direito

Em 2003, fui aprovada no processo de seleção do doutorado do Programa de Pós-Graduação em Direito da UFMG, na área de concentração da *Filosofia do Direito*. Meu objetivo era avançar nos estudos da *Filosofia do Trabalho*, sendo este referencial decisivo para a condução de toda a pesquisa.

Sob a orientação da querida *Professora Doutora Elza Maria Miranda Afonso*, a tese "Direito Fundamental ao Trabalho: uma investigação jusfilosófica do direito universal ao trabalho digno como valor na perspectiva e afirmação do estado democrático de direito" foi defendida em 2005, aprovada com a *nota máxima e com louvor, por unanimidade da banca examinadora*, integrada pela orientadora e pelos *Professores Drs. Alexandre Travessoni Gomes, Aroldo Plínio Gonçalves, Luiz Otávio Linhares Renault* e *Márcio Túlio Viana*.

Na tese, elaborei a *teoria do direito fundamental ao trabalho digno*, mobilizada por estudos filosóficos e de formação humanística e social no campo do Direito do Trabalho.

A ênfase dada ao Direito do Trabalho constitucionalizado, capaz de revitalizar o próprio discurso justrabalhista, a partir da perspectiva da centralidade do trabalho humano, apresentou-se estritamente vinculada à incursão filosófica no âmbito da *Teoria dos Valores* ou *Axiologia Jurídica*, sobretudo para a compreensão teórica do *valor do trabalho digno*.

As reflexões partiram da análise filosófica da *ideia de trabalho*, na linha formulada por Felice Bataglia, filósofo que acena para uma definição aberta, crítica e problemática do trabalho, capaz de considerar suas várias modalidades e desdobramentos ao longo da história, destacando seu papel na construção, destinação e finalidade humanas[(176)].

---

(176) BATAGLIA, Felice. *Filosofia do trabalho*. Trad. Luiz Washington Vita e Antônio D`Élia. São Paulo: Saraiva, 1958. p. 25-27.

O filósofo ressalta a complexidade e a importância do trabalho, elemento imprescindível à vida e que deve ser aferido sob *enfoque multidimensional*. Assim, pontua:

> "Trabalho é um conceito complexo, pois implica os mais diversos aspectos da vida e, por isso, está voltado para as mais diversas ciências; cada uma delas se ocupa dele e o enquadra diversamente em seu sistema, mais ou menos central, mais ou menos importante, sempre porém digno de interesse"(177).

Em seu livro, conceitua o trabalho a partir de *elementos contrapostos*, identificando-o como

> "[...] tôda atividade do homem, seja criando em si a sua vida, seja projetando-se no mundo exterior. Livre exaltação do *eu* profundo, explicação para o *não-eu*, sempre trabalho, tormento e destinação do homem, fadiga e alegria"(178).

Em acréscimo, reconhece o trabalho como um "desdobramento do espírito", atividade por meio da qual o ser humano se integra socialmente e se revela criador, "sejam seus fins meramente teóricos, sejam, ao contrário, práticos"(179). Por isso o trabalho é instrumento de concretização da identidade humana, atributo constitutivo da sua essência, possibilitando-lhe autoconhecimento e espaços de socialização.

Ao exaltar a importância da proteção ao trabalho humano, Bataglia ainda avança no campo da fundamentação jurídica, no sentido de também identificá-la, simultaneamente, como um *dever e um direito*. Nesse sentido, se posiciona:

---

(177) BATAGLIA, Felice. *Filosofia do trabalho*. Trad. Luiz Washington Vita e Antônio D`Élia. São Paulo: Saraiva, 1958. p. 19.
(178) *Ibidem*, p. 25. (Grifos do autor)
(179) *Ibidem*, p. 200.

> "As linhas de uma construção jurídica do trabalho são fáceis. Do fato de ser o trabalho um dever absoluto e inderrogável para o homem, segue-se logicamente que o trabalho é, outrossim, um direito. Admitido que o sujeito tenha o dever moral de desenvolver uma atividade produtiva, resulta que ele tem também direito a isso, o direito de cumprir aquêle seu dever"[(180)].

O estudo jusfilosófico do trabalho foi também articulado por Joaquim Carlos Salgado, que reconhece o *direito de trabalhar* enquanto o direito de escolher um trabalho, espaço vinculado à esfera da liberdade, ou seja, da faculdade individual de cada ser humano[(181)]. Em direção aproximada, Leonardo Wandelli indica o *direito de trabalhar* como o "direito de competir no mercado de trabalho", ao passo que o *direito ao trabalho* corresponderia ao "direito fundamental ao conteúdo do próprio trabalho", aquele que materializa os fundamentos jurídicos de proteção ao trabalho[(182)].

A partir das premissas indicadas, a tese ressalvou a necessidade de uma adequada compreensão do direito ao trabalho no contexto do Estado Democrático de Direito, com o entendimento de que o trabalho pertencente ao campo jurídico, enquanto *direito*, é aquele reconhecido como uma vantagem protegida juridicamente, e não como *sujeição pessoal*, *exploração* ou *superexploração* da condição humana. Por essa razão, a tipificação do trabalho como direito necessariamente exclui qualquer viabilidade jurídica (embora não fática, evidentemente) de trabalho servil ou em condições análogas à de escravo – situações que,

---

(180) BATAGLIA, Felice. *Filosofia do trabalho. Op. cit.*, p. 317.

(181) SALGADO, Joaquim Carlos. Os direitos fundamentais. *Revista Brasileira de Estudos Políticos*. Belo Horizonte, Universidade Federal de Minas Gerais, n. 82, p. 15-69, jan. 1996, p. 44.

(182) WANDELLI, Leonardo Vieira. O direito fundamental ao conteúdo do próprio trabalho: uma reconstrução normativa do direito ao trabalho como mediação da dignidade humana. *In*: DELGADO, Gabriela Neves (Coord.). *Direito fundamental ao trabalho digno no século XXI:* principiologia, dimensões e interfaces no Estado Democrático de Direito. São Paulo: LTr, 2020. p. 64-65.

se existentes, tornam-se automaticamente inscritas na órbita da marginalidade do Direito, na esteira da ilegalidade(183).

Na verdade, mesmo o trabalho em condições precárias está excluído do postulado jurídico do direito ao trabalho, vez que não se enquadra como trabalho digno e, sim, como mero artifício de mercantilização do trabalho humano. Ora, a estipulação, pelo Estado Democrático de Direito, do direito fundamental ao trabalho corresponde a uma conquista da pessoa humana, em contraponto às experiências históricas de espoliação das energias humanas com intuito meramente econômico(184).

Em síntese, a tese sustenta que, quando o Estado Democrático de Direito enuncia o direito fundamental ao trabalho está se referindo, necessariamente, ao *direito fundamental ao trabalho digno*. Ou seja, o trabalho, enquanto "centro convergente dos direitos sociais"(185), assume a natureza de *direito humano e fundamental*, tendo na *dignidade humana* um valor intransponível. *Por isso é que se elegeu o direito fundamental ao trabalho digno como categoria central do Direito do Trabalho constitucionalizado e para a compreensão regulatória do Direito do Trabalho desde uma conotação humanista e social.*

Portanto, a noção do *direito fundamental ao trabalho digno*, conceito matriz da *Constituição Federal de 1988*, resulta do nexo lógico entre o direito fundamental ao trabalho, os direitos decorrentes do trabalho e a dignidade da pessoa humana, fundamento nuclear do Estado Democrático de Direito.

Para o estudo da centralidade do trabalho e do processo de afirmação constitucional do direito fundamental ao trabalho digno, a tese foi direcionada pela intelectualidade de Mauricio Godinho Delgado, que caracterizou a Constituição de 1988 como a

---

(183) DELGADO, Gabriela Neves. *Direito fundamental ao trabalho Digno*. 2. ed. São Paulo: LTr, 2015.
(184) *Idem*.
(185) SALGADO, Joaquim Carlos. *Os direitos fundamentais. Op. cit.*, p. 18.

> "(...) mais substantiva Carta de Direitos produzida pelo constituinte do País, em toda a história política brasileira. Até topograficamente, a Carta de 88 evidencia a prevalência da pessoa humana em seu interior, certificando em seu frontispício, capítulos e normas iniciais, direitos de caráter individual e social, que ocupam o espaço aberto por todas as Cartas anteriores exclusivamente às entidades estatais da União, Estados, Distrito Federal e Municípios. É relevante, social e politicamente, essa distinção no tratamento jurídico, por se saber incompreensíveis o fato e o conceito de cidadania sem o instrumental e estatuto jurídico hábeis a lhes conferir consistência prática. O encouraçamento jurídico da noção de cidadania é aspecto importante à sua efetiva configuração social"(186).

De fato, a Constituição de 1988 promove guinada hermenêutica e normativa em comparação com os Textos Constitucionais anteriores, tanto por indicar o *ser humano* como o principal destinatário do seu texto consolidado e do núcleo dos direitos fundamentais, quanto por centralizar a *dignidade da pessoa humana* como "[...] um valor supremo que atrai o conteúdo de todos os direitos fundamentais do homem"(187). Por essa razão, inclusive, é que Flórez-Valdéz situa o princípio da dignidade da pessoa humana no "epicentro do ordenamento jurídico"(188) e que Flávia Rampazzo o indica como um "superprincípio"(189).

---

(186) DELGADO, Mauricio Godinho. *Direito do trabalho e modernização jurídica.* Brasília: Consulex, 1992. p. 45-46.

(187) SILVA, José Afonso da. *Curso de direito constitucional positivo.* 18. ed. São Paulo: Malheiros, 2000. p. 109.

(188) FLÓREZ-VALDEZ, Joaquín Arce y. *Los princípios generales del derecho y su formulación constitucional.* Madrid: Civitas, 1990. p. 149. Nesse sentido, cf. também: DELGADO, Mauricio Godinho. *Princípios de direito individual e coletivo do trabalho.* 3. ed. São Paulo: LTr, 2001. p. 121.

(189) SOARES, Flávia Rampazzo. Interlocuções entre direitos humanos e direito do trabalho e a necessária proteção à dignidade da pessoa do trabalhador. *In*: ALVARENGA, Rúbia Zanotelli (Org.). *Direitos humanos dos trabalhadores.* São Paulo: LTr, 2016. p. 30.

O princípio da dignidade do ser humano também se destaca no núcleo dos sistemas constitucionais mais democráticos, manifestando-se de maneira efetiva a partir de meados do século XX como um dos "avanços jurídicos mais notáveis na história juspolítica da humanidade"[(190)].

O que se observa é que a Constituição Federal de 1988 garante amplitude temática à dignidade, conferindo-lhe *status* multifuncional, combinando unitariamente todas as suas funções: *fundamento* (art. 1º, III), *princípio* e *objetivo*. Além disso, vai além, por não admitir seu caráter normativo vinculante apenas sob o ponto de vista individual. Pelo contrário, a Constituição reforça o *conceito multidimensional do princípio da dignidade*[(191)], seja no tocante ao próprio interesse individual da pessoa, seja nos planos econômico, social e comunitário, especialmente ao determinar, no art. 170, que a ordem econômica garanta a todos uma existência digna e, no art. 193, que a ordem social tenha como objetivos o bem-estar e a justiça social[(192)].

É importante reforçar que a ideia de dignidade ultrapassa a dimensão estritamente particularizada e individual do ser humano para também se projetar no coletivo, em direção social ampla e integrativa[(193)].

> "Tudo isso significa que a ideia de dignidade não se reduz, hoje, a uma dimensão estritamente particular, atada a valores imanentes à personalidade e que não se projetam

---

(190) DELGADO, Mauricio Godinho; DELGADO, Gabriela Neves. O Estado Democrático de Direito e a centralidade e dignidade da pessoa humana: reflexões a partir da multidimensionalidade do direito fundamental ao trabalho digno. *In*: DELGADO, Gabriela Neves (Coord.). *Direito fundamental ao trabalho digno no século XXI:* principiologia, dimensões e interfaces no Estado Democrático de Direito. São Paulo: LTr, 2020. p. 36 (grifos nos originais).

(191) DELGADO, Mauricio Godinho. *Princípios de direito individual e coletivo do trabalho.* 3. ed. São Paulo: LTr, 2001.

(192) DELGADO, Mauricio Godinho. *Princípios de direito individual e coletivo do trabalho. Op. cit.*

(193) DELGADO, Mauricio Godinho; DELGADO, Gabriela Neves. O Estado Democrático de Direito e a centralidade e dignidade da pessoa humana: reflexões a partir da multidimensionalidade do direito fundamental ao trabalho digno. *In*: DELGADO, Gabriela Neves (Coord.). *Direito fundamental ao trabalho digno no século XXI.* Coleção Trabalho, Constituição e Cidadania. v. I. São Paulo: LTr, 2020. p. 37-38 (grifos nos originais).

> socialmente. Ao contrário, o que se concebe inerente à dignidade da pessoa humana é também, ao lado dessa dimensão estritamente privada de valores, *a afirmação social do ser humano*. Conforme já dito, a dignidade da pessoa fica, pois, lesada caso ela se encontre em uma situação de completa privação de instrumentos de mínima afirmação social. Isso porque na qualidade de ser necessariamente integrante de uma comunidade, o indivíduo tem assegurado por este princípio não apenas a intangibilidade de valores individuais básicos, como também um mínimo de possibilidade de afirmação no plano social circundante"[(194)].

Assim, na medida da afirmação social do ser humano é que desponta o Direito do Trabalho como instrumento hábil a regulamentar a existência formalizada de condições de dignidade no trabalho.

É claro que a dinâmica regulatória justrabalhista deve considerar o direito fundamental ao trabalho digno como guia, na linha das premissas teóricas clássicas apresentadas na tese de doutoramento. Para concretizá-lo, é imprescindível a articulação de uma ampla rede de proteção social e tutela trabalhista, capaz de efetivar os direitos humanos e fundamentais, eis que indispensáveis para a constituição, crescimento, realização e integração do sujeito-trabalhador, nas perspectivas individual, social e comunitária, potencializando as marcas da sua condição humana.

> "É pela efetivação dos direitos fundamentais trabalhistas nas relações de trabalho que o trabalhador experimentará o *sentido de pertencimento constitucional* característico do direito fundamental ao trabalho digno. É também pela via da

---

(194) DELGADO, Mauricio Godinho; DELGADO, Gabriela Neves. *O Estado Democrático de Direito e a centralidade e dignidade da pessoa humana:* reflexões a partir da multidimensionalidade do direito fundamental ao trabalho digno. *Op. cit.*, p. 37-38.

efetivação dos direitos fundamentais trabalhistas que haverá espaço e alternativas para a emancipação do humano, em relações de trabalho, de alteridade e de reconhecimento"[(195)].

Nesse sentido, o giro hermenêutico proposto na tese revela a necessidade de *expansão da proteção jurídica ao trabalho humano, pela introdução de novos substratos ao sistema de tutela do Direito do Trabalho, baseada na orientação filosófica de que todo trabalhador deve ser efetivamente protegido pelo campo dos direitos humanos e fundamentais trabalhistas.*

Ao discorrer sobre o *mapa constitucional e sua plasticidade*, foi também reforçado o argumento de que qualquer trabalhador, enquanto ser humano dotado de condição de dignidade, é destinatário de direitos fundamentais trabalhistas, esteja ele inserido numa relação de trabalho ou de emprego. Aliás, essa perspectiva de direcionamento amplo dos direitos fundamentais trabalhistas a todo e qualquer trabalhador está na base da dinâmica de inclusão social e de afirmação da cidadania.

Para enunciar o direito fundamental ao trabalho digno, numa proposta de integralização da proteção social, a tese sustenta que os direitos trabalhistas indisponíveis (a denominada "indisponibilidade absoluta"), presentes em três grandes eixos jurídicos positivados pelo Direito do Trabalho brasileiro, devem alcançar todas as relações de trabalho, indiscriminadamente: o *primeiro eixo*, de amplitude universal, referente aos direitos humanos trabalhistas estabelecidos no plano internacional, em tratados e convenções ratificados pelo Brasil; o *segundo eixo*, previsto na Constituição Federal, marco jurídico da institucionalização dos direitos fundamentais no país; e o *terceiro eixo*, nas normas trabalhistas indisponíveis da legislação infraconstitucional como, por exemplo, nos preceitos celetistas relativos à saúde e

---

(195) DELGADO, Gabriela Neves. *Apresentação da Revista LTr*, n. 84, São Paulo, 2020. (grifos no original).

segurança no trabalho, à identificação profissional, à proteção contra acidentes de trabalho, entre outros[(196)].

Para a tese, os direitos indisponíveis trabalhistas previstos em instrumentos internacionais de direitos humanos ratificados pelo Brasil se unem aos direitos fundamentais sociais trabalhistas elencados nos arts. 7º a 11 da Constituição, para formar um *bloco de constitucionalidade* (CF/88, art. 5º, §§ 2º e 3º) que garante o patamar mínimo civilizatório indisponível de proteção ao trabalhador brasileiro.

Vale dizer que referidos eixos jurídicos são necessariamente complementares e interdependentes, sendo que os direitos humanos e fundamentais lá previstos devem gozar de *aplicabilidade imediata*. De toda forma, na eventual hipótese de concorrência normativa, aplicar-se-á o diploma jurídico mais favorável ao trabalhador, aquele que possa lhe garantir melhores condições de trabalho[(197)].

Enfim, a partir da perspectiva da centralidade do trabalho, a tese de doutorado propôs *uma releitura abrangente e inclusiva do Direito do Trabalho, com esteio no constitucionalismo humanista e social.* Desde então, ela permeia todo meu percurso de pesquisa, orientações e produção acadêmica.

O livro *Direito Fundamental ao Trabalho Digno,* resultante da tese de doutorado, foi publicado em 2006, contando com uma segunda edição em 2015.

2.6. Pós-Doutorado em Sociologia do Trabalho

Em 2016, me integrei à Universidade Estadual de Campinas (UNICAMP), na condição de pesquisadora colaboradora do Instituto

---

(196) DELGADO, Gabriela Neves. *Direito fundamental ao trabalho digno. Op. cit.,* p. 188-190.
(197) DELGADO, Mauricio Godinho. *Curso de direito do trabalho.* 19. ed. São Paulo: LTr, 2020. p. 238-240.

de Filosofia e Ciências Humanas (IFCH), para realizar Pós-Doutorado em Sociologia do Trabalho, com supervisão do *Professor Dr. Ricardo Antunes*. Imediatamente me inseri no *Grupo de Pesquisa Mundo do Trabalho e suas Metamorfoses* (GPMT/IFCH/UNICAMP/CNPq), por ele coordenado, participando de suas atividades até hoje.

A aproximação acadêmica com o *Professor Ricardo Antunes* foi uma honra imensa: primeiro, por ser ele um dos maiores intelectuais da Sociologia do Trabalho. Já o acompanhava, como leitora assídua dos seus livros, desde o mestrado, sendo ele o autor que mais me influenciou na área. Segundo, porque o grupo de pesquisa por ele coordenado é um dos mais qualificados no Brasil no estudo do mundo do trabalho, circunstância que me permitiu desfrutar de convívio intelectual sofisticado.

O objetivo do pós-doutorado foi avançar e intensificar os estudos sobre a terceirização trabalhista na lógica do trabalho-mercadoria, como o principal veículo de precarização do trabalho humano da época. A investigação crítica priorizada ensejou o desafio de apresentar renovados debates no plano dialógico entre o Direito do Trabalho brasileiro e a Sociologia do Trabalho, apontando soluções comprometidas com a proteção ao trabalho humano como parâmetro decisivo de afirmação do Estado Democrático de Direito.

Muito embora o Direito do Trabalho se apresente como substrato teórico essencial para ancorar reflexões jurídicas a respeito da terceirização trabalhista, partiu-se do pressuposto de que qualquer conhecimento referente a este objeto de pesquisa deve estar instruído por reflexões interdisciplinares sobre o mundo do trabalho. Essa perspectiva justificou a necessária incursão na literatura especializada da Sociologia do Trabalho sobre a presença da terceirização no modelo toyotista de produção, na conjuntura econômica de matiz neoliberal que se firmou no Brasil, especialmente a partir dos anos noventa do século XX. A seu lado, foram identificadas as principais repercussões do modelo trabalhista de contratação triangulada no mundo do trabalho, com ênfase para o processo de precarização e vulnerabilidade que a fórmula terceirizada engendra.

O pós-doutorado durou dois anos, prolongando-se até 2018. Em 2017, o legislador ordinário instituiu regras para a regulação da terceirização, por intermédio da Lei n. 13.429, de 13 de março de 2017, e da Lei n. 13.467, de 13 de julho de 2017, no contexto da denominada "reforma trabalhista".

Diante da urgência de compilar e avaliar criticamente os novos referenciais normativos aplicáveis ao tema da terceirização no Brasil, sobretudo porque no conjunto os dois diplomas jurídicos de 2017 firmaram alterações de viés anti-humanístico e antissocial, concentrei esforços para a redação do livro "A Reforma Trabalhista no Brasil: com os comentários à Lei n. 13.467/2017", em parceria com o *Professor Dr. Mauricio Godinho Delgado*. Para mim, esta publicação foi das mais relevantes produzidas no período do pós-doutorado[198].

Encerrado o pós-doutorado, para minha honra, o *Professor Dr. Ricardo Antunes* continuou me franqueando oportunidades de investigação na UNICAMP, em pesquisas desenvolvidas nos períodos de licença-capacitação, sob sua supervisão. A primeira delas, intitulada "Fluxos e Refluxos de Proteção ao Trabalho no Brasil do Século XXI", objetivou analisar o panorama do sistema jurídico de proteção ao trabalho no Brasil do século XXI, sistematizando os principais referenciais sociológicos e normativos a respeito, à luz do direito fundamental ao trabalho digno, assentado pela Constituição Federal de 1988. A segunda pesquisa, com o título "Parâmetros Constitucionais para a Proteção

---

(198) DELGADO, Mauricio Godinho; DELGADO, Gabriela Neves. *A Reforma Trabalhista no Brasil*: com os comentários à Lei n. 13.467/2017. São Paulo: LTr, 2017. DELGADO, Mauricio Godinho; DELGADO, Gabriela Neves. *A Reforma Trabalhista no Brasil*: com os comentários à Lei n. 13.467/2017. 2. ed. São Paulo: LTr, 2018.

das Relações de Trabalho Plataformizadas no Brasil", estudou a realidade de trabalho do novo proletariado de serviços da era digital, para em seguida discutir as telas de proteção social do Direito do Trabalho hoje, reforçando a aplicação do sistema constitucional de proteção ao trabalho para as relações de trabalho em plataformas digitais, da indústria 4.0.

2.7. Pós-Doutorado em Desigualdades Globais e Justiça Social

De 2019 a 2020, me integrei e concluí o Programa de Pós-Doutorado internacional em "Desigualdades Globais e Justiça Social: diálogos sul e norte", da Faculdade Latino-Americana de Ciências Sociais e seu Colégio Latino-Americano de Estudos Mundiais (FLACSO). Agradeço especialmente aos prezados colegas *Professores Drs. Rebecca Lemos Igreja, Camilo Negri* e *Simone Rodrigues Pinto,* que alavancaram o projeto no Brasil, com o apoio da Faculdade de Direito da Universidade de Brasília (UnB), por meio do Programa CAPES PrInt.

Meu propósito foi avançar no campo da internacionalização, ainda direcionada por estudos que promovessem o intercâmbio entre as Ciências Sociais e o Direito do Trabalho, enfatizados os temas das "desigualdades globais" e da "justiça social", tão relevantes para quem pesquisa no Direito do Trabalho desde uma perspectiva humanista e social.

Além das atividades presenciais, os seminários pós-doutorais contaram com atividades à distância, em sistema de videoconferência e disponibilização *online* de palestras, o que foi fundamental, sobretudo em 2020, com a irrupção da pandemia da Covid-19.

Participei ativamente de todas as atividades do pós-doutorado. Entre os resultados de pesquisa alcançados, destaco, pelo ineditismo e repercussão jurídica, a publicação do artigo "As Declarações de Direitos da OIT e sua Repercussão na Fundamentação e na Prática da Missão de Justiça Social do Poder Judiciário Trabalhista", em parceria com o

Professor Dr. Mauricio Godinho Delgado, no livro coletivo publicado pela FLACSO com todos os resultados do programa de pós-doutorado daquela edição[(199)].

Para analisar a missão de justiça social do Poder Judiciário brasileiro, na perspectiva do Direito Internacional do Trabalho, o texto se concentrou, precisamente, na identificação dos padrões decisórios do Tribunal Superior do Trabalho quanto ao manejo das declarações de direitos da OIT e das convenções ratificadas, na fundamentação e na prática do Direito do Trabalho brasileiro.

Além de valioso contributo para que o TST sedimente uma jurisprudência íntegra e coerente com sua missão de justiça social, a pesquisa retomou o eixo de amplitude universal do direito fundamental ao trabalho digno, numa proposta de integralização da proteção social ao trabalhador que considere não apenas as convenções internacionais da OIT ratificadas pelo Brasil como fontes do Direito do Trabalho, mas também suas declarações de direitos, num contexto de integração sistêmica ao conjunto normativo próprio dos Direitos Humanos, do Direito Internacional do Trabalho e do Direito Constitucional do Trabalho.

2.8. Formação Complementar

Na medida do possível, procuro ampliar minha formação acadêmica com cursos complementares que me desafiem intelectualmente, desde a graduação em Direito. Todos os cursos estão indicados no *Curriculum Lattes*.

---

(199) DELGADO, Mauricio Godinho; DELGADO, Gabriela Neves. As Declarações de Direitos da OIT e sua repercussão na fundamentação e na prática da missão de justiça social do poder judiciário trabalhista. *In*: IGREJA, Rebecca Lemos; NEGRI, Camilo (Org.). *Desigualdades globais e justiça social:* violência, discriminação e processos de exclusão na atualidade. Brasília: Faculdade Latino-Americana de Ciências Sociais, 2021, v. 2, p. 291-332.

Na trilha universitária da UnB, gostaria de registrar, especialmente, minha integração, em 2019, ao Grupo de Pesquisa Trabalho, Psicanálise e Crítica Social, coordenado pela querida *Professora Dra. Ana Magnólia Mendes*, Titular da UnB, no Departamento de Psicologia Social e do Trabalho e no Programa de Pós-Graduação em Psicologia Social, do Trabalho e das Organizações.

Nos Seminários de Clínica Psicanalítica do Trabalho, sob seu comando, avancei no estudo de algumas categorias-chaves da Psicanálise do Trabalho, num universo até então pouco explorado em minhas pesquisas acadêmicas.

Aprender com a *Professora Ana Magnólia* alguns pressupostos psicanalíticos da teoria do sujeito, com base na sua consolidada experiência de escuta clínica, foi fundamental para que pudesse melhor compreender os arranjos de "colonização da subjetividade do trabalhador"[(200)].

Com os novos pontos de partida, aprofundei o percurso de escrita e de orientações na dimensão socioambiental do direito fundamental ao trabalho digno, por melhor articular e interconectar referenciais do campo da subjetividade nas organizações e relações de trabalho. Neste percurso, destaco especialmente a elaboração de produção científica sobre a melancolização no trabalho, a partir das experiências vivenciadas por trabalhadores no período pandêmico e diante da submissão a modelos de gestão pautados na mercantilização, no produtivismo e no consumismo.

O estudo da crise amplificada pela pandemia, com trabalhadores melancolizados e às margens de um sistema de proteção ao trabalho,

---

(200) MENDES, Ana Magnólia. *Desejar, falar, trabalhar*. Porto Alegre, RS: Editora Fi, 2018; MENDES, Ana Magnólia. *As galinhas que lutem! O trabalho na clínica lacaniana*. Brasília, DF: Circuitos Edições, 2022; MENDES, Ana Magnólia; VIVÈS, Jean-Michel. Voz do supereu e melancolização no trabalho que adoece. *In*: COELHO, Rosana; MOTTA, Diego Airoso da (Org.). *Psicanálise & trabalho*: retratos do contemporâneo. Memorial da Justiça do Trabalho no Rio Grande do Sul. Porto Alegre: Tribunal Regional do Trabalho da 4ª Região, 2020.

foi apresentado na obra dual "O que nasce com a pandemia?", elaborada em parceria com *Mauricio Godinho Delgado*, com ênfase para o descompasso frequente entre o tecnológico e o arcaico que se coloca nas relações de trabalho intermediadas por plataformas digitais(201). Já no artigo "A Melancolia no Teletrabalho em Tempos de Coronavírus", escrito em parceria com *Carolina Di Assis* e *Ana Luísa Gonçalves Rocha*, a melancolia foi analisada na dinâmica do teletrabalho, caracterizada por ofícios sem pausas, disponibilidade ininterrupta, protocolos hirtos e conexões digitais intermináveis(202).

À medida que os estudos foram sendo realizados, ainda com suporte em Ana Magnólia Mendes e Jean-Michel Vivès, passei a analisar algumas vias de abertura para que o trabalhador se constitua como "sujeito invocante" e se faça escutar nas relações de trabalho, enfatizado o papel da escuta clínica como espaço privilegiado para o alcance de uma existência ético-política(203).

Em seguida, num percurso próprio de articulação e interconexão desses referenciais teóricos no campo do Direito do Trabalho, concluí que o intérprete do Direito, em suas várias frentes de atuação jurídico-institucionais, também deve assumir o papel de "sujeito invocante", responsabilizando-se pela efetivação dos direitos humanos e fundamentais trabalhistas nas relações de trabalho(204).

---

(201) DELGADO, Gabriela Neves; DELGADO, Mauricio Godinho. *O que nasce com a pandemia?* São Paulo: JusPodivm, 2022.

(202) DELGADO, Gabriela Neves; DI ASSIS, Carolina; ROCHA, Ana Luísa Gonçalves. A melancolia no teletrabalho em tempos de coronavírus. *In*: *Revista do Tribunal Regional do Trabalho da 3ª Região*. Edição Especial: Covid-19 e a efetivação dos direitos inerentes ao trabalho humano. Tomo I. jul. 2020. p. 182.

(203) MENDES, Ana Magnólia; VIVÈS, Jean-Michel. Voz do supereu e melancolização no trabalho que adoece. *In*: COELHO, Rosana; MOTTA, Diego Airoso da (Org.). *Psicanálise & trabalho*: retratos do contemporâneo. Memorial da Justiça do Trabalho no Rio Grande do Sul. Porto Alegre: Tribunal Regional do Trabalho da 4ª Região, 2020. p. 191, 196 e 203.

(204) DELGADO, Gabriela Neves. *Apresentação da Revista LTr*. n. 84. São Paulo, 2020; DELGADO, Gabriela Neves; DELGADO, Mauricio Godinho. *O que nasce com a pandemia? Op. cit.*, p. 53.

Assim, para a linha do direito fundamental ao trabalho digno, a dinâmica de densificação e concretização dos direitos humanos e fundamentais trabalhistas é em si uma dinâmica de proteção, pertencimento e reconhecimento da identidade do trabalhador enquanto *sujeito constitucional*.

Enfim, essas reflexões inaugurais têm me provocado a um investimento maior na direção da Psicanálise do Trabalho, que me preenche de sentido desde as primeiras linhas estudadas.

CAPÍTULO III

A DOCÊNCIA EM MINAS GERAIS

3.1. Trilhas Universitárias

Como professora universitária, tive o privilégio de trilhar percurso acadêmico diversificado, com passagens por instituições públicas e privadas do ensino superior.

Nos anos iniciais da trajetória docente, fui professora da *Pontifícia Universidade Católica de Minas Gerais (PUC Minas)* e da *Faculdade de Direito Milton Campos (FDMC)*, as mais expressivas instituições privadas do ensino superior de Minas Gerais.

Logo após a conclusão do doutorado, mediante aprovação em concurso público de provas e títulos, tornei-me Professora da *Faculdade de Direito da Universidade Federal de Minas Gerais (UFMG)*, momento em que desloquei minha atuação acadêmica do segmento privado para o ensino público superior. Anos mais tarde, também por concurso público, integrei-me à *Faculdade de Direito da Universidade de Brasília (UnB)*, onde tive oportunidade de consolidar a carreira acadêmica.

Nos tópicos seguintes, discorrerei brevemente sobre alguns pontos relevantes da trajetória docente nas trilhas universitárias da PUC Minas, da FDMC e da UFMG, cuja conjugação de experiências permitiu-me imprimir práticas da *educação orquestrada* no magistério superior.

Com o panorama descrito, pretendo demonstrar que o horizonte de trabalho à época alcançado foi decisivo para a fixação das bases da minha carreira docente. Esse percurso, *que se fez travessia rumo à UnB,* foi conduzido com dinamismo, valorização da educação e coerência no campo de atuação no Direito do Trabalho.

3.1.1. Pontifícia Universidade Católica de Minas Gerais – PUC Minas

Em 2002, iniciei a trajetória universitária na *PUC Minas,* no estágio de docência do Programa de Pós-Graduação em Direito do Trabalho da instituição. Em substituição ao *Professor Dr. Márcio Túlio Viana,* que se afastou para cursar pós-doutorado na Itália, assumi a reponsabilidade integral pela condução da turma de Direito do Trabalho I.

Lembro-me perfeitamente da inquietação ao entrar em sala de aula pela primeira vez, como Professora. A partir daquele momento, experimentei um novo lugar de interação na Universidade. Inspirada na docência do *Professor Dr. Márcio Túlio Viana* e nas aulas de Metodologia e Didática do Ensino Superior da *Professora Dra. Lusia Ribeiro Pereira, in memoriam,* mobilizei-me a descobrir maneiras de sensibilizar os alunos para o ensino técnico-jurídico do Direito do Trabalho e o alcance de um conhecimento integrado na defesa e efetividade dos direitos humanos e fundamentais trabalhistas, desde uma perspectiva interativa e emancipadora.

A experiência foi tão exitosa que segui como professora daquela turma, ainda em estágio de docência, na disciplina Direito do Trabalho II. Ao cabo, fui por eles agraciada com o título de professora homenageada, na formatura. Foi a primeira homenagem coletiva que recebi dos alunos da Graduação em meu percurso acadêmico.

Ainda naquele ano, tornei-me Professora Assistente I, por contrato a prazo determinado, na PUC Minas. A convite do Reitor, *Professor Padre Geraldo Magela Teixeira,* assumi a coordenação pedagógica do *Curso de Direito da PUC Minas Barreiro,* num gesto de confiança que para mim foi decisivo. Àquela época, a PUC Minas se encontrava em franca expansão, com a abertura de novos cursos pela região metropolitana de Belo Horizonte e no interior mineiro. Na grande BH, para além do campus Coração Eucarístico, foram instaladas as unidades de São Gabriel, Avenida Brasil, Contagem, Betim e Barreiro. Em outras regiões do Estado, foram inauguradas as unidades de Arcos, Poços de Caldas, Serro e Guanhães[(205)].

Assumir e me responsabilizar por todos os trâmites da implantação acadêmica do Curso de Direito, no novo campus universitário, foi de fato uma experiência importantíssima no campo da gestão e representação acadêmica, já que me inteirei de toda a dinâmica de estruturação da Graduação em Direito, desde a elaboração da grade curricular, indicação de professores, até a estruturação da biblioteca e de atividades e projetos pedagógicos, de ensino, pesquisa e extensão.

No ano seguinte, em 2003, prestei concurso de provas e títulos para o magistério superior da PUC Minas, direcionado ao campus São Gabriel, para as disciplinas Direito do Trabalho I, Direito do Trabalho II e Legislação Social e Relações Trabalhistas. Fui aprovada em primeiro lugar, por unanimidade da Banca Examinadora, em um concurso disputado com uma única vaga disponível.

Lecionei na PUC Minas por três anos, até 2006, chegando à Professora Adjunta III. Este período inaugural da minha trajetória acadêmica foi de forte investimento nas atividades docentes da Graduação. Além da intensa rotina em sala de aula, assumi a orientação de muitos alunos em seus trabalhos de conclusão de curso e nas pesquisas de iniciação científica. Também participei de mais de três dezenas de bancas de trabalhos de conclusão de curso no período.

---

(205) LEÃO, Ângela Vaz. Prefácio. *In*: TEIXEIRA, Geraldo Magela. *Compromisso com a educação:* humanismo, paixão e êxito. Belo Horizonte: Veredas & Cenários, 2008. p. 13.

Ainda integrei diversas comissões examinadoras de processos de seleção externa de docentes, bem como processos de provimento interno de docentes para vagas no Curso de Direito da PUC Minas. Também participei do Conselho Científico da Revista da Faculdade Mineira de Direito (2007-2010) e do Conselho Consultivo do NONADA, informativo cultural da PUC Minas (2002-2006).

Simultaneamente, coordenei a Comissão Examinadora da Prova da *Ordem dos Advogados do Brasil, Seção Minas Gerais,* na área específica de Direito do Trabalho e Processo do Trabalho (2003-2005), além de integrar a Comissão de Direitos Sociais e Trabalhistas da OAB/MG (2006-2009), e a Comissão Examinadora do concurso da Revista da OAB Jovem (2006), na condição de advogada em início de carreira.

Publiquei, em 2003, minha primeira obra individual, intitulada "Terceirização: paradoxo do Direito do Trabalho contemporâneo", resultante da dissertação de mestrado defendida na PUC Minas, em 2002[(206)]. Avancei com a publicação de uma série de capítulos de livros e artigos especializados no campo do Direito do Trabalho, num caminho de expansão das linhas de pesquisa, mesmo que ainda tivesse predileção pela temática da erradicação do trabalho de crianças e a proteção ao trabalho de adolescentes, cujo percurso investigatório já reconhecia e explorava desde a iniciação científica na Graduação em Direito, na PUC Minas. Toda a produção acadêmica do período segue devidamente registrada no *Curriculum Lattes.*

Considero que esse percurso inaugural foi decisivo na afirmação da minha identidade como Professora Universitária, proporcionando abertura e pavimentação do percurso do ensinar e do aprender na Graduação. Ao ser agraciada com o título de paraninfa e professora homenageada de várias turmas de formandos do Curso de Direito, intuí que estava no

(206) DELGADO, Gabriela Neves. *Terceirização:* paradoxo do direito do trabalho contemporâneo. São Paulo: LTr, 2003.

caminho certo e que precisava seguir honrando o trabalho/missão de professora/educadora para o qual me preparei a vida inteira.

3.1.2. *Faculdade de Direito Milton Campos – FDMC*

Ainda em 2002 fui contratada pela *Faculdade de Direito Milton Campos (FDMC)* para lecionar as disciplinas Direito do Trabalho I e Direito do Trabalho II para as turmas da Graduação. Lembro-me como fiquei honrada com a oportunidade de me agrupar ao corpo docente de uma das maiores instituições do ensino superior privado de Minas Gerais.

Tive o privilégio de ser integrada à Faculdade pelas mãos da então Diretora, *Professora Lúcia Massara,* e pelo *Professor Carlos Augusto Junqueira Henrique,* à época coordenador da área de Direito do Trabalho, Processo do Trabalho e Prática Trabalhista. Ambos se tornaram amigos e todas as vezes que me lembro do papel deles em minha vida sou tomada por memórias de gratidão. Também agradeço ao *Professor Carlos Cruz* pela indicação, reconhecimento e aposta em minha vocação acadêmica, mesmo ainda tão jovem.

Com o grupo de professores de Direito do Trabalho construí amizades para a vida toda. Especialmente aos *Professores Andrea Rodrigues de Morais; Bruno Alves Rodrigues; Carlos Augusto Junqueira Henrique; Carlos Cruz; Fernanda Nigri; José César de Oliveira; Marcelo Pertence; Márcio Flávio Salem Vidigal; Paula Cantelli; Pedro Gelape; Ricardo Rodrigues de Carvalho* e *Virgínia Henrique,* não poderei ser mais grata pelos anos de partilha.

Na FDMC, além das atividades de ensino, me inseri no núcleo de pesquisa da instituição, assumindo as primeiras orientações de iniciação científica da área trabalhista, mediante financiamento da *Fundação de Amparo à Pesquisa do Estado de Minas Gerais* (FAPEMIG). Também orientei mais de três dezenas de alunos em seus trabalhos de conclusão de curso e nas monitorias da graduação, circunstância que me permitiu aperfeiçoar, em grande medida, a atuação como professora orientadora.

Em parceria com o *Professor Carlos Augusto Junqueira Henrique* coordenei o *Grupo de Pesquisa sobre terceirização nas relações de trabalho*, o qual resultou na publicação da obra coletiva "Terceirização no Direito do Trabalho"(207), com artigos de alunos e pesquisadores da FDMC. Também publiquei artigos na Revista Jurídica da instituição(208).

A partir de 2005, assumi a coordenação da área de Direito do Trabalho, Processo do Trabalho e Prática Trabalhista da Faculdade, enveredando pelas atividades de gestão acadêmica e representação da Faculdade. Também fui professora homenageada (anos 2004, 2005 e 2008) e patrona (ano 2006) de várias turmas de formandos da instituição.

A passagem pela Faculdade de Direito Milton Campos foi plena de sentido. Lá permaneci até 2006, num percurso de amplo crescimento e afirmação da trajetória docente, sobretudo na linha de frente da Graduação em Direito.

3.1.3. *Universidade Federal de Minas Gerais – UFMG*

Em junho de 2006, prestei concurso público de provas e títulos para o cargo de Professor Adjunto de Direito do Trabalho, Direito Processual do Trabalho e áreas afins, em dedicação exclusiva, do Depar-

---

(207) DELGADO, Gabriela Neves; HENRIQUE, Carlos Augusto Junqueira (Org.). *Terceirização no direito do trabalho*. Belo Horizonte: Mandamentos, 2004. Posteriormente, em 2008, organizei outra obra coletiva com o Professor Carlos Henrique (FDMC), desta vez também na companhia do prezados Professores Márcio Túlio Viana (PUC Minas) e Patrícia Henrique Ribeiro (FDMC). A respeito, consultar: HENRIQUE, C. A. J.; DELGADO, Gabriela Neves; VIANA, M. T.; RIBEIRO, P. H. (Org.). *Trabalho e movimentos sociais*. Belo Horizonte: Del Rey, 2008.

(208) DELGADO, Gabriela Neves; NOGUEIRA, L. K. M.; RIOS, S. E. Instrumentos jurídico-institucionais para a erradicação do trabalho escravo no Brasil contemporâneo. *Revista da Faculdade de Direito Milton Campos*, v. 14, p. 45-70, 2007; DELGADO, Gabriela Neves. Trabalho digno: valor-fonte do Estado Democrático de Direito. *Revista da Faculdade de Direito Milton Campos*, v. 13, p. 477-501, 2006.

tamento de Direito do Trabalho e Introdução ao Estudo do Direito, da *Faculdade de Direito da UFMG*[209].

Fui aprovada em primeiro lugar, com nota máxima, por unanimidade da Banca Examinadora. Ato contínuo, me desliguei da PUC Minas e da Faculdade de Direito Milton Campos para tomar posse na UFMG, rumo à carreira docente na universidade pública. Lá permaneci por três anos, até meados de 2009, quando me mudei para Brasília, após aprovação em concurso público de provas e títulos na Faculdade de Direito da UnB.

A passagem pela UFMG foi decisiva na minha formação docente. Além da importância de me integrar a uma renomada instituição pública de ensino superior, direcionei e consolidei minha linha de pesquisa no Direito do Trabalho, num percurso de desdobramento empírico da tese de doutorado defendida em seu PPGD, e que resultou na publicação do livro "Direito Fundamental ao Trabalho Digno"[210].

A *tese do direito fundamental ao trabalho digno* tornou-se referência definitiva para a concatenação das minhas atividades de ensino, pesquisa e extensão na Universidade. Por meio dela, fomentei uma rede crescente de interlocutores, colegas e alunos, companheiros de estudos e pesquisas, alinhados à perspectiva do constitucionalismo humanista e social do Direito do Trabalho. Nessa esteira, também tive a grata oportunidade de realçar vínculos epistemológicos e de "associação intelectual e orgânica de validação legitimadora"[211] com colegas e orientandos, por meio dos primeiros prefácios redigidos[212].

---

(209) Conforme Edital n. 85, publicado no Diário Oficial de 20.03.2006 e de acordo com a Resolução n. 15/96 do Conselho Universitário da UFMG.

(210) DELGADO, Gabriela Neves. *Direito fundamental ao trabalho digno*. São Paulo: LTr, 2006.

(211) SOUSA JÚNIOR, José Geraldo de. *Direito com que direito. Memorial para progressão ao cargo de professor titular*. Universidade de Brasília, ano. p. 5.

(212) DELGADO, Gabriela Neves. Prefácio. *In:* AMORIM, Helder Santos. *A terceirização no serviço público à luz da nova hermenêutica constitucional*. São Paulo, 2009; DELGADO, Gabriela Neves. Prefácio. *In:* MIRAGLIA, Lívia Mendes Moreira. *A terceirização trabalhista no Brasil*. São Paulo, 2008.

Tais referências também repercutiram no farto conjunto de palestras, conferências, seminários, anais de congressos e produções científicas elaboradas no período, sendo capazes de demarcar minha identificação intelectual no campo do Direito do Trabalho. Toda a produção acadêmica do período segue devidamente registrada no *Curriculum Lattes.*

Outro ponto de relevo foi meu credenciamento ao Programa de Pós-Graduação em Direito da UFMG, em outubro de 2006, na condição de orientadora do mestrado e do doutorado em Direito do Trabalho. No conjunto, concluí a orientação de 4 (quatro) dissertações de mestrado e 1 (uma) tese de doutorado.

No PPGD da UFMG, alavanquei o programa de iniciação à docência da área trabalhista, para estimular a vocação docente de pesquisadores e alunos vinculados à minha orientação direta, oferecendo-lhes múltiplas condições de aprendizagem, no campo do Direito do Trabalho. Para minha satisfação, a maioria dos meus orientandos seguiu carreira docente no Direito do Trabalho, entre os quais destaco *Lívia Mendes Moreira Miraglia,* que orientei desde a graduação em Direito na Faculdade de Direito Milton Campos e no doutorado na UFMG, e *Pedro Gravatá Nicoli,* orientado no mestrado da UFMG, que se tornaram professores vocacionados de Direito do Trabalho na própria Faculdade de Direito da UFMG, após aprovação nos respectivos concursos públicos.

Nas atividades de ensino no PPGD, além das aulas individuais, também tive o privilégio de ministrar a disciplina "Temas em Direito do Trabalho: interseções possíveis e releituras necessárias do direito material e processual do trabalho", com a cara amiga, *Professora Dra. Adriana Goulart de Sena Orsini.*

A riqueza das aulas partilhadas nos levou à coordenação de obra coletiva com os resultados das reflexões desenvolvidas na disciplina, com a participação do coletivo dos alunos pesquisadores da área do Direito do Trabalho que estavam sob nossa orientação direta[213].

Ainda me integrei às atividades de representação acadêmica no PPGD, com destaque para a participação em comissão de bolsas de pesquisa do referido programa e bancas examinadoras de seu processo seletivo, conforme indicadores do *Curriculum Lattes*.

Permaneci como Professora Colaboradora do PPGD até agosto de 2012, mesmo após o desligamento da UFMG, em meados de 2009. Se, nas instituições privadas de ensino superior, concentrava as atribuições exclusivamente na graduação, a partir do credenciamento no PPGD da UFMG distribui as atividades de ensino entre a graduação e a pós-graduação, num percurso de franca expansão da trajetória docente.

Na graduação, lecionei as disciplinas Direito do Trabalho I, Direito do Trabalho II e Direito Processual do Trabalho. Também orientei mais de vinte alunos em seus trabalhos de conclusão de curso e nas pesquisas de iniciação científica.

Ainda assumi diversificadas atividades de representação acadêmica na graduação, com destaque para a participação em bancas examinadoras de processos de seleção pública simplificada para professor substituto; comissão avaliadora das atividades complementares da graduação em Direito; comissão avaliadora da semana de iniciação científica da Faculdade de Direito; comissão de revalidação de diploma do Curso de Direito; bancas examinadoras de monitoria; comissão de exame e classificação de processos de solicitação de vagas remanescentes do Curso de Direito; comissões de julgamento e indicação dos candidatos ao Prêmio José Carlos da Matta Machado e comissão de

---

(213) SENA, Adriana Goulart; DELGADO, Gabriela Neves; NUNES, Raquel Portugal (Org.). *Dignidade humana e inclusão social:* caminhos para a efetividade do Direito do Trabalho no Brasil. São Paulo: LTr, 2010.

aplicação de exame de comprovação de conhecimentos para discentes egressos dos cursos de graduação das Ciências Sociais Aplicadas.

No conjunto, participar destas atividades foi importante para que pudesse melhor compreender as dinâmicas pedagógicas e administrativas do Curso de Direito, a partir da realidade de uma instituição pública de ensino superior.

Também me integrei amplamente a projetos de extensão da Faculdade de Direito da UFMG, a partir da compreensão de que o conhecimento do Direito se faz na *práxis*, no centro da inquietação social, por movimentos concretos "fluentes e multívocos", e não por ideais vagos ou por uma concepção de justiça abstrata[(214)].

Na perspectiva extensionista, já atenta às lições de Roberto Lyra Filho ao apreciar o "Direito em sua totalidade e vir-a-ser", compreendi que a interpretação e a própria legitimidade do Direito não estão situadas "no plano de algum Direito 'metafísico' e perene, mas no desenvolvimento do processo histórico em que o aspecto jurídico vem a integrar-se"[(215)]. Desse modo, a partir do pressuposto de que a "interpretação é um processo criativo do Direito, e não de encontro com um Direito estático"[(216)], passei a perquirir *o permanente disputar do Direito do Trabalho*, sobretudo por meio de ações concretas direcionadas à efetivação dos direitos humanos e fundamentais trabalhistas no real do trabalho.

Assim, direcionada pelo *papel criador da Universidade Pública sobre a sociedade* e pela *ação concreta do Direito em sua missão de justiça social,*

---

(214) WARAT, Luis Alberto. *El Derecho y su Lenguaje*. Buenos Aires, Cooperadora de Derecho y Ciências Sociales, 1976. p. 172.

(215) LYRA FILHO, Roberto. Direito do capital e direito do trabalho. *In*: SOUSA JÚNIOR, José Geraldo; AGUIAR, Roberto A. R. de (Org.). *Introdução crítica ao direito do trabalho*. Série O Direito Achado na Rua. v. 2. Brasília: Centro de Educação Aberta, Continuada, a Distância (CEAD); Núcleo de Estudos para a Paz e dos Direitos Humanos (NEP); Universidade de Brasília (UnB), 1993. p. 64-65.

(216) *Idem. Ibidem.*

integrei-me a alguns projetos do *Programa Polos de Cidadania,* sob a coordenação geral da querida *Professora Dra. Miracy Barbosa Gustin.*

O *Polos de Cidadania* foi criado na Faculdade de Direito da UFMG, em 1995, como um "programa transdisciplinar e interinstitucional de extensão, ensino e pesquisa social aplicada" voltado à "efetivação dos direitos humanos de pessoas, famílias e comunidades vulnerabilizadas e em trajetória de risco social e ambiental" e à "construção de conhecimento a partir do diálogo entre os diferentes saberes". Seus projetos e ações são desenvolvidos em "perspectiva dialógica, crítica e sentipensante, utilizando como principais referências metodológicas a pesquisa-ação e a pesquisa engajada, o teatro popular de rua, as cartografias sociais e afetivas, a mediação de conflitos e as redes de cuidado e atenção em direitos humanos"[(217)].

Registro, particularmente, minha participação no projeto de pesquisa e extensão "Vila Acaba Mundo", do Polos de Cidadania, em 2007. Com o coletivo formado, atuei na área de trabalho e geração de renda em busca da estruturação de "mecanismos sociais e jurídicos adequados para efetivar o direito fundamental ao trabalho digno para os moradores da Vila", uma comunidade situada na zona sul de Belo Horizonte, com longo histórico de exclusão social.

Para alcançar tal meta, elegemos frentes de atuação que ultrapassassem ações conjunturalmente emergenciais, destacados os seguintes objetivos: a) assegurar uma atuação estruturada na comunidade, que favorecesse "a comunicação, a mobilização e a organização popular", por meio da disseminação de informação qualificada sobre direitos fundamentais, Direito do Trabalho e acesso à Justiça do Trabalho; b) estimular e apoiar práticas solidárias e o processo de organização e

(217) *Quem somos – Polos de Cidadania da UFMG.* Disponível em: https://polos.direito.ufmg.br//quem-somos/. Acesso em: 20 set. 2023.

mobilização social dos moradores, enfatizada a participação popular nas políticas públicas de geração de trabalho e renda municipais e a defesa e promoção dos direitos fundamentais trabalhistas(218).

Toda a dinâmica do projeto foi estruturada com base na metodologia da *pesquisa-ação*, caracterizada pela valorização das interações sociais, formais e informais, e pelo "envolvimento ativo da própria comunidade em uma atuação interativa e emancipadora", e não como mera destinatária de ações externas(219).

Como bem ensinam Miracy Barbosa de Sousa Gustin e Maria Tereza Fonseca Dias, a metodologia da pesquisa-ação:

> "(...) favorece a resolução de problemas coletivos, transformações de realidades emergentes e a produção de conhecimento. Sua diferença das demais é que: a) a resolução do problema coletivo em foco é feita solidária e cooperativamente; b) a emergência de novas comunidades, grupos, instituições etc., por intermédio da pesquisa-ação, é duplamente auxiliada: a pesquisa lhe permite conhecimento dos resultados das investigações no campo jurídico e das ações dos pesquisadores, ao mesmo tempo, autoconhecimento de suas condições, possibilitando sua própria autocrítica; a ação (ou atuação) complementa os dados da pesquisa e permite o acesso a conhecimentos necessários à sua própria estruturação e à sua prática. O conhecimento produzido é revertido em benefício não só da equipe pesquisadora mas também da equipe participante da situação investigada"(220).

---

(218) *Vila Acaba Mundo:* projeto de pesquisa e de extensão nas áreas de trabalho, geração de renda e regularização fundiária sustentável desenvolvido pelo Programa Polos de Cidadania, sob a coordenação geral da Profa. Dra. Miracy Barbosa Gustin, 2007.

(219) *Idem.*

(220) GUSTIN, Miracy Barbosa de Sousa; DIAS, Maria Tereza Fonseca. *(Re)Pensando a pesquisa jurídica*. 2. ed. Belo Horizonte: Del Rey, 2006. p. 252.

Em 2007, a Associação Nacional dos Magistrados da Justiça do Trabalho (ANAMATRA) concedeu o Prêmio ANAMATRA de Direitos Humanos ao Projeto Vila Acaba Mundo, do Programa Polos de Cidadania – o que foi uma conquista para todo o coletivo ali integrado.

Junto ao *Programa Polos de Cidadania* também ofertei alguns cursos de aperfeiçoamento na área do Direito do Trabalho, com objetivo de difundir informação qualificada sobre direitos fundamentais, direito fundamental ao trabalho digno e acesso à Justiça do Trabalho, nos casos de violação de direitos, com destaque para as seguintes disciplinas lecionadas: "Meu Direito ao Trabalho e à Justiça Cidadã" (2009); "Trabalhos Marginalizados" (2007) e "Trabalho Escravo" (2007).

Ainda na extensão, me integrei como Professora colaboradora da *Divisão de Assistência Judiciária (DAJ) da Faculdade de Direito*, onde atuei como advogada e orientadora no atendimento de demandas judiciais de assistidos vulneráveis e hipossuficientes, na forma da lei.

Entre as atividades desenvolvidas, supervisionava alunos e estagiários na realização de atendimentos jurídicos qualificados e na prática de atos processuais, tais como o ajuizamento e o acompanhamento de ações, entre outros atos restritos ao primeiro grau de jurisdição, de preferência no âmbito judicial trabalhista.

Por reconhecer a função social do exercício da advocacia e para viabilizar a formação completa dos alunos integrados ao projeto de extensão, institui e coordenei um *Núcleo de Estudos em Direito do Trabalho*, no âmbito da própria DAJ, dedicado à pesquisa e aos estudos rotineiros de temas do Direito do Trabalho, da jurisprudência e de casos paradigmas levados à Justiça do Trabalho, num percurso dinâmico de concatenação da fundamentação teórica à prática forense trabalhista.

Em acréscimo, coordenei a elaboração da *Cartilha de direitos dos empregados domésticos* junto aos alunos e estagiários da DAJ, em favor dos assistidos atendidos pelo projeto de extensão[221]. Assim, para além da capacitação teórica dos discentes no tocante à relação empregatícia doméstica, a divulgação da cartilha para todos os assistidos atendidos pela DAJ (independentemente da natureza das demandas judiciais) oportunizou a disseminação de informação jurídica qualificada, mediante texto simples e direto, além da ampliação das possibilidades de acesso à Justiça, contribuindo, em certa medida, para uma tomada de consciência quanto aos eventuais direitos trabalhistas existentes.

Este projeto foi premiado por sua relevância acadêmica no X Encontro de Extensão promovido pela Pró-Reitoria de Extensão da UFMG (PROEX), da Universidade Federal de Minas Gerais e sua Pró-Reitoria de Extensão, em 2007.

No percurso docente na Faculdade de Direito da UFMG, fui agraciada como professora homenageada (anos 2010 e 2007) e paraninfa (ano 2009) de três turmas de formandos da instituição, em suas respectivas colações de grau.

Encerrei o ciclo na Faculdade de Direito da UFMG em setembro de 2009, com as exigências críticas para o ensino, a pesquisa e a extensão em Direito do Trabalho amplamente incorporadas.

Pelas trilhas universitárias em Minas Gerais, deparei-me com histórias, orientações, práticas de ensino e metodologias de pesquisa próprias a cada um dos espaços em que me integrei como Professora Universitária.

---

(221) DELGADO, Gabriela Neves; MARX NETO, E. A.; FELISBERTO, R. R.; MELO, H. C. C.; ANDRADE, F. R. G.; BRITO, S. G. *Empregados domésticos:* dúvidas frequentes. 2007. Desenvolvimento de material didático ou instrucional – Cartilha de Direitos. Faculdade de Direito da Universidade Federal de Minas Gerais.

Seguramente, todo esse arsenal serviu como guia e trouxe lições para que continuasse a percorrer a trajetória docente pelo caminho que se inauguraria logo adiante, já em Brasília.

A cada trilha, uma lição. Saí maior do que entrei.

CAPÍTULO IV

A DOCÊNCIA NA UNIVERSIDADE DE BRASÍLIA – UnB

4.1. O Concurso Público para Professora de Direito do Trabalho

Estava com a vida pessoal e profissional inteiramente alinhada em Belo Horizonte, mas ainda assim resolvi prestar o concurso público de provas e títulos para Professora Adjunta, em dedicação exclusiva, da área de Direito do Trabalho, Direito Previdenciário, Legislação Social ou áreas afins, da *Faculdade de Direito da UnB*.

Fui surpreendida com a liberação da vaga, pois há anos não havia concurso para professor nas universidades públicas, inclusive para a área de Direito do Trabalho, o que somente foi oportunizado com o Programa de Apoio a Planos de Reestruturação e Expansão das Universidades Federais (REUNI).

A escolha de modificar inteiramente a rota profissional e seguir para Brasília foi afetiva. É que minha família de origem havia se mudado para a capital, em razão da posse do meu pai como Ministro do Tribunal Superior do Trabalho (TST), em novembro de 2007. Na mesma época, minha irmã também se deslocou para a cidade, após aprovação no doutorado em Ecologia, na UnB.

Queria muito seguir ao lado deles, especialmente para assegurar ao meu filho *Francisco* o privilégio de uma convivência próxima, engrandecedora, amorosa e gentil com os avós maternos e a tia-madrinha. *É que minhas raízes são meus afetos.*

Era julho de 2009 quando prestei o referido concurso, cuja comissão examinadora foi presidida pelo *Professor Dr. Carlos Alberto Reis de Paula* (UnB), tendo como membros efetivos o *Professor Dr. Estêvão Mallet* (USP) e o *Professor Dr. Eduardo Henrique Raymundo Von Adamovich* (UERJ).

O concurso dirigia-se a doutores em Direito. Por norma interna, foram realizadas provas escrita, didática, oral e de títulos. As provas estavam direcionadas ao conteúdo do Direito do Trabalho e do Direito Previdenciário, conforme componentes curriculares indicados em edital.

Lembro-me, particularmente, da prova didática. No conjunto dos dez temas previamente formulados pela Banca Examinadora e divulgados por edital, foi sorteado o ponto "Princípios Internacionais do Direito do Trabalho e do Direito Previdenciário".

É viva a lembrança do desafio que foi planejar uma aula no prazo de vinte e quatro horas antes da exposição, contando com pouquíssima doutrina sobre os princípios internacionais do Direito Previdenciário. Ao mesmo tempo, avaliei que aquela era uma importante oportunidade para apresentar algumas das minhas referências no campo dos direitos humanos, partindo do pressuposto de que os princípios internacionais do Direito do Trabalho e do Direito Previdenciário são expressão da principiologia dos direitos humanos em sua matriz social.

A formulação teórica sobre os Direitos Humanos é tarefa vasta e complexa, que exige do intérprete a sistematização de seus principais aspectos e prismas, nas perspectivas filosófica, internacional e constitucional.

Especificamente quanto à discussão filosófica sobre os Direitos Humanos, algumas questões preliminares foram enfrentadas, sobretudo a partir do campo de estudo que havia consolidado no Doutorado em Filosofia do Direito da UFMG: os Direitos Humanos existem? Qual a natureza dos Direitos Humanos? Quais são os Direitos Humanos e como eles são justificados? Como tutelar os Direitos Humanos?[(222)]

Para tratar das duas primeiras questões, referentes à *existência e à natureza dos Direitos Humanos,* percorri algumas das correntes do pensamento filosófico sobre o tema, a iniciar com o *jusnaturalismo,* que considerava os homens dotados de direitos naturais anteriores à formação da sociedade, direitos que lhes pertenciam, pura e simplesmente, pelo fato de serem humanos. Em seguida, foram destacadas premissas do *contratualismo,* com a exigência de reconhecimento e garantia dos direitos do homem pelo Estado, a fim de que se tornassem juridicamente exigíveis. Adiante, a partir do confronto entre o racionalismo jusnaturalista, de um lado, e o utilitarismo e o historicismo, de outro, foram apresentados fundamentos teóricos da *historicidade* dos Direitos Humanos[(223)].

A análise dos Direitos Humanos no curso histórico apontou três momentos distintos da sua conformação: o da *conscientização* da existência de direitos, evidentes à razão; o da *positivação* desses direitos no ordenamento jurídico; e, finalmente, o da *efetivação* dos direitos no plano social. Retomar a doutrina de *Joaquim Carlos Salgado,* Professor Titular de Filosofia do Direito da UFMG, neste percurso, foi fundamental[(224)].

A terceira questão problematizada na prova didática se ocupou da *identificação dos Direitos Humanos,* desde a concepção compartimentada

---

(222) Tais questionamentos foram formulados a partir das provocações de HAYDEN, Patrick. *The Philosophy of Human Rights.* Paragon House: St. Paul, 1965. XV. Sobre o tema, consultar ainda: DELGADO, Gabriela Neves. Direitos humanos. *In:* TRAVESSONI, Alexandre (coord. geral). *Dicionário de teoria e filosofia do direito.* São Paulo: LTr, 2011. p. 132-135.

(223) BOBBIO, Norberto; MATTEUCI, Nicola; PASQUINO, Gianfranco. *Dicionário de política.* Trad. Carmem C. Varriale *et al.;* coord. de João Ferreira e rev. João Ferreira e Luís Guerreiro Pinto Cascais. 5. ed. v. 1. Brasília: Editora Universidade de Brasília, 2000. p. 353.

(224) SALGADO, Joaquim Carlos. Os direitos fundamentais. *Revista Brasileira de Estudos Políticos.* Belo Horizonte: Universidade Federal de Minas Gerais, n. 82, p. 15-69, jan. 1996. p. 16.

das gerações de direitos, até a análise das dimensões de direitos, mediante reforço de que os Direitos Humanos não se revelam de forma estanque na marcha histórica, mas sim de forma dinâmica e interativa. Enquanto referencial de humanidade, encontram-se em processo de construção e reconstrução constante, complexo e não linear, numa interseção permanente do "catálogo de direitos civis e políticos ao catálogo de direitos sociais, econômicos e culturais"[(225)].

A quarta questão abordou a *tutela dos Direitos Humanos*, a partir de três grandes eixos jurídicos de tutela, necessariamente complementares e interdependentes: o eixo global, referente aos direitos humanos estabelecidos na ordem internacional por meio de tratados, convenções e declarações de direitos; o eixo regional, com os sistemas regionais de proteção aos direitos humanos; e o eixo nacional, cuja representação, no caso brasileiro, se dá especialmente pela previsão constitucional dos direitos fundamentais[(226)].

Ultrapassadas as questões preliminares, avancei na prova didática com a análise específica dos princípios internacionais do Direito do Trabalho e do Direito Previdenciário, expressões da principiologia dos direitos humanos.

Direcionada pela matriz humanista e social do Direito, reforcei a tese de que os princípios internacionais do Direito do Trabalho e do Direito Previdenciário estão fundados no *princípio da proteção*, enquanto referência matriz do sistema jurídico de proteção social, sendo que, no caso do Direito Previdenciário, o *princípio da solidariedade social* é também seu postulado básico.

---

(225) PIOVESAN, Flávia. Direitos sociais, econômicos e culturais e direitos civis e políticos. *SUR – Revista Internacional de Direitos Humanos*. São Paulo: Rede Universitária de Direitos Humanos, ano 1, n. 1. 2004. p. 22.
(226) PIOVESAN, Flávia. Direitos sociais, econômicos e culturais e direitos civis e políticos. *SUR – Revista Internacional de Direitos Humanos. Op. cit.*, p. 25.

Conforme ensina Mauricio Godinho Delgado, o princípio da proteção

> "estrutura em seu interior, com suas regras, institutos, princípios e presunções jurídicas próprias, uma teia de proteção à parte vulnerável e hipossuficiente na relação empregatícia – o obreiro –, visando retificar (ou atenuar), no plano jurídico, o desequilíbrio inerente ao plano fático do contrato de trabalho"[(227)].

O princípio da proteção, para o Direito Previdenciário, ressalta o direito de todo trabalhador ser protegido pelo Estado em face de determinada contingência (o designado "risco social"), sob pena de perecimento. Destaca, ainda, o dever do Estado de suportar tais contingências, quando houver eventos impeditivos da aquisição de meios habituais de subsistência pelo próprio trabalhador[(228)].

O princípio da solidariedade social conclama pela necessidade de contribuição coparticipada da sociedade para o sustento de seus cidadãos. Corresponde, portanto, à universalização da técnica de proteção social[(229)].

No último momento da prova didática, apresentei alguns dos mecanismos de tutela dos direitos humanos trabalhistas e previdenciários, na perspectiva do eixo internacional de proteção social.

Concentrei a análise na *Declaração Universal dos Direitos do Homem*, de 1948, tamanha sua importância por transformar os direitos

(227) DELGADO, Mauricio Godinho. *Curso de direito do trabalho*. 20. ed. São Paulo: JusPodivm, 2023. p. 237; RODRIGUEZ, Américo Plá. *Princípios de direito do trabalho*. São Paulo: LTr, 1993. p. 28, 42 e 43; RUPRECHT, Alfredo J. *Os princípios do direito do trabalho*. São Paulo: LTr, 1995. p. 14-28.
(228) MARTINEZ, Wladimir Novaes. *A seguridade social na Constituição Federal*. 2. ed. São Paulo: LTr, 1992. p. 49-70.
(229) *Ibidem*, p. 29.

humanos num tema global e traçar a *vis directiva* de uma política de direitos humanos nas perspectivas trabalhista e previdenciária.

No plano do *Direito Individual do Trabalho*, por exemplo, a Declaração ressalta o direito de todo ser humano, sem qualquer distinção, a igual remuneração por igual trabalho; o direito a uma remuneração justa e satisfatória; o direito a repouso e lazer, inclusive com a limitação razoável das horas de trabalho; o direito às férias remuneradas periódicas; o direito ao trabalho; à livre escolha de emprego; a condições justas e favoráveis de trabalho e à proteção contra o desemprego. No plano do *Direito Coletivo do Trabalho*, assegura ao homem o direito de organizar sindicatos e a neles ingressar para proteger seus interesses. No âmbito *previdenciário*, assegura ao homem o direito a um padrão de vida capaz de assegurar a si e a sua família saúde e bem-estar, inclusive o direito à segurança em caso de desemprego, doença, invalidez, viuvez, velhice ou outros casos de perda dos meios de subsistência em circunstâncias fora de seu controle.

Finalmente, analisei a *Declaração de Filadélfia*, relativa aos fins e objetivos da OIT, de 1944, destacados os princípios fundamentais do Direito Internacional do Trabalho.

Tão logo surgiu oportunidade, redigi artigo específico sobre o tema da prova didática. Aquela foi minha primeira produção científica como Professora Adjunta de Direito do Trabalho da UnB[(230)].

---

(230) DELGADO, Gabriela Neves. Princípios Internacionais do Direito do Trabalho e do Direito Previdenciário. *In*: SENA, Adriana Goulart de; DELGADO, Gabriela Neves; NUNES, Raquel Portugal. (Org.). *Dignidade humana e inclusão social:* caminhos para a efetividade do Direito do Trabalho no Brasil. 1. ed. São Paulo: LTr, 2010, v. 1, p. 451-463. Este mesmo artigo foi também publicado em dois periódicos especializados do Direito do Trabalho: DELGADO, Gabriela Neves. Princípios Internacionais do Direito do Trabalho e do Direito Previdenciário. *Revista LTr. Legislação do Trabalho*, v. 74, p. 337-342, 2010; DELGADO, Gabriela Neves. Princípios Internacionais do Direito do Trabalho e do Direito Previdenciário. *Revista Magister de Direito Trabalhista e Previdenciário*, v. 35, p. 35-48, 2010.

4.2. Viver Brasília

Fui aprovada em primeiro lugar no concurso público para Professora Adjunta, em dedicação exclusiva, da área de Direito do Trabalho, Direito Previdenciário, Legislação Social ou áreas afins, da *Faculdade de Direito da UnB*.

Tive a honra de ser nomeada pelo caro *Professor Dr. José Geraldo de Sousa Júnior*, Reitor da UnB à época. Em setembro de 2009, me integrei à nova dinâmica universitária, assumindo a primeira disciplina em sala de aula, em substituição a uma colega professora.

A mudança para Brasília aconteceu no auge da seca, época em que a "pele da cidade queima"(231). O clima adverso me causou tanto impacto quanto experimentar a capital em sua elaboração arquitetônica arrojada e plano urbanístico inovador. A partir de então, a cidade se tornou parte constitutiva da minha nova experiência de vida.

"Cidade é corpo", já dizia Nicolas Behr em seus versos sobre Brasília(232).

Com suas linhas sinuosas, blocos, quadras, eixos e asas, sombras, volumes e cobogós, Brasília é, em si, "uma aula de geometria"(233), sendo seu moderno conjunto arquitetônico e urbanístico reconhecido como Patrimônio Cultural da Humanidade, pela Organização das Nações Unidas para a Educação, a Ciência e a Cultura (Unesco), desde 7 de dezembro de 1987(234).

---

(231) BEHR, Nicolas. *Raslia*. Brasília, 2020. p. 25.
(232) *Ibidem.*, p. 22.
(233) BEHR, Nicolas. *O menino do mato que engoliu Brasília*. Cuiabá, MT: Entrelinhas, 2019.
(234) "O patrimônio cultural de Brasília é composto por monumentos, edifícios ou sítios que tenham valor histórico, estético, arqueológico, científico, etnológico ou antropológico, e a compreensão da sua preservação reafirma a necessidade de se executar políticas públicas capazes de assegurar a proteção desse patrimônio. O urbanista Lúcio Costa, autor do projeto do Plano Piloto, explicou de maneira muito simples a criação dos elementos centrais da cidade: "Nasceu do gesto primário de quem assinala um lugar ou dele toma posse: dois eixos cruzando-se em ângulo reto,

Marcia Zarur caracteriza Brasília a partir da perspectiva de quem vive seu cotidiano, reconhecendo-a como uma cidade concreta, afastada dos estigmas de poder que a cercam e condensada por múltiplas perspectivas(235).

A autora qualifica Brasília como uma "cidade-céu", cujos prédios de seis andares permitem uma vista privilegiada para onde quer que se olhe(236). De fato, parece-me que aqui o azul é mais profundo, o céu é mais largo e a luminosidade mais intensa.

Bem a seu estilo, Clarice Lispector também dedica versos para a cidade ao apreciar a gama de azuis que a envolve: "Brasília é um olho azul cintilanterríssimo que me arde o coração"(237).

Também chamada de "cidade-parque", Brasília conta com uma imensa área verde(238), espalhada com mangueiras, ipês, paineiras, jaqueiras, flamboyants, sapucaias e quaresmeiras, onde "as curvas do concreto dialogam com as árvores tortas do cerrado"(239).

No Plano Piloto, por debaixo dos blocos, se faz uma "cidade-livre", pois seus prédios erguidos sobre pilotis "permitem ao pedestre a liberdade de escolher o caminho que quiser", garantindo "a noção clara e democrática de que o nosso chão pertence a todos"(240).

---

ou seja, o próprio sinal da cruz". Conforme: http://www4.planalto.gov.br/restauracao/brasilia-patrimonio-cultural-da-humanidade. Acesso em: 22 jun. 2023.

(235) ZARUR, Márcia. *Amor concreto*. Brasília: Maria Cobogó, 2018. Em complemento, consultar o livro "Brasília e o sonho encantado", de Alexandre Parente. Por meio de literatura infantojuvenil premiada, o autor descreve a cidade, numa história cativante. Consultar: PARENTE, Alexandre. *Brasília e o sonho encantado*. Ilustração de Gustavo Ramos. Brasília: Edebê Brasil, 2020.

(236) ZARUR, Márcia. *Amor concreto*. *Op. cit.*, p. 28.

(237) LISPECTOR, Clarice. Poema. *In*: BRACHER, Carlos. Bracher *Brasília*: 50 anos de pintura de Bracher/50 anos da construção de Brasília. Carlos Bracher; instalações, obras de Fani Bracher; fotografia Sérgio Silva Pereira, Cristiano Quintino. Belo Horizonte: Rona, 2007. p. 32.

(238) ZARUR, Márcia. *Amor concreto*. *Op. cit.*, p. 29.

(239) BEHR, Nicolas. *Brasília-z:* cidade palavra. Brasília: Teixeira Gráfica e Editora, 2014. p. 5.

(240) ZARUR, Márcia. *Amor concreto*. *Op. cit.*, p. 28.

O Lago Paranoá, o Parque da Cidade e as grandes áreas gramadas por entre as quadras se transformam em locais de lazer e de esporte, de encontro e arte, espaços públicos verdadeiramente usufruídos pela população.

Brasília é cosmopolita, integrada por mais de uma centena de embaixadas e aberta ao diálogo internacional, mas ao mesmo tempo mantém tradições interioranas, como as feiras livres espalhadas aos quatros cantos da cidade.

É região que pulsa e produz cultura, para muitos reconhecida como a "Capital do Rock", onde despontaram grandes nomes da cena artística brasileira, como a Banda Legião Urbana e seu memorável Renato Russo(241). Para outros, é a terra das rodas de choro, com destaque para o seu Clube do Choro, transformado em patrimônio imaterial da cultura do Distrito Federal em 2008.

É uma "cidade-invenção"(242), espaço fértil para a criatividade de tantos, com destaque para o plano urbanístico de Lúcio Costa, as obras famosas de Oscar Niemeyer, os azulejos, pinturas e desenhos de Athos Bulcão e o paisagismo de Roberto Burle Marx. É também espaço dos candangos, "figuras capilares" da cidade que mobilizaram esforços e suores na "argamassa da construção"(243) e dos tantos imigrantes que por aqui fincaram a vida para construir o presente. É ainda lugar dos que na capital nasceram, já enraizados.

E o que mais importa, "mesmo tão planejada, Brasília também comporta uma *geografia íntima*"(244), revelada pela mistura rica e diversificada

---

(241) ZARUR, Márcia. *Amor concreto*. *Op. cit.*, p. 32-33.
(242) *Ibidem*, p. 58-59.
(243) BRACHER, Carlos. *Bracher Brasília:* 50 anos de pintura de Bracher/50 anos da construção de Brasília. Carlos Bracher; instalações, obras de Fani Bracher; fotografia Sérgio Silva Pereira, Cristiano Quintino. Belo Horizonte: Rona, 2007. p. 37.
(244) SILVA, Marcos Fabrício Lopes da. O historiador poético. *In*: BEHR, Nicolas. *Brasília-z*: cidade palavra. Brasília: Teixeira Gráfica e Editora, 2014. p. 8. (grifos no original).

de culturas, hábitos, sotaques e crenças, numa verdadeira "síntese" do que é o Brasil hoje. Por isso, se faz uma "cidade-gente"(245).

E é no coração do cerrado que a vida corre desde 2009, quando passei a morar definitivamente em Brasília com minha família.

4.3. Viver a UnB: a tessitura de novos repertórios

No planejamento da cidade imaginada, houve a proposta de construção de uma Universidade Pública gratuita, inclusiva, diversa e democrática, fundada no processo de emancipação social, capaz de reinventar o conceito de excelência acadêmica e de revolucionar o ensino superior brasileiro, a *Universidade de Brasília – UnB.*

Idealizada pelo antropólogo Darcy Ribeiro e com planejamento pedagógico de Anísio Teixeira, a UnB sempre se fez lugar de resistência contra o obscurantismo, a ignorância e os preconceitos. Democraticamente ocupada pelas ciências, culturas e artes, "existe, resiste e se reinventa" desde os idos de 1962, ano da sua criação(246).

Sua tarefa precípua está fundada no "princípio do compromisso social do conhecimento realizado pela Universidade"(247), capaz de ultrapassar os bancos acadêmicos para se fazer universal. Ou seja, conforme idealizou Darcy Ribeiro:

---

(245) ZARUR, Márcia. *Amor concreto. Op. cit.*, p. 29.

(246) MOURA, Márcia Abrahão. Existir, resistir e reinventar: verbos intransitivos. *In*: *Revista Humanidades. Existindo, resistindo e reinventando*: Universidades públicas no Brasil atual. Universidade de Brasília. n. 65, dez. 2021. p. 6-9; MOURA, Márcia Abrahão; NOGUEIRA, Mônica. As universidades e seu papel para a promoção da cidadania e a defesa dos direitos fundamentais. *In*: SOUSA JÚNIOR, José Geraldo [*et al.*] (Org.). *O direito achado na rua:* introdução crítica ao direito como liberdade. Brasília: OAB Editora; Editora Universidade de Brasília, 2021. p. 27-31.

(247) SOUSA JÚNIOR, José Geraldo de. Territórios de conhecimentos e de intersubjetividades: um lugar social para a Universidade. *In*: *Revista Humanidades. Existindo, resistindo e reinventando*: Universidades públicas no Brasil atual. Universidade de Brasília. n. 65, dez. 2021, p. 17.

"uma universidade que tenha o inteiro domínio do saber humano e que o cultive não como um ato de fruição erudita ou de vaidade acadêmica, mas com o objetivo de, montada nesse saber, pensar o Brasil como problema"(248).

Mobilizada pelos ideais de fundação da UnB, integrei-me ao corpo docente com o olhar atento e humildade para aprender com grandes professores da *Faculdade de Direito*, que no conjunto criaram iniciativas generosas e projetos engrandecedores em suas respectivas áreas de formação, no espaço da própria Faculdade e em outras diversas instâncias universitárias.

Desde a chegada, para ampliar o repertório no campo do Direito do Trabalho e melhor me inteirar das novas formas de conhecer e ensinar o Direito, passei a acompanhar atentamente as produções teóricas do *Direito Achado na Rua*, da Faculdade de Direito da UnB, apesar de não ter me integrado ao projeto em sua dimensão prática.

A origem do Direito Achado na Rua remonta à proposta vislumbrada por Roberto Lyra Filho para a construção de uma "nova concepção do Direito que emerge das ruas, como espaço concreto de manifestação e metaforizada enquanto esfera pública democrática"(249).

Esta corrente crítica do Direito brasileiro, que reconhece e valoriza "o protagonismo instituinte da cidadania ativa e dos movimentos

---

(248) RIBEIRO, Darcy. *Apud:* SOUSA JÚNIOR, José Geraldo de. Territórios de conhecimentos e de intersubjetividades: um lugar social para a Universidade. *In*: *Revista Humanidades. Existindo, resistindo e reinventando*: Universidades públicas no Brasil atual. Universidade de Brasília. n. 65, dez. 2021, p. 17.

(249) SOUSA JÚNIOR, José Geraldo [*et al.*]. Introdução: O Direito Achado na Rua 30 Anos. *In*: SOUSA JÚNIOR, José Geraldo [*et al.*] (Org.). *O Direito Achado na Rua:* introdução crítica ao direito como liberdade. Brasília: OAB Editora; Editora Universidade de Brasília, 2021. p. 20; LYRA FILHO, Roberto. Humanismo dialético. *Revista Direito e Avesso*. Boletim da Nova Escola Jurídica Brasileira, Brasília, n. 3, 1983.

sociais no processo legítimo de criação autônoma de direitos", ganhou força e fôlego, em amplitude e profundidade, com a atuação de vanguarda do *Professor Dr. José Geraldo de Souza Júnior*(250).

A concepção político-jurídica de cidadania, "entendida como a possibilidade de colocar no social novos sujeitos que criam direitos"(251), e que também os disputam, me parece ser um importante ponto de convergência entre o *Direito Achado na Rua*, da Faculdade de Direito da UnB, e o *Programa Polos de Cidadania*, da Faculdade de Direito da UFMG.

Na interlocução das pesquisas do Direito Achado na Rua especificamente com o Direito do Trabalho, concentro-me, em particular, nas reflexões travadas sobre as dinâmicas dos movimentos sociais e a importância da atuação dos diversos sujeitos coletivos na "deliberação político-constitutiva dos direitos na sociedade, através das diversas formas de formulação, mobilização e reinvindicação de direitos", enquanto agentes políticos criativos do curso democrático(252).

Em igual medida, desde que me integrei à Faculdade de Direito da UnB, tenho empenhado esforços para pensar o Direito Constitucional e o Direito do Trabalho estreitamente vinculados, e refletir sobre o Direito Constitucional do Trabalho e o exercício de suas práticas, num panorama que permita visualizar as múltiplas dimensões do trabalho, do emprego e do Direito do Trabalho, a partir do plexo protetivo imprimido pela Constituição Federal de 1988.

---

(250) SOUSA JÚNIOR, José Geraldo [*et al.*]. Introdução: O Direito Achado na Rua 30 Anos. *In*: SOUSA JÚNIOR, José Geraldo [*et al.*] (Org.). *O direito achado na rua:* introdução crítica ao direito como liberdade. *Op. cit.,* p. 25.
(251) SOUSA JÚNIOR, José Geraldo. *Direito com que Direito. Memorial para progressão ao cargo de professor titular.* Brasília, 2022. p. 20.
(252) SOUSA JÚNIOR, José Geraldo [*et al.*]. Introdução: O Direito Achado na Rua 30 Anos. *In*: SOUSA JÚNIOR, José Geraldo [*et al.*] (Org.). *O direito achado na rua:* introdução crítica ao direito como liberdade. *Op. cit.,* p. 24.

Nesse sentido, foi fundamental acompanhar as reflexões do *Professor Dr. Menelick de Carvalho Netto* e do *Professor Dr. Cristiano Paixão* sobre temporalidade, constitucionalismo e direitos fundamentais[(253)].

Em suas pesquisas, Menelick de Carvalho Netto indica que a Constituição, enquanto prática interpretativa, não se faz limitada e imutável no tempo, pois se constitui enquanto processo naturalmente dinâmico, de constante transformação e refinamento. Esta relação da Constituição com o tempo revela a "plasticidade inerente à formalidade constitucional", condição que requer a permanente abertura da identidade do sujeito constitucional, mediante a densificação e concretização dos direitos fundamentais, numa dinâmica que reconheça a Constituição necessariamente como um processo aberto, plural, complexo e integrativo de direitos[(254)]. Nesse sentido, pontua:

> "A Constituição, do mesmo modo que o Direito, deve ser compreendida como uma conquista evolutiva, sobretudo no nível formal, consubstanciando-se no documento *basilar* de uma sociedade em permanente crescimento de complexidade. Assim, importa reconhecer que ela só pode regular o presente de forma aberta para o futuro (...)"[(255)].

Ao enfocar vários desdobramentos da temporalidade do Direito no porvir da prática constitucional, também reconhece a cidadania enquan-

---

(253) No conjunto, consultar: CARVALHO NETTO, Menelick de. Temporalidade, constitucionalismo e democracia. *In*: *Revista Humanidades. Presente Tempo Presente*. Universidade de Brasília. n. 58, jun. 2011. p. 32-43; CARVALHO NETTO, Menelick de; SCOTTI, Guilherme. O direito do trabalho e o Estado Democrático de Direito: o individual e o coletivo no exercício da autonomia do trabalhador. *In*: DELGADO, Gabriela Neves; PEREIRA, Ricardo Macêdo de Britto (Coord.). *Trabalho, constituição e cidadania*. São Paulo: LTr, 2014. p. 168-175; CARVALHO NETTO, Menelick de; SCOTTI, Guilherme. *Os direitos fundamentais e a (in)certeza do direito:* a produtividade das tensões principiológicas e a superação do sistema de regras. Belo Horizonte: Fórum, 2011; PAIXÃO, Cristiano. *Modernidade, tempo e direito*. Belo Horizonte, Del Rey, 2002.

(254) CARVALHO NETTO, Menelick de. Temporalidade, constitucionalismo e democracia. *In*: *Revista Humanidades. Presente Tempo Presente. Op. cit.*, p. 37-38.

(255) *Ibidem*, p. 37. (grifos nos originais).

to espaço aberto e de permanente disputa, de uma sociedade complexa "que só se reproduz produzindo mudança, incorporando riscos"(256).

Sobre os caminhos percorridos pela teoria da interpretação jurídica na linha dos direitos fundamentais, sustenta "a abertura simultânea da Constituição tanto para o futuro quanto para a reconstrução do passado"(257). Ou seja, a Constituição é presença em sua forma vívida, só empreendendo sentido se for interpretada, articulada e dinamizada no tempo.

Particularmente considero que as reflexões de Menelick de Carvalho Netto acerca dos potenciais e riscos da dimensão temporal do Direito, sobretudo quanto ao Direito Constitucional e aos direitos fundamentais, são importante reforço teórico para a compreensão do direito fundamental ao trabalho digno em seu pressuposto de proteção constitucional de todo e qualquer trabalhador, em perspectiva inclusiva e abrangente, pela via da universalidade dos direitos fundamentais enquanto prática de cidadania, a despeito das possibilidades de modificações entremeadas pelo tempo no real do trabalho. Por isso, não é apropriado pensar em fragmentos de proteção ao trabalho no Texto Constitucional de 1988, o que implicaria desinteirar o sistema justrabalhista constitucionalizado vigente(258).

Esta interpretação, alinhada à matriz humanista e social da Constituição de 1988, é, portanto, decisiva para demarcar a centralidade do trabalho enquanto direito fundamental e "categoria constitucional de inclusão"(259), sempre capaz de receber novos sentidos e contínuas

---

(256) CARVALHO NETTO, Menelick de. Temporalidade, constitucionalismo e democracia. *In*: *Revista Humanidades. Presente Tempo Presente. Op. cit.*, p. 42.

(257) CARVALHO NETTO, Menelick; SCOTTI, Guilherme. *Os direitos fundamentais e a (in) certeza do direito:* a produtividade das tensões principiológicas e a superação do sistema de regras. Belo Horizonte: Fórum, 2011. p. 16-17.

(258) DELGADO, Gabriela Neves. *Direito fundamental ao trabalho digno*. 2. ed. São Paulo: LTr, 2015.

(259) Conforme tese de Noemia Porto. A respeito, consultar: PORTO, Noemia. *O trabalho como categoria constitucional de inclusão*. São Paulo: LTr, 2013. p. 184.

ressignificações, num processo que "jamais pode se concluir, se fechar, sob pena de se transformar no oposto do constitucionalismo"[(260)].

Para minha honra, alguns meses após minha chegada, fui convidada por um grupo de intelectuais do Direito da UnB envolvidos com pesquisas no campo do Direito Constitucional, entre professores e alunos do Programa de Pós-Graduação, para uma reunião com o objetivo de estruturar um Grupo de Pesquisa em Direito Constitucional do Trabalho, até então inexistente na Faculdade.

Aquela me pareceu uma oportunidade única de integração de diferentes perfis de pesquisadores, em ponto de contato para assegurar reflexões direcionadas à práxis constitucional, proporcionando movimentos de união e visibilidade em torno do Direito do Trabalho.

Éramos oito pessoas – *Cristiano Paixão; Menelick de Carvalho Netto; Marthius Sávio C. Lobato; Noemia Porto; Paulo Henrique Blair; Ricardo José Macêdo de Brito Pereira; Ricardo Lourenço Filho* e eu –, todos mobilizados na busca de uma associação intelectual e orgânica para validação e revisão epistemológica do Direito do Trabalho na Faculdade de Direito da UnB, embasada na teoria contemporânea dos direitos fundamentais, a partir da compreensão da Constituição Federal de 1988 como base de unidade e expressão da diversidade das relações de trabalho no Brasil.

Aquele encontro foi o gérmen para a estruturação do *Grupo de Pesquisa Trabalho, Constituição e Cidadania* (UnB/CNPq), que desde a sua fundação, em meados de 2010, marcou indelevelmente minha atuação e produção acadêmica, nos planos epistemológico, jurídico e político.

As memórias da atuação institucional do *Grupo de Pesquisa Trabalho, Constituição e Cidadania* serão detalhadas no Tópico 4.7.5., deste livro.

---

(260) CARVALHO NETTO, Menelick de. Temporalidade, constitucionalismo e democracia. *In*: *Revista Humanidades. Presente Tempo Presente. Op. cit.*, p. 38.

4.4. A Trilha Universitária na UnB: esclarecimentos preliminares

Em 2009, apresentei projeto de dedicação exclusiva à Direção da *Faculdade de Direito da UnB*, com o propósito de atuar nas diversas frentes universitárias: ensino, pesquisa, extensão e gestão acadêmica. Firmei o compromisso de ensinar, pesquisar e atuar no Direito do Trabalho, sob a inspiração do constitucionalismo humanista e social e de seu paradigma do Estado Democrático de Direito.

Para facilitar a exposição da trilha universitária na UnB, o Capítulo IV será dedicado à narrativa da jornada acadêmica do período de 2009 a 2023, mediante análise descritiva e crítica, desenvolvida e organizada com base nos indicadores de desempenho universitário definidos e aprovados pela própria UnB.

Os indicadores se integram a três grandes grupos de atividades ("ensino", "pesquisa e extensão" e "gestão acadêmica"), com objetivo de evidenciar a participação docente na "construção institucional nos aspectos relacionados ao ensino, à pesquisa e à extensão e à gestão acadêmica" e atestar sua "inequívoca liderança acadêmica". Em vários momentos serão apontados projetos, atividades e produções científicas com componentes e interações em mais de um indicador, o que sinaliza para a imprescindível *atuação universitária em rede,* do que é tecido junto.

O catálogo completo de toda a produção acadêmica do período descrito segue devidamente registrado no *Curriculum Lattes*.

4.5. Atividades de Ensino

4.5.1. Atividades de Ensino no Nível de Graduação

Comecemos pelo início. Todo aluno inaugura sua vida universitária pela graduação. Todo professor também começa a carreira na universidade com atividades de ensino no nível de graduação.

O "coração da universidade" está no "bom ensino de graduação", já apontava *Padre Magela,* como era carinhosamente chamado pela comunidade acadêmica da PUC Minas, à época em que foi Reitor da Instituição e que por lá lecionei.

Destacado estudioso da educação superior e com grande talento para a gestão universitária, assim refletia:

> "Sabemos todos que uma boa universidade se assenta no tripé *ensino, pesquisa* e *extensão,* que se articulam e interdependem. É certo que não há universidade digna deste nome sem pesquisa institucionalizada, sobretudo em programas de mestrado e doutorado. Como também claudica a instituição que não busca conferir a qualidade do seu ensino nos serviços (extensão) à comunidade. Mas se me perguntarem onde está o coração da universidade, sem o qual lhe faltam vida e seiva, responderia que está no bom ensino de graduação. É claro que o ensino de graduação só é bom se não faltam aos alunos iniciação científica (pesquisa) e articulação com a comunidade (extensão). São complementos indispensáveis, mas permanece a graduação como a base de tudo"[(261)].

Retomarei aqui alguns de seus ensinamentos a respeito dos pilares da educação superior, na perspectiva da graduação, que suponho imprescindíveis para que o ensino seja encaminhado sob as bases de uma educação orquestrada.

O ensino da graduação está naturalmente associado ao ciclo profissionalizante. A fim de que esta etapa se integralize, é fundamental que as aulas sejam contextualizadas e concatenadas a outras disciplinas do

---

(261) TEIXEIRA, Geraldo Magela. *Compromisso com a educação:* humanismo, paixão e êxito. Belo Horizonte: Veredas & Cenários, 2008. p. 135. (grifos nos originais).

curso, encadeadas ao longo do tempo, capazes de conectar os alunos em ambientes de sociabilidade, levando-os a refletir, dialogar e articular o conteúdo programático, a partir dos temas, bibliografias e autores propostos.

De igual modo é preciso garantir que o Projeto Político-Pedagógico do curso assegure um currículo equilibrado e atualizado, mas simultaneamente flexível, de modo a oportunizar aos alunos autonomia para eleger disciplinas optativas na composição de sua formação básica – para além dos conteúdos obrigatórios, é claro –, numa dinâmica capaz de transformar a graduação num "percurso" de formação[(262)].

O papel do professor é de destacada importância no ensino da graduação, seguramente decisivo no processo de aprendizagem e das bases do conhecimento dos alunos, sobretudo se considerado que eles não chegam prontos na universidade, e que seguem em contínuo processo de formação. Por isso, a graduação precisa contar com professores qualificados, mas, sobretudo, vocacionados para exercerem a missão de educar[(263)].

Vale relembrar que "*educação e ensino não são a mesma coisa*, e os dois termos não devem ser usados um pelo outro, pois se a educação pode e deve incluir o ensino, nem sempre ensinar é educar"[(264)].

Educar é um ato de respeito, é instrumento para dar potência ao outro e alcançá-lo onde ele estiver, afinal, *todo aluno é um universo em expansão*.

> "A educação, portanto, compreende os caminhos para o exercício da cidadania, para o desenvolvimento das potencialidades de cada pessoa, a preparação das mentes e das

---

(262) TEIXEIRA, Geraldo Magela. *Compromisso com a educação:* humanismo, paixão e êxito. Belo Horizonte: Veredas & Cenários, 2008. p. 135. (grifos nos originais).
(263) *Ibidem*, p. 130 e 199.
(264) *Ibidem*, p. 195. (grifos nos originais).

habilidades para o trabalho, para o convívio civilizado com todos os homens e o preparo dos jovens e adultos para o serviço da 'cidade', isto é, *sua participação na transformação do mundo*"(265).

Na graduação, os processos de ensino-aprendizagem de um professor-educador partem da sala de aula e se avolumam por outros espaços de formação, institucionais ou não, o que *Padre Magela* denominou de "sala de aula ampliada"(266). É que, por definição, a sala de aula tem que ser uma janela aberta para a realidade.

Como aluna do PPGD da PUC Minas, lembro-me particularmente do *Professor Dr. Márcio Túlio Viana,* que desde sempre arejou o conceito de sala de aula. Não raras as vezes, sob sua batuta, saíamos para estudar Direito do Trabalho nas ruas, museus e jardins da Universidade. Inspirada no mestre, em alguns momentos, já como professora, também ultrapassei o perímetro da sala de aula, levando os alunos da graduação a sindicatos, museus, fóruns e tribunais.

Essa noção de *sala de aula viva e aberta* – qualquer que seja seu formato – se completa com a figura de um professor empenhado a exercer uma *liderança humanizadora,* no sentido de ser capaz de conhecer seus alunos pelo nome; de estar disposto a sanar dúvidas e curiosidades, sem encurtar o tempo da sala de aula; de observar atentamente para capturar impressões e assim ajudar a costurar ideias e refinar conceitos, como bem exemplificou Padre Magela(267).

Há de se lembrar, ainda, que lideranças não se concretizam apenas nos *espaços de fala,* mas em igual medida nos *espaços de escuta,* com

---

(265) TEIXEIRA, Geraldo Magela. *Compromisso com a educação:* humanismo, paixão e êxito. Belo Horizonte: Veredas & Cenários, 2008. p. 195. (grifos nos originais).
(266) *Ibidem,* p. 207.
(267) *Ibidem,* p. 189.

silêncio e atenção, para que seja possível "localizar o que alguém precisa, quer ou o que a situação simplesmente exige"(268). Ou seja, *abrir os olhos para o outro e para o entorno.*

Enfim, todo esse movimento do educar e do ensinar reforça o compromisso do professor com o estudante em seu processo de formação, o que se torna um desafio em tempos tão acelerados e de tamanha fragilidade dos laços humanos(269).

Em meados de setembro de 2009, quando me integrei à Faculdade de Direito, o semestre já estava em curso. Diante disso, assumi as primeiras atividades de ensino na graduação apenas quando convocada para substituir uma colega professora, sem que houvesse registro no sistema nesse sentido. A partir do primeiro semestre de 2010, assumi e me responsabilizei por duas turmas da graduação, por todo o período letivo, em observância ao calendário universitário.

Desde então, sigo firme na docência em Direito do Trabalho na UnB, tendo a honrosa oportunidade de compartilhá-la com algumas das gerações de professores efetivos da área. Entre os Professores que lá exerceram o magistério, lembro-me respeitosamente de *Carlos Alberto Reis de Paula*; *Victor Russomano Júnior* (em memória) e *João Oreste Dalazen* (em memória). Do grupo que está ativo, destaco e homenageio os *Professores Adjuntos Érica Fernandes Teixeira*; *Wilson Roberto Theodoro Filho*; *Renata Queiroz Dutra* e *Antônio Escrivão Filho.*

Em observância aos registros da Secretaria de Administração Acadêmica (SAA) da UnB, no prazo de 13 anos (2010-2023), lecionei uma série de disciplinas na graduação, distribuídas entre as seguintes ma-

---

(268) DUNKER, Christian; THEBAS, Cláudio. *O palhaço e o psicanalista:* como escutar os outros pode transformar vidas. 2. ed. São Paulo: Planeta, 2021. p. 85-86.

(269) A respeito, consultar: BAUMAN, Zygmunt. *Amor líquido:* sobre a fragilidade dos laços humanos. Rio de Janeiro: Jorge Zahar Editor, 2004; BAUMAN, Zygmunt. *O mal-estar da pós-modernidade.* Rio de Janeiro: Jorge Zahar Editor, 1999; TEIXEIRA, Geraldo Magela. *Compromisso com a educação:* humanismo, paixão e êxito. *Op. cit.*, p. 170.

térias: Direito do Trabalho, Direito Coletivo do Trabalho, Legislação Social, Exame de Proficiência, Estágio e Atualização e Prática do Direito.

A disciplina *Direito do Trabalho*, obrigatória no Curso de Direito, tem por objetivo apresentar os fundamentos doutrinários, normativos e jurisprudenciais do Direito do Trabalho, em suas diversas dimensões, com ênfase para a evolução histórica, elementos constitutivos, paradigmas e perspectivas, sujeitos da relação de emprego, contrato de trabalho e direitos trabalhistas.

A disciplina *Direito Coletivo do Trabalho*, também obrigatória para o Curso de Direito, franqueia aos alunos o conhecimento dos princípios, regras e institutos próprios do Direito Coletivo do Trabalho, a partir da Constituição e da legislação trabalhista, com destaque para os seguintes temas: sindicatos (histórico, desenvolvimento e estrutura sindical brasileira); negociação coletiva (definição, natureza, características e efeitos jurídicos próprios); direito de greve e conflitos coletivos de trabalho.

A disciplina *Legislação Social* tem por objetivo assegurar aos alunos noções básicas e introdutórias de Direito do Trabalho, do Sistema de Seguridade Social brasileiro e do Direito Previdenciário.

O *Exame de Proficiência*, obrigatório para o Curso de Direito, consiste em avaliação criteriosa, seletiva e crítica das disciplinas lecionadas ao longo da graduação, visando à análise do desempenho discente e à fixação de conteúdo. Ficará a cargo do professor responsável pelo Exame de Proficiência a elaboração da prova.

A disciplina *Estágio 4*, obrigatória para o Curso de Direito, procura integrar aspectos teóricos e práticos em Direito do Trabalho e Processo do Trabalho, procurando estimular os alunos a uma análise crítica de suas categorias constitutivas, a fim de propiciar uma formação adequada da prática profissional trabalhista.

A disciplina *Atualização e Prática do Direito*, optativa para o Curso de Direito, tem por objetivo complementar a formação básica, de conteúdo obrigatório para o estudante, de modo a lhe oportunizar a vinculação a disciplinas adequadas ao seu perfil, particularidades e percurso profissional almejado. É também espaço apropriado para avanço e aprofundamento teórico, com maior trânsito para a articulação de pesquisas de autores brasileiros e estrangeiros, no campo da interdisciplinaridade.

Na tentativa de explorar algumas das temáticas candentes do Direito do Trabalho, especialmente em seus diálogos e intersecções com a Sociologia do Trabalho e a Psicodinâmica do Trabalho, desde a minha integração à Faculdade de Direito da UnB procurei ofertar *disciplinas optativas* para a graduação, sem descurar das disciplinas obrigatórias.

Na medida do possível, e sem me afastar da liderança da sala de aula, procuro *trabalhar em equipe*. Nas disciplinas obrigatórias, franqueio espaço para receber estagiários de docência e monitores sob minha orientação direta, para acompanhamento diário das aulas, oferecendo-lhes múltiplas condições de aprendizagem. Nas disciplinas optativas, busco integrar colegas professores, orientandos da Pós-Graduação e membros do *Grupo de Pesquisa Trabalho, Constituição e Cidadania*, diversificando o percurso das aulas e seu potencial reflexivo.

Em todo caso, para além do conteúdo programático proposto, há abertura real para análise e debate de temas do Direito do Trabalho que se mostram urgentes no diálogo científico e profissional, como foi o caso da promulgação da Reforma Trabalhista da Lei n. 13.467/2017, por exemplo.

Do conjunto das disciplinas lecionadas neste percurso, destacarei algumas que repercutiram em outros indicadores e resultados acadêmicos, para além das atividades de ensino na graduação.

No segundo semestre de 2016, ofertei a disciplina optativa "Jurisdição Trabalhista e Previdenciária nos Tribunais Superiores", integrada ao Projeto de Extensão "Jurisdição Trabalhista e Previdenciária nos Tribunais Superiores", instituído em 2015, pelo *Grupo de Pesquisa Trabalho, Constituição e Cidadania*, sob minha coordenação. Este projeto permanece em curso. Seus detalhes serão apresentados no Tópico 4.7.9, deste livro.

A disciplina optativa "Jurisdição Trabalhista e Previdenciária nos Tribunais Superiores" foi coordenada por mim em conjunto com ampla equipe de trabalho, contando com a participação de colegas professores, membros do *Grupo de Pesquisa Trabalho, Constituição e Cidadania* e orientandos da Pós-Graduação. Foram eles: *Felipe Vasconcelos Benício Costa; Juliana Alvarenga da Cunha; Lucas Augusto de Melo Santos; Marthius Sávio Cavalcante Lobato; Noa Piatã Bassfeld Gnata; Rodrigo Leonardo de Melo Santos; Virna Rebouças Cruz* e *Wilson Roberto Theodoro Filho*.

A disciplina teve por objetivo geral preparar os alunos para a prática trabalhista e previdenciária nos Tribunais Superiores, mediante desenvolvimento de raciocínio crítico, pautado em estudo de caso, a partir da exposição introdutória e sintetizadora das premissas teóricas e referências jurisprudenciais da situação concreta em análise, com suporte no constitucionalismo contemporâneo, no direito e processo do trabalho e na jurisprudência brasileira.

As aulas foram estruturadas em torno de dois eixos temáticos. O primeiro deles objetivava a seleção, acompanhamento e pesquisa, em abstrato, de casos relevantes em trâmite nos Tribunais Superiores brasileiros, preferencialmente no STF e no TST, para eventual atuação judicial na qualidade de *Amicus Curiae*. O segundo eixo ambicionava prestar serviços de representação e assessoramento jurídico junto aos Tribunais Superiores e a núcleos de práticas jurídicas que firmassem instrumentos normativos com a UnB ou da própria universidade.

Os alunos foram avaliados pelos seguintes quesitos: presença e participação em sala de aula; pesquisa e elaboração de parecer jurídico sobre cada tema objeto de estudo; elaboração de minutas de peças processuais e acompanhamento presencial nos Tribunais Superiores.

Os resultados da disciplina impressionaram. Os alunos da graduação tiveram a oportunidade de estudar e efetivamente acompanhar o *Grupo de Pesquisa Trabalho, Constituição e Cidadania* na atuação nos processos abaixo listados.

No Tribunal Superior do Trabalho, acompanhamos e atuamos no RR–243000-58.2013.5.13.0023 (Recurso de Revista Repetitivo), sobre o debate a respeito da configuração de dano moral em função da exigência de apresentação de certidão de antecedentes criminais pelos candidatos a emprego, com relatoria do Ministro João Oreste Dalazen.

Tive a oportunidade de representar o *Grupo de Pesquisa Trabalho, Constituição e Cidadania,* na condição de *Amicus Curiae,* em sustentação oral no TST. Foi a primeira vez que um Grupo de Pesquisa de Direito do Trabalho atuou como *Amicus Curie* no TST. Feito inédito, muito comemorado.

Em seguida, os alunos contribuíram na elaboração dos memoriais, e participaram diretamente da entrega do documento a Ministros da Corte, nas audiências agendadas para tanto.

O acórdão com o voto do Ministro Relator trouxe oito citações nominais da minha atuação na sustentação oral, mediante representação do *Grupo de Pesquisa Trabalho, Constituição e Cidadania.* A tese defendida pelo Grupo de Pesquisa foi parcialmente acatada.

No TST, também acompanhamos o AR-4101-36.2015.5.00.0000, referente à possibilidade de dispensa imotivada de empregados de sociedade de economia mista prestadora de serviço público, com elaboração de memoriais e acompanhamento no Tribunal.

No Supremo Tribuna Federal, solicitamos a participação do *Grupo de Pesquisa Trabalho, Constituição e Cidadania* como *Amicus Curiae* na ADI 5326 referente à fixação de competência da Justiça do Trabalho ou da Justiça Comum para expedir autorização para trabalho artístico e desportivo de crianças e adolescentes.

O relator foi o Ministro Marco Aurélio, que indeferiu todos os pedidos de *Amicus Curie*, inclusive o do Grupo de Pesquisa. Ainda assim, preparamos memoriais sobre o tema da ação, contando com a participação direta dos alunos da graduação. Tivemos a oportunidade de entregá-lo diretamente à Ministra Rosa Weber, em audiência agendada para tanto, contando com a participação dos alunos, que lá estiveram experimentando a figura da "sala de aula ampliada" em vários sentidos.

No primeiro semestre de 2018, ofertei a disciplina obrigatória "Direito do Trabalho" para os alunos da graduação. Aquele foi um momento particularmente delicado para a condução da matéria, porque a Lei n. 13.467/2017, reconhecida por Lei da Reforma Trabalhista, implementou mais de uma centena de alterações na Consolidação das Leis do Trabalho (CLT), no conjunto refratárias dos postulados centrais da Constituição Federal de 1988 (como a concepção de Estado Democrático de Direito, a principiologia humanística e social e o conceito de direitos fundamentais da pessoa humana), esvaziando sobremaneira o sistema normativo de tutela justrabalhista.

Em meio ao estudo objetivo e prático dos dispositivos componentes da Lei n. 13.467/2017 no campo do Direito Individual do Trabalho, e com o avanço das discussões e diálogos na turma da graduação, resolvemos elaborar um livro coletivo para sistematizar a aprendizagem da sala de aula e divulgar o conhecimento científico dos bancos universitários da Faculdade de Direito da UnB.

Assim, sob minha coordenação, foi publicado o livro "A Reforma Trabalhista no Brasil: reflexões de estudantes da graduação do curso de direito da UnB", em plataforma virtual, com investigações críticas e propositivas dos discentes da graduação daquele semestre letivo, sobre a reforma trabalhista promovida pela Lei n. 13.467/2017. Os alunos *Agenor Gabriel Chaves Miranda* e *Marcelo Alves Vieira* se responsabilizaram pela diagramação da obra e a aluna *Nathálya Oliveira Ananias* pela elaboração da capa(270).

No conjunto, foram selecionados doze artigos científicos direcionados à análise deste período de refluxo no sistema jurídico brasileiro de proteção ao trabalho humano, destacados pontos fundamentais de ruptura ou fragilização de direitos promovido pela reforma trabalhista, sempre considerando a Constituição Federal de 1988 como chave de leitura obrigatória.

O principal questionamento que mobilizou o grupo de estudantes foi o de se saber quais são e quais devem ser as telas de proteção social no Brasil após a promulgação da Lei n. 13.467/2017. Pensar como o Direito do Trabalho pode preservar seu compromisso de atuação como instrumento civilizatório, ao invés de mecanismo de exclusão e discriminação(271).

Com as zonas de tensão impostas pela Reforma Trabalhista em contraposição à Constituição de 1988, por todo o semestre letivo provoquei os alunos no sentido de *pensar o Direito do Trabalho como um campo de disputa em aberto*. Nesse sentido, reforcei a importância da interpretação jurídica e do controle de constitucionalidade para a mais adequada e técnica aplicação da Lei n. 13.467/2017 e do sentido das expressões normativas lá prescritas. Em acréscimo, também destaquei o valor das mobilizações coletivas e da luta de classes, como meio histórico para conquista e efetivação dos direitos fundamentais trabalhistas.

---

(270) DELGADO, Gabriela Neves (Org.). *A reforma trabalhista no Brasil:* reflexões de estudantes da graduação do curso de Direito da Universidade de Brasília. Brasília: Universidade de Brasília, Faculdade de Direito, 2018. Livro disponível online: https://tinyurl.com/y9kn5gjf. ISBN 978-85-87999-08-5.

(271) DELGADO, Gabriela Neves. *Apresentação*. *In*: DELGADO, Gabriela Neves (Org.). *A reforma trabalhista no Brasil:* reflexões de estudantes da graduação do curso de Direito da Universidade de Brasília. Brasília: Universidade de Brasília, Faculdade de Direito, 2018. p. 1.

No segundo semestre de 2020, no auge da pandemia da Covid-19, ofertei a disciplina optativa "Direito do Trabalho em Tempos de Pandemia", para a graduação, de forma remota, com dinâmicas de aprendizagem intercaladas por atividades síncronas e assíncronas. Nesse sentido, além das aulas virtuais, foram indicados textos de leitura obrigatória para fins de complementação do conteúdo programático proposto.

A disciplina contou com equipe de trabalho integrada pelas *Professoras Dras. Lívia Mendes Moreira Miraglia* (Universidade Federal de Minas Gerais – UFMG) e *Vanessa Vieira Pessanha* (Universidade do Estado da Bahia – UNEB), ambas sob minha supervisão no Pós-Doutorado, e pelas mestrandas *Ana Luísa Gonçalves Rocha, Luísa Nunes de Castro Anabuki* e *Raianne Liberal Coutinho*, todas sob minha orientação no PPGD da UnB.

O objetivo geral da disciplina foi o de promover reflexões jurídicas críticas, interdisciplinares e sistematizadas sobre o Direito do Trabalho em tempos de pandemia.

Os alunos foram avaliados pela presença e participação nas aulas virtuais e pela elaboração de artigo científico, considerada a capacidade de articulação teórica, crítica e interdisciplinar.

O programa foi estruturado em quatro unidades harmonicamente integradas à compreensão da pandemia enquanto crise multidimensional, o evento histórico mais impactante do século XXI, em suas duas primeiras décadas de existência.

A Unidade I ("Casa comum e bem-viver: parâmetros decoloniais para o mundo do trabalho") partiu dos desafios do período pandêmico para reforçar a necessidade de desenvolvimento de práticas de solidariedade coletivas e de responsabilidades compartilhadas, voltadas ao bem comum e à preservação do planeta, não como um ato restrito ao presente e às exigências e particularidades das gerações atuais, mas estendida no tempo, um contributo para as gerações vindouras e para a humanidade como um todo[(272)].

Em observância a parâmetros decoloniais do saber, partiu-se da compreensão ecológica de que vivemos numa "casa comum", o planeta Terra, lição tão cara aos indígenas, caiçaras, quilombolas e aborígenes, como bem retratou Ailton Krenak em seus estudos sobre as origens do desastre socioambiental do Antropoceno[(273)].

Assim, a partir do entendimento de que a natureza é ampla e que se expande pelo cosmos e por todos nós, contrapondo-se ao mito do progresso, tal qual engendrado pelo discurso neoliberal capitalista predominante, a disciplina avançou na busca de alternativas para se resgatar o sentido e as expressões de solidariedade.

A Unidade II ("Impactos da pandemia na civilização") percorreu o trajeto da pandemia, desde os primeiros alertas emitidos pela Organização Mundial de Saúde (OMS) sobre uma série de casos de "pneumonia de causa desconhecida", identificados em Wuhan, capital e maior cidade da província de Hubei, na China, passando pelas rotas de contágio, até o reconhecimento oficial da Covid-19 como a mais nova pandemia da história da humanidade[(274)].

Em sala de aula, avaliamos como a irrupção e o alastramento da pandemia escancararam as fragilidades e as injustiças do neoliberalismo, numa sociedade cujo alicerce é um "castelo de cartas", na linha

---

(272) A respeito, consultar o Capítulo 9 ("Ser solidário e parte do todo"), da obra DELGADO, Gabriela Neves; DELGADO, Mauricio Godinho. *O que nasce com a pandemia?* São Paulo: JusPodivm, 2022. p. 89-97.

(273) KRENAK, Ailton. *Ideias para adiar o fim do mundo*. 2. ed. São Paulo: Companhia das Letras, 2020. p. 16. Em complemento: BOFF, Leonardo. *Covid-19:* a Mãe Terra contra-ataca a humanidade: advertências da pandemia. Petrópolis, RJ: Vozes, 2020, Introdução e Primeira Parte, p. 07-55.

(274) A respeito, consultar o Capítulo 2 ("Século de assombros"), da obra DELGADO, Gabriela Neves; DELGADO, Mauricio Godinho. *O que nasce com a pandemia? Op. cit.,* p. 23-30.

formulada por Paolo Giordano[275]. Em acréscimo, estudamos as desigualdades sociais, especialmente em países do sul global, como o Brasil, que contribuíram imensamente para que a população empobrecida, vulnerável e às margens de um sistema regulado de proteção social estivesse altamente suscetível à contaminação[276].

Reforçamos a importância do planejamento de políticas públicas e de atuação em saúde pública como um campo biopolítico, ao invés de estritamente tecnocrático e gerencial, observadas as demandas, particularidades e necessidades regionais ou locais, por não ser cabível replicar intervenções padronizadas e homogêneas em saúde, do norte global para o sul global, como bem alertou Francisco Ortega[277].

Na Unidade III ("Impactos da pandemia no mundo do trabalho") estudamos algumas das formas mais frequentes de desigualdades sociais no contexto pandêmico, a partir da perspectiva das relações de trabalho, envolvendo as categorias de gênero, raça e classe social a ele imbricadas nos mais variados níveis e intensidade[278].

Tais articulações e interdependências contribuíram para a compreensão de que as desigualdades nas relações de trabalho são em regra sistêmicas e multidimensionais, providas por um conjunto de causas complexas e produtoras de impactos sociais diversificados, conforme destaca António Firmino da Costa[279].

---

(275) GIORDANO, Paolo. *No contágio*. Tradução de Davi Pessoa. Belo Horizonte: Editora Âyiné, 2020. p. 11.

(276) SANTOS, Boaventura de Sousa. *A cruel pedagogia do vírus*. São Paulo: Boitempo, 2020.

(277) ORTEGA, Francisco. *Lições do Brasil em saúde global em tempos de Covid-19*. Portal de Conferências da UnB. Disponível em: https://conferencias.unb.br/index.php/ftp/ftp/search/authors/view?firstName=Francisco&middleName=&lastName=Ortega&affiliation=%3Cspan%3EUniversidade%20do%20Estado%20do%20Rio%20de%20Janeiro%3C%2Fspan%3E&country=BR. Acesso em: 29 jan. 2021.

(278) A respeito, consultar o Capítulo 6 ("Desamparos no trabalho"), da obra DELGADO, Gabriela Neves; DELGADO, Mauricio Godinho. *O que nasce com a pandemia? Op. cit.*, p. 57-69.

(279) COSTA, António Firmino da. Desigualdades Globais. *In*: *Revista Sociologia, Problemas e Práticas*. n. 68. CIES – Centro de Investigação e Estudos de Sociologia. Editora Mundos Sociais, 2012. p. 9. Também sobre as desigualdades nas dimensões da vida social e no contexto do mundo

Aprofundamos os debates com o estudo da realidade brasileira e de suas práticas de dominação, exploração e organização do trabalho derivadas de um longo, intenso e virulento processo de acumulação capitalista, o denominado "sistema de metabolismo antissocial do capital", assim intitulado por Ricardo Antunes(280).

Na Unidade IV ("Lições para o mundo pós-coronavírus"), apontamos algumas "lições" para a crise da Covid-19 mobilizados pelas leituras de Edgar Moran e Yuval Noah Harari a respeito do tema(281). Finalmente, com Ricardo Antunes, reforçamos a necessidade de disputa de um "novo modo de vida", em contraposição à precariedade e à degradação do sistema capitalista, para nos imergirmos, ética e politicamente, no coletivo, e com pertencimento(282).

Lecionar a disciplina optativa "Direito do Trabalho em Tempos de Pandemia" para a graduação contribuiu em grande medida para que eu incorporasse correlações inovadoras sobre a temática da desigualdade social e a realidade brasileira, a partir de um espectro de leitura até então inexplorado. Esta disciplina também serviu de base para a elaboração da obra "O que nasce com a pandemia?", em coautoria com *Mauricio Godinho Delgado*, em 2022(283).

Para concluir, é fundamental registrar que o ensino para a graduação na pandemia foi um desafio. Nas aulas virtuais, os alunos pareciam particularmente exauridos. Havia mais silêncio do que o normal.

---

globalizado, consultar: REYGADAS, Luis. *La apropiación:* destejiendo las redes de la desigualdad. Rubí (Barcelona): Anthropos Editorial; México: Universidad Autónoma Metropolitana – Iztapalapa, 2008.

(280) ANTUNES, Ricardo. *Coronavírus:* o trabalho sob fogo cruzado. São Paulo: Boitempo, 2020.

(281) MORIN, Edgar. *É hora de mudarmos de via:* lições do coronavírus. [Tradução Ivone Castilho Benedetti]. Rio de Janeiro: Bertrand Brasil, 2020; HARARI, Yuval Noah. *Notas sobre a pandemia:* e breves lições para o mundo pós-coronavírus. São Paulo: Companhia das Letras, 2020. p. 59-97.

(282) ANTUNES, Ricardo. *Coronavírus:* o trabalho sob fogo cruzado. *Op. cit.*

(283) DELGADO, Gabriela Neves; DELGADO, Mauricio Godinho. *O que nasce com a pandemia?* São Paulo: JusPodivm, 2022.

Assim, ao longo das aulas, um tanto quanto preocupada com o grupo de alunos que estava sob minha responsabilidade, fui pensando estratégias diferentes de mobilização e de integração para aqueles que já carregavam tanto tempo de tela.

As turmas da graduação esquentavam aos poucos, no dia a dia dos encontros virtuais, mas apenas com muito estímulo. Neste processo, considerei vital estimular os alunos a fazerem uso da palavra falada e a comunicarem o que estudaram, dando voz às suas reflexões. Também demandava que as câmeras fossem ligadas, porque, com a ausência da imagem dos alunos, perdíamos os gestos mais humanos (como um sorriso fresco e um cenho fechado, por exemplo), o que me provocava grande desconforto. Atuei insistentemente nesta direção.

Apesar de segura da missão cumprida nas aulas à distância, sempre desligava o computador com a expectativa de voltar a conviver com os alunos na Universidade e poder abraçá-los nos corredores da Faculdade de Direito.

Enfim, a dinâmica das aulas virtuais reforçou a compreensão de que *educar e ensinar não podem ser tarefas repetitivas, burocráticas e aceleradas. Pelo contrário, são experiências artesanais, construídas em aulas-ateliês, no tempo largo da vida.*

4.5.2. O Credenciamento no Programa de Pós-Graduação da Faculdade de Direito

Em 2010, fui credenciada como professora orientadora do Programa de Pós-Graduação em Direito da UnB. Em cumprimento às exigências formais de credenciamento, apresentei ao Colegiado do PPGD: *curriculum lattes* atualizado, projeto de pesquisa integrado às linhas "Constituição e Democracia: Teoria, História, Direitos Fundamentais e Jurisdição Constitucional" e "Globalização, Transformações do Direito e Ordem Econômica", além de formulário de produção acadêmica, conforme critérios de pontuação fixados pelo próprio Programa.

Naquela época, não havia uma linha específica de pesquisa em Direito do Trabalho, por isso me integrei originalmente às linhas "Constituição e Democracia: Teoria, História, Direitos Fundamentais e Jurisdição Constitucional" e "Globalização, Transformações do Direito e Ordem Econômica".

Desde aquele primeiro momento constatei uma fragilidade na estrutura desenhada no Programa, em particular no que se referia à falta de espaço institucional para orientações sistemáticas na área do Direito do Trabalho, pela ausência de uma linha de pesquisa objetivamente estruturada para tanto. Comecei, então, a mobilizar esforços para estruturar uma linha de pesquisa em Direito do Trabalho, com o objetivo maior de colocar o PPGD da UnB no mapa como uma grande referência de pesquisa em Direito Constitucional do Trabalho. Passei a trabalhar fortemente nessa direção.

No PPGD, inaugurei campo de orientações contínuas em Direito Constitucional do Trabalho, demarcadas pelo projeto de pesquisa "Estado Democrático de Direito no Brasil: a dimensão sociotrabalhista da matriz constitucional de 1988", vinculado ao meu pedido de credenciamento, e pela tese do direito fundamental ao trabalho digno, referência constitutiva das minhas escolhas temáticas e objetivos de pesquisa desde o doutorado. Todas as disciplinas lecionadas na pós-graduação também foram guiadas por estes direcionamentos.

O projeto de pesquisa "Estado Democrático de Direito no Brasil: a dimensão sociotrabalhista da matriz constitucional de 1988" objetiva analisar os parâmetros para a proteção ao trabalho no Brasil, considerados os pilares da Constituição de 1988, estruturalmente vinculados entre si: a arquitetura de um Estado Democrático de

Direito; a principiologia humanística e social do texto constitucionalizado e o plexo de direitos fundamentais da pessoa humana.

Estes referenciais são imprescindíveis para a compreensão da estrutura e dinâmica do Direito do Trabalho e do percurso de regulação social e institucional do trabalho no Brasil.

A *arquitetura de Estado Democrático de Direito*, inerente ao constitucionalismo humanista e social, foi estruturada em vários Textos Constitucionais europeus, pós Segunda Grande Guerra, com destaque para as Constituições da França (1946); Itália (1947); Alemanha (1949); Portugal (1976) e Espanha (1978). Sua referência se perpetuou na Europa, embora com intensidade e generalização distinta entre os países daquele continente, com maior afirmação entre os países nórdicos e do centro da Europa Ocidental, e menor impacto nos países mediterrâneos e ibéricos[(284)].

Para Mauricio Godinho Delgado, o conceito de Estado Democrático de Direito funda-se em tripé conceitual inquebrantável: a "*pessoa humana,* com sua *dignidade*"; a "*sociedade política,* concebida como *democrática e includente*"; e a "*sociedade civil,* também concebida como *democrática e includente*"[(285)].

---

(284) DELGADO, Mauricio Godinho; DELGADO, Gabriela Neves. *O Estado Democrático de Direito e a centralidade da pessoa humana:* reflexões a partir da multidimensionalidade do direito fundamental ao trabalho digno. *In*: DELGADO, Gabriela Neves (Coord.). *Direito fundamental ao trabalho digno no século XXI*: principiologia, dimensões e interfaces no Estado Democrático de Direito. Coleção Trabalho, Constituição e Cidadania. Volume I. São Paulo: LTr, 2020. p. 34. Consultar, ainda: DELGADO, Mauricio Godinho. Constituição da República, Estado Democrático de Direito e Direito do Trabalho. *In:* DELGADO, Mauricio Godinho; DELGADO, Gabriela Neves. *Constituição da República e Direitos Fundamentais* – dignidade da pessoa humana, justiça social e Direito do Trabalho. 4. ed. São Paulo: LTr, 2017. p. 47-48; DELGADO, Mauricio Godinho; PORTO, Lorena Vasconcelos (Org.). *O Estado de Bem-Estar Social no século XXI*. 2. ed. São Paulo: LTr, 2018; DELGADO, Mauricio Godinho; PORTO, Lorena Vasconcelos (Org.). *Welfare State* – os grandes desafios do Estado de Bem-Estar Social. São Paulo: LTr, 2019.

(285) DELGADO, Mauricio Godinho. *Constituição da República, Estado Democrático de Direito e Direito do Trabalho. In:* DELGADO, Mauricio Godinho; DELGADO, Gabriela Neves. *Constituição da República e Direitos Fundamentais* – dignidade da pessoa humana, justiça social e Direito do Trabalho. 4. ed. São Paulo: LTr, 2017. p. 42. (grifos nos originais).

Todos estes conceitos estão articulados em princípios, institutos e regras da Constituição Federal de 1988, que incorporou com solidez a arquitetura do Estado Democrático de Direito.

A pessoa humana e seu princípio corolário, o princípio da dignidade da pessoa humana, estão no centro do Estado Democrático de Direito. Com firme assento constitucional, estão referenciados, direta ou indiretamente, no art. 1º, III, do Título I ("Dos Princípios Fundamentais"); no art. 5º e parágrafos correspondentes, do Título II ("Dos Direitos e Garantias Fundamentais"); no art. 170, *caput*, do Título VII ("Da Ordem Econômica e Financeira") e no art. 193, do Título VIII (Da Ordem Social"), da Constituição de 1988.

O conceito de Estado Democrático de Direito também se projeta na estruturação e organização das sociedades política e civil, em suas inúmeras e bem diversificadas instituições, a partir de concepção democrática e inclusiva.

A Constituição de 1988 reverbera esta orientação ao submeter o Estado e as entidades estatais a diretrizes constitucionais, como o princípio da constitucionalidade, o sistema dos direitos fundamentais, o princípio da legalidade da Administração Pública, o princípio da segurança jurídica e o princípio da proteção jurídica e das garantias processuais[286].

No que se refere à sociedade civil, o projeto democrático também se faz pela abertura e inclusão dos movimentos populares, sindicais, associações de classes, entre outros, na arena política, como "contrapoderes sociais" capazes de dinamizar, refinar e ajustar a práxis democrática. Nessa linha, reflete Marilena Chauí:

> "A democracia é a *sociedade verdadeiramente histórica*, isto é, aberta ao tempo, ao possível, às transformações e ao novo.

(286) SOARES, Mário Lúcio Quintão. *Teoria do Estado:* o substrato clássico e os novos paradigmas como pré-compreensão para o direito constitucional. Belo Horizonte: Del Rey, 2001. p. 304-305.

> Com efeito, pela criação de novos direitos e pela existência dos contrapoderes sociais, a sociedade democrática não está fixada numa forma para sempre determinada, ou seja, não cessa de trabalhar suas divisões e diferenças internas, de orientar-se pela possibilidade objetiva (a liberdade) e de alterar-se pela própria práxis"(287).

As dinâmicas, especificidades e limites democráticos das sociedades política e civil ressoam sobre as relações de trabalho e precisam necessariamente se conformar aos parâmetros constitucionais de proteção ao trabalho, conforme se verá adiante.

A *principiologia humanística e social* formulada no paradigma do Estado Democrático de Direito vem de encontro ao conceito principiológico do fenômeno jurídico, que conferiu aos princípios a natureza de normas jurídicas próprias do sistema e não mais de simples enunciados programáticos.

No plano constitucional brasileiro, esta matriz se projeta a partir do princípio da dignidade da pessoa humana e da centralidade do ser humano, na ordem jurídica e na vida socioeconômica.

A principiologia humanística e social também estrutura os *princípios constitucionais do trabalho*, embora não se restrinja a eles, com destaque para os seguintes princípios, conforme reporta Mauricio Godinho Delgado: princípio da dignidade da pessoa humana; princípio da centralidade da pessoa humana na ordem jurídica e na vida socioeconômica; princípio da inviolabilidade do direito à vida; princípio do bem-estar individual e social; princípio da justiça social; princípio da submissão da propriedade à sua função socioambiental; princípio da não discriminação; princípio da igualdade em sentido material (sem prejuízo da dimensão meramente formal da igualdade – que também é importante,

(287) CHAUÍ, Marilena. *Convite à filosofia*. 13. ed. São Paulo: Ática, 2004. p. 406.

é óbvio); princípio da segurança; princípio da proporcionalidade e da razoabilidade e princípio da vedação do retrocesso social(288).

O autor acentua que a matriz humanista e social também incide sobre os princípios constitucionais de caráter econômico (da propriedade privada; da livre-iniciativa; da livre concorrência e da livre contratação, por exemplo), mediante exigência de *interpretações integrativas*, e não seletivas ou restritivas, em conformidade com a plêiade dos princípios humanistas e sociais prevalecente(289).

Esta orientação integrativa consta do próprio Texto Constitucional logo no seu art. 1º, IV, que reconhece e valida o trabalho na mesma medida em que reconhece e valida a livre-iniciativa, *ambos como valor social*. Adiante, no art. 170, *caput*, a Constituição prescreve que a ordem econômica está fundada na valorização do trabalho humano e na livre-iniciativa, numa lógica que também impede interpretações isoladas, no sentido de necessariamente adequar a livre-iniciativa às "demandas de integração social e de valorização do trabalho"(290).

O *plexo de direitos fundamentais* é também pilar da Constituição de 1988 e substrato do direito fundamental ao trabalho digno. É que a dinâmica de regulação democrática e social das relações de trabalho supõe a tessitura de uma rede institucionalizada de afirmação e proteção dos trabalhadores na ordem jurídica e na vida socioeconômica, direcionada pelos direitos fundamentais, na perspectiva da centralidade do trabalho e da pessoa humana.

---

(288) DELGADO, Mauricio Godinho. *Curso de direito do trabalho*. 20. ed. São Paulo: JusPodivm, 2023. p. 230; DELGADO, Mauricio Godinho. *Princípios constitucionais do trabalho e princípios de direito individual e direito coletivo do trabalho*. 5. ed. São Paulo: LTr, 2017.

(289) DELGADO, Mauricio Godinho. *Curso de Direito do Trabalho*. *Op. cit.*, p. 231.

(290) TRINDADE, Pedro Mahin Araújo; LOPES, João Gabriel Pimentel. *A terceirização e o Supremo (Parte 2):* o STF e a terceirização política. Blog Trabalho, Constituição e Cidadania. Disponível em: http://trabalho-constituicao-cidadania.blogspot.com/2014/06/o-stf-e-terceirizacao-da-politica.html. Acesso em: 4 jul. 2023.

No entanto, na realidade prevalecente, a consolidação de uma ordem constitucional democrática e de afirmação ampla do conceito de cidadania é permanentemente desafiada pela problematização das relações de trabalho contemporâneas e suas novas morfologias integradas ao "sistema de metabolismo antissocial do capital"(291).

Os anos passaram, até que, em 2014, o PPGD promoveu ampla reestruturação de suas linhas de pesquisa, em consonância com a área de concentração "Direito, Estado e Constituição". Neste contexto, em conjunto com os prezados *Professores Doutores Carina Costa de Oliveira, George Rodrigo Bandeira Galindo* e *Inez Lopes Matos Carneiro de Farias*, participei ativamente da criação, redação e institucionalização da linha de pesquisa "Internacionalização, Trabalho e Sustentabilidade", inédita no programa. Foi uma grande vitória!

O ementário da linha de pesquisa "Internacionalização, Trabalho e Sustentabilidade" prescreve:

> "A influência recíproca entre o direito interno e o internacional e entre o direito público e o privado requer a análise de instrumentos substanciais e processuais capazes de articular essas dimensões. Por um lado, o direito nacional permanece independente e exige ferramentas próprias para os problemas nacionais que podem ou não sofrer impactos do direito internacional. Por outro lado, a internacionalização exige maior conexão entre o âmbito nacional e internacional para assegurar a implementação dos direitos decorrentes das negociações internacionais, como é o caso, por exemplo, dos direitos humanos, dos direitos sociais trabalhistas, do direito ambiental, do direito internacional público e do direito internacional privado em suas diversas vertentes. Portanto,

(291) A expressão é de Ricardo Antunes.

> fazem parte dos estudos dessa linha os instrumentos de cooperação, de implementação do desenvolvimento sustentável e dos direitos humanos, inclusive os sociais trabalhistas e o acesso à justiça, bem como aspectos institucionais, históricos, teóricos e práticos da internacionalização. No que concerne ao mundo do trabalho, a linha se volta ainda ao estudo interdisciplinar de suas contradições e complexidades, problematizando, sob os prismas da Constituição de 1988 e dos instrumentos pátrios e internacionais de proteção ao trabalho digno, a dinâmica de regulação democrática e social das relações individuais e coletivas de trabalho no capitalismo contemporâneo".

Num caminho de afirmação das bases de pesquisa em Direito do Trabalho, a ementa articulou explicitamente conceitos cardeais da normativa constitucional, como democracia e dignidade da pessoa humana, o que também foi uma conquista. Outro ponto de destaque foi a referência à constante interação dos ordenamentos jurídicos nacional e internacional no domínio de proteção da pessoa humana, inclusive no trabalho.

A nova linha de pesquisa passou a contar com as seguintes sublinhas: "Internacionalização: aspectos públicos e privados"; "Mundo do Trabalho, Constituição e Transformações na Ordem Social" e "Sustentabilidade, Meio Ambiente e Direitos Humanos".

Participo da sublinha "Mundo do Trabalho, Constituição e Transformações na Ordem Social", cuja ementa foi por mim redigida, e posteriormente avaliada e aprovada pelos colegas da área e no Colegiado do PPGD. Assim prescreve:

> "A partir de uma compreensão interdisciplinar da complexidade do mundo do trabalho e de suas recentes transformações, a sublinha apresenta uma visão epistemológica do

> Direito do Trabalho, com ênfase nos direitos fundamentais dos trabalhadores, na perspectiva do Estado Democrático de Direito, por meio da Constituição Federal de 1988 enquanto expressão da unidade e da diversidade das relações de trabalho no Brasil. As pesquisas voltam-se aos atores envolvidos com a dinâmica do mundo do trabalho e aos instrumentos jurídico-institucionais de afirmação e proteção do direito fundamental ao trabalho digno. A orientação prevalecente, fundada na matriz constitucional de 1988, com abertura hermenêutica para a compreensão dos direitos humanos do trabalhador, consolidados no Direito Internacional, prioriza o papel ocupado pelo cidadão trabalhador na sociedade. Assim, considera a condição humana do trabalhador no processo constitutivo de afirmação ética do trabalho, enquanto elemento indispensável para a consolidação de sua identidade, inserção social, participação política, realização e emancipação individual e coletiva."

Por cerca de 10 anos, fui a única professora credenciada à sublinha "Mundo do Trabalho, Constituição e Transformações na Ordem Social", o que me demandou intensa atuação nas bancas dos processos seletivos e nas atividades de ensino e de orientação, tanto a nível de mestrado como de doutorado, na tentativa de suprir as inúmeras demandas de pesquisa em Direito do Trabalho, na Pós-Graduação, naquele período.

Em dezembro de 2021, a *Professora Dra. Renata Queiroz Dutra* se credenciou na sublinha, seguida do *Professor Dr. Antônio Sérgio Escrivão Filho*, em abril de 2022, o que foi excelente para a socialização das pesquisas em Direito do Trabalho e para a construção da memória coletiva da área.

No conjunto, a Linha de Pesquisa *Internacionalização, Trabalho e Sustentabilidade* conta com os seguintes professores credenciados: *Antônio Sérgio Escrivão Filho; Carina Costa de Oliveira; Gabriela Garcia*

Batista Lima; Gabriela Neves Delgado; George Rodrigo Bandeira Galindo; Inez Lopes Matos Carneiro de Farias; Mariana Devezas Murias e *Renata Queiroz Dutra*. A todos, agradeço pelo empenho para a consolidação da linha de pesquisa.

De igual modo, agradeço a toda a equipe de servidores técnico-administrativos da Pós-Graduação, que nos ampara no dia a dia das rotinas em sala de aula. Agradeço particularmente à *Euzilene Rodrigues Morais*, pela dedicação e apoio de sempre.

4.5.3. *Atividades de Ensino no Nível de Pós-Graduação* Stricto Sensu

No período de 2011 a 2023, lecionei 14 disciplinas na Pós-Graduação (mestrado e doutorado) do PPGD da UnB. Foram elas: Direito Material e Processual do Trabalho (2011/1; 2012/1; 2015/2; 2017/2; 2020/1; 2022/1); Seminários Avançados 1 e 2 (2012/2); Tópicos Especiais (2013/2; 2016/1; 2018/2; 2019/2); Direito Constitucional 4 (2014/2); Direito do Trabalho 4 (2015/1) e Tópicos Especiais Avançados 1 e 2 (2021/1). Verificar a disciplina de 2023.

Do conjunto das disciplinas lecionadas neste percurso, destacarei nestes Memoriais algumas que repercutiram em outros indicadores e resultados acadêmicos para além das atividades de ensino na pós-graduação, ou que contribuíram significativamente para ampliar meus referenciais de pesquisa.

A disciplina *Direito Material e Processual do Trabalho* foi a que mais ofertei ao longo dos anos no PPGD. Esta é uma matéria que tem por objetivo explorar grandes temas do Direito do Trabalho e do Processo do Trabalho, a partir de reflexões doutrinárias e jurisprudenciais candentes.

No segundo semestre de 2017, concentrei a disciplina no estudo da Reforma Trabalhista da Lei n. 13.467, de 13 de julho de

2017, mediante análise de sua estrutura e das principais mudanças promovidas na Consolidação das Leis do Trabalho (CLT) e demais diplomas normativos correlatos.

A promulgação da Lei n. 13.467/2017 provocou grande impacto na estrutura humanística e social do Direito do Trabalho, por apresentar-se profundamente dissociada dos postulados da Constituição Federal de 1988, como a concepção de Estado Democrático de Direito, a principiologia constitucional e os direitos fundamentais da pessoa humana.

As reflexões empreendidas em sala de aula foram relacionadas ao campo do Direito Individual do Trabalho com objetivo de analisar como a Lei n. 13.467/2017 flexibilizou regras imperativas incidentes sobre os contratos de trabalho em contraponto à estrutura constitucional prevalecente, mediante projeto de profunda redução do patamar civilizatório mínimo de proteção justrabalhista, com destaque para: o esvaziamento do princípio constitucional da igualdade em sentido material no contexto das relações empregatícias; a desconstrução direta e/ou indireta do arcabouço jurídico de proteção à saúde e segurança do trabalhador; a flexibilização de inúmeras regras jurídicas concernentes à jornada de trabalho e aos intervalos trabalhistas; a desconsideração do tempo à disposição como elemento constitutivo da jornada de trabalho e a descaracterização da natureza salarial de parcelas pagas ao empregado no contexto da relação de emprego.

Os debates empreendidos nas aulas no PPGD contribuíram em grande medida para a elaboração da obra dual "A Reforma Trabalhista no Brasil: com os comentários à Lei n. 13.467/2017", em parceria com o *Professor Dr. Mauricio Godinho Delgado*(292).

---

(292) DELGADO, Mauricio Godinho; DELGADO, Gabriela Neves. *A Reforma Trabalhista no Brasil:* com os comentários à Lei n. 13.467/2017. 1. ed. São Paulo: LTr, 2017. A segunda edição, revista, atualizada e ampliada, foi publicada em 2018.

O livro investiga diversos aspectos, teóricos e práticos, da Lei da Reforma Trabalhista, nas searas do Direito Individual do Trabalho, do Direito Coletivo do Trabalho e do Direito Processual do Trabalho. Incorpora, ainda, comentários jurídicos específicos sobre cada um dos dispositivos da Lei n. 13.467/2017, mediante análise e interpretação rigorosamente direcionada pela matriz constitucional de 1988.

No PPGD, também lecionei a disciplina *Seminários Avançados 1 e 2* em parceria com o *Professor Dr. Ricardo José Macêdo de Britto Pereira*. Esta foi uma matéria particularmente interessante, porque procuramos apresentar visão interdisciplinar, sistemática e crítica do mundo do trabalho e do Direito do Trabalho, a partir de estudos dirigidos focados nas teorias sociológicas de Ricardo Antunes e Maria da Graça Druck e nas teorias jurídicas de José Cláudio Monteiro de Brito Filho e Sayonara Grillo Coutinho Leonardo da Silva, todos autores e professores brasileiros de importantes instituições universitárias do país.

Com Ricardo Antunes, estudamos a morfologia do trabalho ao final do século XX e início do XXI, com ênfase para a reestruturação produtiva, as novas formas de acumulação do capital e suas repercussões no processo de trabalho. Avançamos com o estudo das novas dinâmicas de precarização do trabalho e da classe trabalhadora, sobretudo pela degradação real do trabalho virtual no caso dos "infoproletários", destacadas as particularidades da América Latina[(293)].

Com Graça Druck, estudamos os eixos de contratação trabalhista ao final do século XX e início do XXI, na perspectiva da Sociologia

---

(293) Conforme: ANTUNES, Ricardo. *Os sentidos do trabalho:* ensaio sobre a afirmação e a negação do trabalho. 4. ed. São Paulo: Boitempo, 1999; ANTUNES, Ricardo. A questão do emprego no contexto da reestruturação do trabalho no século XX. *In:* HORTA, Carlos Roberto; CARVALHO, Ricardo Augusto Alves de (Org.). *Globalização, trabalho e desemprego:* processos de inserção, desinserção e reinserção: um enfoque internacional. Belo Horizonte: C/Arte, 2001; ANTUNES, Ricardo. Século XXI: nova era da precarização estrutural do trabalho? *In:* ANTUNES, Ricardo; BRAGA, Ruy (Org.). *Infoproletários:* degradação real do trabalho virtual. São Paulo: Boitempo, 2009; ANTUNES, Ricardo. *O continente do labor*. São Paulo: Boitempo, 2011.

do Trabalho, avançando na análise do "processo de informalidade"(294) e dos grupos historicamente marginalizados. As reflexões se concentraram, prioritariamente, nas relações de trabalho precarizadas e/ou fraudulentas, com ênfase para a terceirização trabalhista, um dos temas de minha predileção desde a época do mestrado(295).

Com José Cláudio Monteiro de Brito Filho, estudamos os eixos de contratação trabalhista ao final do século XX e início do XXI, na perspectiva do Direito do Trabalho. O objetivo foi o de analisar juridicamente a exploração do trabalho no Brasil (trabalho forçado e outras formas de trabalho indigno), mediante contraposição ao conceito de trabalho decente(296).

Com Sayonara Grillo, analisamos as configurações institucionais e os sistemas jurídicos das relações coletivas de trabalho no Brasil contemporâneo, na transição do século XX para o XXI. Em meio aos desafios do real do trabalho, reforçamos a tese da centralidade do trabalho concatenada às ideias de coletividade, solidariedade e pertencimento, a partir das necessárias dinâmicas de socialização, mobilização e organização política da classe trabalhadora face à subjugação do trabalho e ao aprofundamento das desigualdades(297).

---

(294) Conforme KREIN, José Dari; PRONI, Marcelo W. *Economia informal:* aspectos conceituais e teóricos. Brasília: OIT, 2010.

(295) Conforme: DRUCK, Maria da Graça. Precarização e informalidade: algumas especificidades do caso brasileiro. *In:* OLIVEIRA, Roberto Véras de; GOMES, Darcilene; TARGINO, Ivan (Org.). *Marchas e contramarchas da informalidade do trabalho.* João Pessoa: Editora Universitária, 2011; DRUCK, Maria da Graça; FRANCO, Tânia. Terceirização e precarização: o binômio antissocial em indústrias. *In: A perda da razão social do trabalho:* terceirização e precarização. São Paulo: Boitempo, 2007; DRUCK, Maria da Graça. *Terceirização:* (des)fordizando a fábrica: um estudo do complexo petroquímico. São Paulo: Boitempo, 2001.

(296) Conforme: BRITO FILHO, José Cláudio Monteiro de. *Trabalho decente:* análise jurídica da exploração do trabalho, trabalho forçado e outras formas de trabalho indigno. São Paulo: LTr, 2004.

(297) Conforme: SILVA, Sayonara Grillo Coutinho Leonardo da. *Relações coletivas de trabalho:* configurações institucionais no Brasil contemporâneo. São Paulo: LTr, 2008; SILVA, Sayonara Grillo Coutinho Leonardo da. Mudanças normativas e sindicalismo: transformações recentes. *Revista LTr.* Legislação do Trabalho. v. 09, set. p. 1041-1052, 2011; SILVA, Sayonara Grillo Coutinho Leonardo da. O princípio da proteção: fundamento da regulação não-mercantil das relações de trabalho. *Revista OABRJ,* v. 26, p. 81-112, 2011; SILVA, Sayonara Grillo Coutinho Leonardo da. Duas notas

Também com a intenção de implementar uma abordagem interdisciplinar ao conteúdo jurídico lecionado, ofertei a disciplina *Tópicos Especiais em Direito do Trabalho*, com a temática "Trabalho e Cinema", novamente em parceria com o *Professor Dr. Ricardo José Macedo de Britto Pereira*. Esta matéria seguramente ampliou meu repertório didático, tanto na pós-graduação como na graduação.

A Coletânea "Trabalho e Cinema: o mundo do trabalho através do cinema", de Giovanni Alves, foi a principal referência para a condução da disciplina(298), cuja programação se dividiu em duas etapas: a primeira direcionada à apresentação de filmografias específicas sobre o mundo do trabalho e a segunda voltada aos debates(299).

Desde então sigo atenta ao circuito cinematográfico direcionado, direta ou indiretamente, a temáticas do mundo do trabalho, utilizando permanentemente este recurso de aprendizagem em sala de aula.

A disciplina *Direito Constitucional 4*, direcionada ao Direito Constitucional do Trabalho, retomou o estudo da centralidade do trabalho

---

sobre novas tutelas laborais no multifacetado desenho do mundo do trabalho contemporâneo. *Revista do Tribunal Superior do Trabalho*. v. 74, p. 121-148, 2008.

(298) ALVES, Giovanni. Tempos modernos. *In: Trabalho e Cinema:* o mundo do trabalho através do cinema. Londrina: Praxis, 2006. p. 63-95; ALVES, Giovanni. A classe operária vai ao paraíso. *In: Trabalho e Cinema:* o mundo do trabalho através do cinema. Volume 3. Londrina: Praxis, 2006. p. 89-136; ALVES, Giovanni. Blade Runner – O caçador de androides. *In: Trabalho e Cinema:* o mundo do trabalho através do cinema. Volume 1. Londrina: Praxis, 2006. p. 203-218; ALVES, Giovanni. O sucesso a qualquer preço. *In: Trabalho e Cinema:* o mundo do trabalho através do cinema. v. 2. Londrina: Praxis, 2006. p. 137-170; ALVES, Giovanni. Pão e rosas. *In: Trabalho e Cinema:* o mundo do trabalho através do cinema. Volume 3. Londrina: Praxis, 2006. p. 375-412.

(299) Filmografias selecionadas à época: *Tempos modernos*. Direção: Charles Chaplin. Produção: Charles Chaplin, Paulette Goddard, 1936. Rio de Janeiro: Continental Home Video. 1 fita de vídeo (87 min.), HI-FI, VHS; *A classe operária vai ao paraíso*. Direção: Elio Petri. Produção: Ugo Tucci. Itália: 1971. 125 min; *Blade Runner – O caçador de androides*. Direção: Ridley Scott. 1 DVD. 117 minutos; *O sucesso a qualquer preço*. Direção: James Foley. 1 DVD. 100 minutos; *The closet – Título original:* Le Placard. *Tempo de Duração:* 84 minutos. *Ano de lançamento, França:* 2001. *Distribuição:* Miramax Films / Gaumont / Pandora Filmes. *Direção:* Francis Veber. *Roteiro:* Francis Veber. *Produção:* Patrice Ledoux, Música: Vladimir Cosma. Fotografia: Luciano Tovoli. Direção de Arte: Hugues Tissandier. Figurino: Jacqueline Bouchard. Edição: Georges Klotz; *Onde está Rosinha?* PRT do Ceará. 1 DVD, 15 minutos, 2005. Autoria UFCE/PETROBRÁS/BN/MPT/UNICEF. Data de produção: 2007. Local: Fortaleza, CE. Tempo de duração: 27'43"; *Pão e rosas*. Direção: Ken Loach. 1 DVD, 106 minutos.

na Constituição de 1988, a partir de conteúdo programático voltado ao sistema constitucional do emprego socialmente protegido. Para contrapô-lo, foram indicados e problematizados os "regimes paralelos de empregos rarefeitos", como é o caso da terceirização trabalhista. Finalmente, na última etapa, abriu-se espaço para reflexões sobre os limites constitucionais da terceirização trabalhista no Brasil.

A identificação fenomenológica da terceirização e a problematização dos seus efeitos sobre as relações de trabalho foram estudadas a partir das doutrinas consolidadas de Magda Biavaschi(300), Mauricio Godinho Delgado(301), Márcio Túlio Viana(302) e Rodrigo de Lacerda Carelli(303). Todos marcaram época com os estudos sobre a terceirização trabalhista no Brasil.

O esforço para a construção de pensamento analítico e crítico sobre a terceirização trabalhista contribuiu, decisivamente, para que *Helder Amorim* e eu nos mobilizássemos na redação da obra "Os Limites Constitucionais da Terceirização Trabalhista", em que apresentamos reflexões doutrinárias e jurisprudenciais atualizadas sobre o

---

(300) BIAVASCHI, Magda Barros; DROPPA, Alisson. A história da Súmula 331 do Tribunal Superior do Trabalho: a alteração na forma de compreender a terceirização. *Revista Mediações*, Londrina, v. 16, n. 1, p. 124-141, jan./jun. 2011. BIAVASCHI, Magda Biavaschi; BALTAR, Paulo Eduardo de A. *Relatório científico final da pesquisa A terceirização e a Justiça do Trabalho*. Campinas/SP: Programa Cesit/IE, Fapesp, 2009. Disponível em: https://bit.ly/2Yma2DG. Acesso em: 5 mar. 2023.

(301) DELGADO, Mauricio Godinho. *Curso de direito do trabalho*. 13. ed. São Paulo: LTr, 2014.

(302) VIANA, Márcio Túlio. Terceirização e sindicato: um enfoque para além do jurídico. *Revista LTr*, São Paulo, v. 67, n. 7, jul. 2003; VIANA, Márcio Túlio. As faces ocultas da terceirização: um mix de velhos textos e novas ideias. *LTr. Suplemento Trabalhista*, v. 50, p. 461-464, 2014. Em 2015, o autor rediscutiu, aprofundou e consolidou seus estudos sobre a terceirização trabalhista em obra específica, publicada pela Editora LTr. A respeito, consultar: VIANA, Márcio Túlio. *Para entender a terceirização*. São Paulo: LTr, 2015.

(303) CARELLI, Rodrigo de Lacerda. *Terceirização como intermediação de mão de obra*. E-book. Rio de Janeiro, edição do autor, 2014. Disponível em: https://bit.ly/3d338aT. Acesso em: 22 jun. 2021. CARELLI, Rodrigo de Lacerda. Terceirização e direitos trabalhistas no Brasil. *In*: DRUCK, Graça; FRANCO, Tânia (org.). *A perda da razão social do trabalho:* terceirização e precarização. São Paulo: Boitempo, 2007.

fenômeno da terceirização no Brasil, com objetivo de delinear limites à sua prática, em conformidade com o sistema constitucional de proteção ao trabalho humano[304].

Ainda no sentido de enfatizar a perspectiva do Direito Constitucional do Trabalho, ofertei a disciplina *Direito do Trabalho 4*, com a proposta de ressignificação do princípio da proteção justrabalhista, a partir de uma compreensão humanista e interdisciplinar da centralidade do trabalho no Estado Democrático de Direito, à luz da interpretação constitucional prevalecente. Com esta matéria, retomei as premissas constitutivas do direito fundamental ao trabalho digno, originárias de minha tese de doutorado[305].

É fato que o princípio da proteção toma fôlego renovado com o projeto inclusivo, democrático e abrangente de direitos fundamentais previsto pela Constituição da República de 1988. Por isso, o ponto central a entender é que falar do princípio da proteção, na Constituição de 1988, é sobretudo assumir sua *vocação expansionista*, o que implica na ampliação da tutela justrabalhista no tocante aos sujeitos trabalhadores, ao objeto de trabalho e ao seu grau de proteção.

No âmbito da proteção ao sujeito trabalhador, o que está em questão é entender que a Constituição de 1988 promove um giro hermenêutico no sistema de proteção justrabalhista, para destinar a todo e qualquer trabalhador o bloco de constitucionalidade dos direitos fundamentais, inclusive àqueles que laboram às margens do mercado de trabalho estruturado. No que se refere ao objeto de trabalho e ao seu grau de proteção, a contribuição constitucional reside em garantir um *projeto inclusivo de proteção ao trabalho*, não apenas focado nos direitos contratuais patrimoniais, mas também nos direitos contratuais

---

(304) DELGADO, Gabriela Neves; AMORIM, Helder Santos. *Os limites constitucionais da terceirização trabalhista*. 1. ed. São Paulo: LTr Editora, 2014; DELGADO, Gabriela Neves; AMORIM, Helder Santos. *Os limites constitucionais da terceirização trabalhista*. 2. ed. São Paulo: LTr Editora, 2015.
(305) DELGADO, Gabriela Neves. *Direito fundamental ao trabalho digno*. São Paulo: LTr, 2003.

extrapatrimoniais vinculados a bens imateriais de titularidade dos trabalhadores. Aqui destacam-se os direitos da personalidade, à saúde e à dimensão socioambiental do trabalho digno, por exemplo.

A ênfase no discurso constitucional trabalhista, com enfoque multidimensional, reverberou nas orientações por mim conduzidas no PPGD da UnB, conforme se verá adiante. Para além disso, como resultado específico da disciplina lecionada, publiquei o artigo "A Revisitação do Princípio da Proteção pelo Discurso Constitucional Trabalhista no Tribunal Superior do Trabalho", em parceria com *Lara Parreira Faria Borges*, minha orientanda de mestrado à época[(306)].

Esta foi uma publicação importante pela proposta de análise crítica e reflexiva do princípio da proteção potencializado na prática. É porque, em acréscimo à análise teórica multidimensional já destacada, o artigo se propôs a verificar em que medida o padrão decisório do Tribunal Superior do Trabalho (TST) reforça e ressignifica o princípio da proteção, em observância aos mandamentos constitucionais de proteção ao trabalho humano.

Com criteriosa metodologia de pesquisa, a amostra compilou julgados baseados em três tópicos específicos: 1) decisões fundamentadas explicitamente na dignidade da pessoa humana; 2) decisões que reconhecessem violações a direitos patrimoniais do empregado capazes de também gerar dano extrapatrimonial; 3) decisões que apresentassem, na ementa, referência ao princípio da proteção e a dispositivos constitucionais correlatos[(307)].

---

(306) DELGADO, Gabriela Neves; BORGES, Lara Parreira Faria. A revisitação do princípio da proteção pelo discurso constitucional trabalhista no Tribunal Superior do Trabalho. *In*: Gabriela Neves Delgado; José Roberto Freire Pimenta; Luiz Philippe Vieira de Mello Filho; Othon de Azevedo Lopes. (Org.). *Direito constitucional do trabalho:* princípios e jurisdição constitucional do TST. 1. ed. São Paulo: LTr, 2015, v. 1, p. 38-50.

(307) DELGADO, Gabriela Neves; BORGES, Lara Parreira Faria. A revisitação do princípio da proteção pelo discurso constitucional trabalhista no Tribunal Superior do Trabalho. *In*: Gabriela Neves Delgado; José Roberto Freire Pimenta; Luiz Philippe Vieira de Mello Filho; Othon de Azevedo Lopes. (Org.). *Direito constitucional do trabalho:* princípios e jurisdição constitucional do TST. *Op. cit.*

A partir de então, nos debates referentes à prestação de tutelas jurisdicionais nas relações de trabalho, incorporei definitivamente às pesquisas o estudo do padrão jurisprudencial dos Tribunais Superiores (STF e TST, sobretudo), no tocante ao manejo dos fundamentos de proteção ao trabalho originários do Direito Constitucional do Trabalho.

Numa perspectiva abrangente e consentânea com a linha teórica do *direito fundamental ao trabalho digno*, também ofertei a disciplina *Tópicos Especiais em Direito do Trabalho*, com o tema da OIT e sua Missão de Justiça Social. O objetivo foi o de demonstrar que o compromisso da OIT com o trabalho decente sinaliza um caminho de abertura de seu plexo de proteção social para outras relações de trabalho que não as estritamente assalariadas, o que doravante implicaria na expansão dos contornos do Direito Internacional do Trabalho[(308)].

Por certo, qualquer via de proteção pressupõe a desmercantilização do trabalho humano. Sob o ponto de vista jurídico, tal processo se efetiva pelo reconhecimento do trabalhador como ser humano e sujeito de direitos, com a consequente dinâmica de afirmação, declaração e efetivação dos direitos humanos e fundamentais trabalhistas nas relações de trabalho firmadas.

A condução desta disciplina contribuiu decisivamente para a redação do artigo científico "A OIT e sua Missão de Justiça Social", publicado em parceria com o *Professor Dr. Mauricio Godinho Delgado*, por ocasião do centenário da OIT[(309)].

Tópicos Especiais Avançados 1 e 2 foi outra disciplina importante ofertada em minha trajetória no PPGD da UnB. A matéria se concentrou

(308) ORGANIZAÇÃO INTERNACIONAL DO TRABALHO. *Conferencia Internacional del Trabajo. Memoria del Director-General: Trabajo decente*. Oficina Internacional del Trabajo, Ginebra. Disponível em: https://www.ilo.org/public/spanish/standards/relm/ilc/ilc87/rep-i.htm. Acesso em: 26 jun. 2019.

(309) DELGADO, Mauricio Godinho; DELGADO, Gabriela Neves. A OIT e sua missão de justiça social. *In*: *Revista Pensamento Jurídico*. São Paulo, v. 13, n. 2, jul./dez. 2019.

no estudo do Direito do Trabalho em tempos de pandemia, com enfoque nas repercussões no trabalho digital, no trabalho feminino e na saúde do trabalhador. A disciplina contou com uma equipe de trabalho de primeira linha, integrada pela *Professora Dra. Renata Queiroz Dutra*, do PPGD da UnB, e pelas *Professoras Dras. Lívia Mendes Moreira Miraglia*, da Universidade Federal de Minas Gerais (UFMG), e *Vanessa Vieira Pessanha*, da Universidade do Estado da Bahia (UNEB), ambas sob minha supervisão no pós-doutorado. Com todas elas tive oportunidade de produzir e publicar textos científicos sobre a pandemia da Covid-19, num rico percurso de aproximação interinstitucional e das pesquisas desenvolvidas[(310)].

De fato, as atividades de ensino no nível de pós-graduação *stricto sensu* carregam *a potência da produção científica em rede*, cujos contornos e conteúdos tendem a dialogar com as contribuições teóricas do professor orientador/supervisor, num processo de compartilhamento intelectual sempre renovado.

4.6. Atividades de Orientação

4.6.1. Orientação: relação tecida fio a fio

Orientar é um dos grandes ofícios do professor e pesquisador.

---

(310) DELGADO, Gabriela Neves; PESSANHA, Vanessa Vieira; ROCHA, Ana Luísa Gonçalves. Desafios do trabalho docente universitário privado no contexto pandêmico. *Revista de Direito do Trabalho* (São Paulo), v. 216, p. 161-183, 2021; DELGADO, Gabriela Neves; MIRAGLIA, Lívia Mendes Moreira. Casulos de vidro das trabalhadoras em *home office*. *Revista da Faculdade Mineira de Direito*, v. 24, p. 21-34, 2021; DELGADO, Gabriela Neves; DUTRA, Renata Queiroz Dutra. O que vem depois da crise? O Estado Social nos lembra o seu papel. *In*: Alberto Nemer Neto; Cláudio Jannotti da Rocha; José Carlos Rizk Filho (Org.). *Coleção Direito do Trabalho e o Coronavírus*. Porto Alegre: OAB Nacional/LexMagister, 2020, v. III, p. 153-158; DELGADO, Gabriela Neves; DUTRA, Renata Queiroz; SANTANA, Raquel. Racismo institucional: o que é essencial em tempos de pandemia? *Jota*, 18 jun. 2020; DELGADO, Gabriela Neves; DUTRA, Renata Queiroz; CARVALHO, Helena Martins. O trabalho na limpeza urbana na pandemia: o vírus como ameaça invisível a sujeitos invisíveis. *Jota*, 23 maio 2020; DELGADO, Gabriela Neves; DUTRA, Renata Queiroz. O que vem depois da crise? O Estado Social nos lembra o seu papel. *Jota*, 8 abr. 2020.

A orientação precisa se revestir de valor, sentido e significado, em razão da importância que é conduzir o orientando em seu processo de formação.

Durante a fase de orientação, e para muitos ao longo de toda a vida, o orientador se faz presente em condição de forte centralidade, não apenas por conduzir o processo técnico-científico de orientação e guiar o aluno na escrita, mas sobretudo por se tornar referência e inspiração profissional e pessoal para o pesquisador em formação. Eis o tamanho do compromisso que o orientador assume com o orientando, porque, para além da parceria intelectual e da grande expectativa de realização por meio da pesquisa, ali é tecido um encontro entre duas pessoas que trazem consigo toda carga de humanidade. E a dimensão humana, do simbólico e subjetivo, é de extrema importância.

Débora Diniz adota a alegoria da costureira para dizer da orientação. Para ela, a orientadora, como uma costureira, conduz um trabalho artesanal, "uma combinação que repete um ofício aprendido e se atualiza na estética individual da criação"[(311)], numa relação entrelaçada fio a fio.

Como uma mão que tece "cada retalho de ideia", cores e texturas que lhes são apresentadas pela orientanda "desenhista"[(312)], a orientadora assume a perspectiva do outro, ajudando-o a costurar fios que estão soltos, encaminhando-o para que possa sustentar novas tramas. No percurso, também traz a leitura e a escuta para o centro do processo de formação[(313)], por isso a necessidade de que a orientação transcorra com respeito à estrutura dialogal do encontro humano e intelectual[(314)]

---

(311) DINIZ, Débora. *Carta de uma orientadora:* o primeiro projeto de pesquisa. Ilustrações de Valentina Fraiz. 2. ed. Brasília: LetrasLivres, 2015. p. 16.
(312) *Ibidem*, p. 15.
(313) *Ibidem*, p. 12.
(314) Débora Diniz se refere ao encontro intelectual entre a orientadora e a orientanda, ou, como prefere, entre "a *leitora-ouvidora* e a aprendiz de escritora". Conforme: *Idem*. p. 12 (grifos nos originais).

ali posto e que o orientando seja acolhido com olhar cuidadoso, individualizado e atenção plena às suas vocações e eventuais vulnerabilidades.

No início do percurso de orientação, procuro transmitir aos orientandos alguns direcionamentos preliminares sobre a *preparação para a escrita* incorporados à minha rotina, que foram absorvidos ao longo do tempo, pela abertura à escuta e à experimentação(315).

Por exemplo, durante o período em que cursei o mestrado em Direito do Trabalho na PUC Minas, minha mãe-professora ensinou-me sobre a importância da *rotina de escrita* para se alcançar êxito no desenvolvimento da pesquisa. Esta foi uma orientação preciosa, vinda de uma professora experiente, um *conhecimento vivo passado de geração em geração na oralidade*, e que sempre transmito aos alunos logo no início dos processos de orientação.

Como pesquisadora e autora do Direito do Trabalho, procuro escrever todos os dias, mesmo que num curto espaço de tempo e nos horários de maior concentração. O que importa mesmo é que a construção seja diária. Por isso, sempre digo aos orientandos, na linha da lição sedimentada: "se você tem uma vida atribulada, que seja uma hora por dia".

Como *escrever é algo artesanal*, não estabeleço metas de redação. O que importa é estar refletindo continuamente sobre o tema objeto de pesquisa, ampliando a carga de leitura. Pode acontecer de em um dia você não ter concentração ou habilidade de transformar as ideias e a compreensão da leitura em texto escrito e, no dia seguinte, o texto deslanchar. Costumo dizer para os orientandos que o inconsciente trabalha a nosso favor para que, no tempo largo, seja possível materializar as reflexões em texto escrito.

---

(315) Os apontamentos sobre os rituais da escrita foram formulados tomando por referência a entrevista concedida a José Nunes, no projeto "Como eu escrevo", numa conversa compartilhada sobre as nuances da escrita. A respeito, consultar: DELGADO, Gabriela Neves. *Como eu escrevo*. 2018. (Programa de rádio ou TV/Entrevista). Disponível em: https://comoeuescrevo.com.

De toda forma, é razoável considerar alguma medida de tempo no percurso de escrita das pesquisas científicas, que precisam ter início, meio e fim, inclusive para não se tornarem exaurientes para o pesquisador.

É claro que, muitas vezes, o prazo torna-se elemento decisivo no processo de escrita, sobretudo se há necessidade de posicionamento imediato em relação a determinado contexto, circunstância comum para quem se habilita a escrever sobre o Direito do Trabalho, em razão das frequentes alterações legislativas e jurisprudenciais da área. Nestas circunstâncias, é preciso disciplina para escrever.

Com meu pai-professor, aprendi que uma das maiores contribuições do escritor é divulgar o resultado das pesquisas feitas, das reflexões consolidadas. Como ele sempre diz, "os livros alcançam as pessoas em espaços que nós, fisicamente, não podemos estar". Por isso, *há um sentido democrático e inclusivo na publicação científica. É preciso, portanto, oportunizar amplo acesso aos saberes produzidos.*

No percurso da escrita, é relevante contar com *leitores críticos*, que se habilitem a revisar os textos antes do encaminhamento para publicação. Esta revisão, individual ou coletiva, torna-se parte do processo de escrita, numa dinâmica naturalmente compartilhada. Cada leitor terá uma lente diferente para se apropriar do texto lido, o que necessariamente é bom, porque assegura interpretações variadas e ao mesmo tempo únicas do texto escrito. Como contrapartida, o escritor terá a oportunidade de se haver com críticas e possibilidades de aperfeiçoamento de seu processo de escrita e, assim, expandir e avançar.

Na UnB, utilizamos este recurso de aprendizagem no *Grupo de Pesquisa Trabalho, Constituição e Cidadania*, espaço credenciado para partilha, reflexão e debate dos projetos e pesquisas científicas em curso, numa dinâmica verdadeiramente colaborativa.

Também com meu pai-professor aprendi que o escritor deve enxergar-se criticamente, mas, em igual medida, ter humildade para lançar suas reflexões ao mundo, tranquilizando-se que o texto publicado foi a melhor versão possível, em dada circunstância e considerada a carga de leitura da época. Em ato contínuo, todo texto pode ser aperfeiçoado e amadurecido.

Outra lição preciosa sobre o processo de escrita aprendi ainda na Graduação em Direito, na PUC Minas, com o caro *Professor Lúcio Rodrigues*, das áreas de Direito do Trabalho e Prática Trabalhista, *in memoriam*. Ele me ensinou a "deixar o texto decantar, depurar". Naquela época, sua orientação foi especificamente direcionada para a redação de peças trabalhistas.

Projetei aquele valoroso conselho para a minha realidade de orientadora e pesquisadora. Não é só a peça trabalhista, textos de natureza científica precisam necessariamente decantar. Aprendi, assim, sobre a importância de deixar o tempo agir para as ideias fluírem e os excessos da escrita despontarem.

No processo de orientação do mestrado, o querido *Professor Márcio Túlio Viana* apurou meu olhar para a importância da *organização e concatenação das ideias*, a partir de uma sequência de raciocínio lógica e harmônica. Parece-me que o primeiro passo é elaborar o sumário da pesquisa, porque ele serve de norte, guia, roteiro do caminho a ser percorrido. Ainda assim, mesmo que o trajeto de escrita seja alterado, cria-se uma margem de segurança para o pesquisador, de onde partir e para onde pretende chegar. No curso da escrita, com as demandas, limites e possibilidades de expansão, o sumário pode vir a ser reformulado, o que é algo bom, porque revela o dinamismo típico da pesquisa.

A organização na pesquisa também se aplica no tocante às referências bibliográficas compiladas e referenciadas no curso do texto. Não se trata de fazer uma colcha de retalhos das citações indicadas.

Pelo contrário, o ideal é que haja objetividade e coerência no encadeamento das ideias e referências bibliográficas, seja para reforçar linhas teóricas ou argumentos de análise ou, ao contrário, para refutá-los.

Apesar de óbvio, é imprescindível que o escritor faça bom uso da língua portuguesa (de sua gramática, ortografia e vocábulos metalinguísticos, por exemplo), para que o leitor, ao receber um texto de redação limpa, tenha condições de ultrapassar a superfície do texto e alcançar, em extensão e profundidade, o campo argumentativo com seus referenciais de pesquisa e categorias-chaves de análise.

Por fim, para mover-se da pesquisa para a escrita é preciso a todo o tempo revisitar os registros das leituras feitas. Questões teóricas e metodológicas devem ser especialmente atualizadas.

Não poderia deixar de esclarecer que, nestes anos, algumas orientações transcorreram com particular tranquilidade, outras demandaram maior esforço, porém, a todos procurei ofertar uma condução segura, com a exigência de somente liberar os orientandos para avaliação perante banca examinadora quando as respectivas pesquisas estivessem maduras o suficiente.

Nas páginas seguintes, em observância aos indicadores universitários, apontarei as atividades de orientação desenvolvidas na UnB, nos níveis de graduação; pós-graduação *lato sensu* (especialização); mestrado, doutorado e pós-doutorado, com especial detalhamento para as atividades de orientação no PPGD da UnB. A indicação de cada uma das orientações por período foi também registrada no *Curriculum Lattes*.

Ainda destacarei as "demandas de filiação"[(316)] atestadas nos diversos prefácios e apresentações por mim redigidos em obras publicadas por orientandos do PPGD da Faculdade de Direito da UnB, num

---

(316) Expressão indicada pelo Prof. Dr. José Geraldo de Sousa Júnior. A respeito, consultar: SOUSA JÚNIOR, José Geraldo. *Direito com que Direito. Memorial para Progressão ao Cargo de Professor Titular*. Brasília: Faculdade de Direito da UnB, p. 5, 39 e 42.

honroso caminho de partilha e reforço de vínculos epistemológicos e de categorias-chaves de análise do Direito Constitucional do Trabalho, sobretudo na linha do direito fundamental ao trabalho digno.

Em acréscimo, ressaltarei algumas das produções acadêmicas elaboradas em conjunto com os orientandos, em dinâmicas compartilhadas de estudos e reflexões críticas, mas também de respeito e união, que reconheço como *parceria intelectual*.

4.6.2. Atividades de Orientação no Nível de Graduação

A pesquisa científica transformou definitivamente meu percurso na graduação em Direito. Por isso, desde que iniciei a trajetória como professora universitária, tenho especial cuidado com as atividades de orientação dos alunos da graduação, porque sei que elas apontam para o futuro.

No período de 22 anos (2001 a 2023), orientei 106 alunos em seus Trabalhos de Conclusão de Curso; 28 alunos em iniciações científicas; 20 alunos em monitorias, além de inúmeras orientações em projetos de extensão.

Na Faculdade de Direito da UnB, em 13 anos (2010 a 2023), orientei 42 alunos nos Trabalhos de Conclusão de Curso; 19 alunos em iniciações científicas; 18 alunos em monitorias de graduação, além do amplo rol de alunos orientados na disciplina Estágio 4, vinculados ao Projeto de Extensão do NUPAJ (Núcleo de Pesquisa e Assistência Judicial Trabalhista), e no Projeto "Jurisdição Trabalhista e Previdenciária nos Tribunais Superiores", que serão oportunamente detalhados no tópico das atividades de extensão destes Memoriais.

Ao longo desses anos, tenho me especializado na orientação de temas vinculados ao Direito Constitucional do Trabalho, ao Direito Internacional dos Direitos Humanos Trabalhistas e ao Direito Individual do Trabalho, impulsionando os pesquisadores a articularem suas pesquisas, direta ou indiretamente, a partir do referencial teórico do direito fundamental ao trabalho digno, num esforço de crítica arejada e rigorosa, mas não esterilizadora.

A título exemplificativo, registrarei algumas das orientações desenvolvidas no Programa de Iniciação Científica da UnB (ProIC) que reverberaram em outros resultados e indicadores de desempenho acadêmico da UnB.

Reforço, contudo, a importância de todas as pesquisas produzidas nas diversas frentes de orientação da graduação e minha sincera gratidão a todos os orientandos que, em gesto de confiança, me permitiram guiá-los nesta etapa da vida universitária.

Caio Afonso Borges desenvolveu pesquisa sobre o trabalho dos influenciadores digitais, na dimensão socioambiental do direito fundamental ao trabalho digno, no ProIC, com bolsa de iniciação científica do CNPq, em 2019. No TCC, estudou a categoria do dano existencial no trabalho dos influenciadores digitais e atualmente cursa o mestrado no PPGD da UnB, todos sob minha orientação. Também tive a honra de prefaciar seu livro de estreia, que recapitula a pesquisa realizada no Trabalho de Conclusão de Curso, ainda na graduação. E atualmente sigo como sua orientadora de mestrado[(317)].

A pesquisa de *Caio Borges* incorpora reflexões sociológicas do ofício dos influenciadores digitais como uma das expressões mais destacadas da atual sociedade do espetáculo[(318)], caracterizada por

---

(317) BORGES, Caio Afonso. *O trabalho do influenciador digital:* desafios de efetivação da dimensão socioambiental do direito fundamental ao trabalho digno. Iniciação Científica. Universidade de Brasília, Conselho Nacional de Desenvolvimento Científico e Tecnológico, 2021; BORGES, Caio Afonso. *O dano existencial no trabalho sem pausas dos influenciadores digitais.* Trabalho de Conclusão de Curso. (Graduação em Direito) – Universidade de Brasília, 2021; BORGES, Caio Afonso. *O dano existencial no trabalho sem pausas dos influenciadores digitais.* São Paulo: Editora Dialética, 2022.
(318) DEBORD, Guy. *A sociedade do espetáculo.* Rio de Janeiro: Contraponto, 1997. p. 13-25.

linguagem acelerada, desconexa do mundo real, de visibilidade ininterrupta, fruto de uma cultura narcisista, presa à superfície. Na esfera jurídica, indica canais de tutela justrabalhista em favor dos influenciadores digitais, sobretudo pela via dos direitos fundamentais, a partir da linha paradigmática do direito fundamental ao trabalho digno.

Ainda em torno do mesmo tema de pesquisa, elaboramos, em parceria, o artigo "O Trabalho dos Influenciadores Digitais: reflexões introdutórias sobre as dinâmicas de mercadorização do sujeito e do espaço-tempo de trabalho", concentrado na análise da fluidez dos tempos e dos espaços de trabalho na era digital, com destaque para a demarcação imprecisa dos tempos de trabalho e de não-trabalho dos influenciadores digitais e a perpetuação de jornadas extenuantes e de disponibilidade ininterrupta(319).

Ana Luísa Gonçalves Rocha elaborou pesquisa de iniciação científica intitulada "Jornada de trabalho excessiva do motorista profissional: dano existencial em perspectiva", no Programa de Iniciação Científica da UnB, no ano de 2019. A pesquisa se desdobrou no TCC, sendo posteriormente ampliada no mestrado, igualmente sob minha orientação(320).

Na obra comemorativa aos 10 anos do *Grupo de Pesquisa Trabalho, Constituição e Cidadania,* publicamos dois artigos científicos em coautoria. O primeiro deles, intitulado "O Dano Existencial Decorrente do

---

(319) DELGADO, Gabriela Neves; BORGES, Caio Afonso. O trabalho dos influenciadores digitais: reflexões introdutórias sobre as dinâmicas de mercadorização do sujeito e do espaço-tempo de trabalho. *In*: Cristiano Siqueira de Abreu e Lima; Natália Queiroz Cabral; Ricardo Lourenço Filho (Org.). *Direitos fundamentais trabalhistas:* análise crítica da teoria e da jurisprudência. 1. ed. Brasília: Venturoli, 2022. p. 249-258.

(320) ROCHA, Ana Luísa Gonçalves. *Jornada de trabalho excessiva do motorista profissional*: dano existencial em perspectiva. 25º Congresso de Iniciação Científica da Universidade de Brasília 2019; ROCHA, Ana Luísa Gonçalves. *Jornada de trabalho excessiva do motorista profissional*: dano existencial em perspectiva. Trabalho de conclusão de curso. Faculdade de Direito, Universidade de Brasília, 2019; ROCHA, Ana Luisa Gonçalves. *A inseparabilidade dos direitos fundamentais à saúde e à limitação da jornada de trabalho*: uma análise a partir do trabalho dos motoristas profissionais de transporte de cargas. 2022. Dissertação (Mestrado em Programa de Pós-Graduação em Direito). Universidade de Brasília, 2022.

excesso de Jornada de Trabalho do Motorista Profissional Empregado: a limitação de jornada como condição para o trabalho digno"(321), foi redigido também em parceria com a Profa. Dra. *Maria Cecília de Almeida Monteiro Lemos.*

Com objetivo de articular as respectivas pesquisas acadêmicas, relacionamos a tese do direito fundamental ao trabalho digno, defendida em meu doutorado(322), com a tese de *Maria Cecília de Almeida Monteiro Lemos* sobre o dano existencial nas relações de trabalho intermitentes, desenvolvida no doutorado do PPGD da UnB, sob minha orientação(323), à pesquisa de iniciação científica de *Ana Luísa Gonçalves Rocha* sobre o trabalho dos motoristas profissionais.

A partir dessa inter-relação, projetamos um marco regulatório para a categoria de trabalhadores motoristas profissionais, lastreado no direito à limitação da jornada de trabalho enquanto corolário do direito fundamental ao trabalho digno.

O segundo artigo, intitulado "Trabalhadoras e Trabalhadores em Salões de Beleza: desafios de concretização do direito fundamental ao trabalho digno em tempos de parceria", explorou os contornos jurídicos dos trabalhos precários realizados em salões de beleza. Com enfoque crítico na figura do contrato de parceria, o texto desenvolveu análise crítica da legislação vigente, ressaltando a necessidade de que referidos profissionais, sejam em relações típicas de emprego ou em contratos

---

(321) DELGADO, Gabriela Neves; LEMOS, Maria Cecilia de Almeida Monteiro; ROCHA, Ana Luísa Gonçalves. *O dano existencial decorrente do excesso de jornada de trabalho do motorista profissional empregado:* a limitação de jornada como condição para o trabalho digno. *In*: DELGADO, Gabriela Neves (Coord.). *Direito fundamental ao trabalho digno no século XXI:* desafios e reinterpretações para as relações de trabalho rurais, urbanas e de serviços, v. II. São Paulo: LTr, 2020. p. 269-281.

(322) DELGADO, Gabriela Neves. *Direito fundamental ao trabalho digno*. 2. ed. São Paulo: LTr, 2015.

(323) LEMOS, Maria Cecilia de Almeida Monteiro. *O dano existencial nas relações de trabalho intermitentes*: reflexões na perspectiva do direito fundamental ao trabalho digno. Tese de Doutorado, Faculdade de Direito, Universidade de Brasília, 2018.

hígidos de parceria, tenham assegurado o patamar civilizatório de proteção trabalhista, à luz do direito fundamental ao trabalho digno(324).

Registro, ainda, que algumas das pesquisas de iniciação científica por mim orientadas foram premiadas nos congressos de iniciação científica da UnB.

Em 2021, no 27º Congresso de Iniciação Científica da UnB e 18º Congresso de Iniciação Científica do DF, *Giovanni Castiglioni Castilho* foi indicado ao prêmio Destaque com a pesquisa "O Direito à Saúde Mental no Teletrabalho sob a Perspectiva do Direito Fundamental ao Trabalho Digno". Em 2019, no 25º Congresso de Iniciação Científica da UnB e 16º Congresso de Iniciação Científica do DF, *Nathalia Guimarães Ohofugi* recebeu menção honrosa com a pesquisa "O Discurso Por Trás da Autonomia do Motorista de Uber: a subordinação do trabalhador à luz do princípio da alteridade", bem como *Ana Letícia Rodrigues da Costa Bezerra,* com a pesquisa "Motorista de Uber: trabalhador autônomo ou empregado? As novas formas de subordinação do trabalhador no contexto da *Gig Economy*".

4.6.3. *Atividades de Orientação em Nível de Pós-Graduação* Lato Sensu *(Especialização)*

Em Brasília, integrei-me a vários Cursos de Pós-Graduação *Lato Sensu,* onde tive a oportunidade de exercer a docência e orientar vários alunos em perspectiva distinta da graduação, porque ali passei a lidar com estudantes já graduados, com acúmulo de experiências no campo do Direito do Trabalho.

(324) DELGADO, Gabriela Neves; ROCHA, Ana Luísa Gonçalves. Trabalhadoras e trabalhadores em salões de beleza: desafios de concretização do direito fundamental ao trabalho digno em tempos de parceria. *In*: DELGADO, Gabriela Neves (Coord.). *Direito fundamental ao trabalho digno no século XXI:* desafios e reinterpretações para as relações de trabalho rurais, urbanas e de serviços. Volume II. São Paulo: LTr, 2020. p. 352-364.

Em 2010, pouco após minha mudança para a cidade, fui convidada a participar de bancas examinadoras do *Curso de Pós-Graduação* Lato Sensu *em Direito Constitucional,* coordenado pelo *Professor Dr. Argemiro Cardoso Moreira Martins,* numa parceria firmada entre a Faculdade de Direito da UnB e o Tribunal Regional do Trabalho da 10ª Região. Não tive a oportunidade de lecionar, nem de orientar nesta especialização, porque o cronograma já estava bem avançado quando fui integrada ao seu corpo docente.

No mesmo período, atuei como Professora do *Curso de Especialização em Direito Público da UnB,* promovido pelo Centro de Educação à Distância (CEAD) e pelo Decanato de Pesquisa e Pós-Graduação (DPP) da UnB. Também em razão do avanço do calendário das atividades programadas, não cheguei a tempo de assumir disciplinas em sala de aula, mas tive a oportunidade de participar de bancas examinadoras e de orientar alunos nas monografias de final de curso, especificamente nos seguintes temas: o princípio da legalidade e o combate às contratações trabalhistas irregulares com a Administração Pública; a discriminação de idosos nas relações de emprego no Brasil; a aplicação do princípio "*in dubio pro misero*" em matéria previdenciária; e a efetividade de políticas públicas previdenciárias na proteção e promoção do meio ambiente de trabalho no Brasil.

Em 2012, alavanquei e assumi a coordenação pedagógica do primeiro *Curso de Especialização em Direito Constitucional do Trabalho,* numa parceria da Faculdade de Direito da UnB com o Tribunal Superior do Trabalho (TST). Em razão de seu grande sucesso, avançamos para a segunda edição da especialização em 2015 e, no ano de 2023, inauguramos a terceira edição do curso, todos sob minha coordenação pedagógica e com o valioso trabalho administrativo dos servidores *Aline Candida Portela* e *João Alves Bezerra.*

Nos termos do projeto pedagógico, a especialização foi estruturada com o objetivo de "fomentar o desenvolvimento jurídico crítico e sistematizado do Direito do Trabalho e de suas principais reflexões epistemológicas e jurisprudenciais, a partir das perspectivas constitucional e interdisciplinar com outros domínios e campos do saber", estando direcionada, preferencialmente, aos servidores do TST com exercício das atividades profissionais em gabinetes de Ministros, conforme demanda do Centro de Formação e Aperfeiçoamento de Assessores e Servidores do Tribunal Superior do Trabalho (CEFAST).

Nas duas primeiras edições da especialização, lecionei as disciplinas "Direito do Trabalho e Dignidade do Ser Humano: evolução histórica, funções e princípios especiais" e "Relações de Trabalho, Relação de Emprego e Sujeitos da Relação de Emprego". Também orientei vários alunos nas monografias de final de curso, em pesquisas com a necessária aderência ao Direito Individual do Trabalho ou ao Direito Coletivo do Trabalho, que variaram nas seguintes temáticas, a saber: constitucionalização do Direito do Trabalho; assédio moral organizacional e gênero nas relações de trabalho; trabalho de cuidado; trabalho doméstico; direitos fundamentais imateriais e trabalho na coleta de lixo; terceirização de serviços e de atividades; turnos ininterruptos de revezamento e negociações coletivas de trabalho; potencialidades e limites dos acordos coletivos de trabalho e o papel da Inspeção do Trabalho como instrumento de promoção dos direitos fundamentais trabalhistas.

A Pós-Graduação em Direito Constitucional do Trabalho foi importante por gerar *captação de recursos para a pesquisa*, mas, sobretudo, para se fazer *espaço fértil para a revelação de grandes pesquisadores do Direito do Trabalho*, profissionais de carreira consolidada que, a partir dali, abriram espaço definitivo para a vida acadêmica. Entre eles, destaco as pesquisadoras *Maria Cecília de Almeida Lemos* e *Valéria de Oliveira Dias*, que foram minhas alunas na especialização e, após aprovação no processo seletivo do PPGD, seguiram sob minha orientação direta na UnB: Maria Cecília, no doutorado e Valéria, no mestrado e no doutorado. Já *Helena Martins de Carvalho* foi minha orientanda na especialização e, numa trajetória igualmente próspera, permaneceu sob minha orientação direta no mestrado do PPGD da UnB. Com todas elas, construí parceria intelectual valiosa, desdobrada em sincera amizade.

Em 2016, assumi a orientação voluntária de *Bruna Vasconcelos de Carvalho*, na *Pós-Graduação* Lato Sensu *em Direito do Trabalho e Processo do Trabalho*, do Instituto Brasileiro de Ensino, Desenvolvimento e Pesquisa (IDP) de Brasília. Apesar de não integrar a referida Pós-Graduação e de não participar de seu corpo docente, fui formalmente autorizada a assumir aquela única orientação, o que o fiz com contentamento, porque me senti especialmente motivada pelo tema de pesquisa desenvolvido, que abordava a regulamentação do Direito do Trabalho, à luz dos paradigmas estabelecidos pela OIT e pelo Direito Constitucional do Trabalho.

Com *Bruna de Carvalho*, construí parceria intelectual profícua, sobretudo após seu ingresso no PPGD da UnB. Apesar de não ter assumido sua orientação direta, porque ela enveredou para a área do Direito Econômico, conduzi seu estágio de docência na Universidade e com ela redigi uma série de artigos científicos sobre as relações de trabalho em plataformas digitais, conforme indicação no *Curriculum Lattes*.

É oportuno registrar que o fio condutor dos textos elaborados em coautoria foi a tese do direito fundamental ao trabalho digno. Assim, desenvolvemos análise crítica sobre as condições de trabalho na era digital, com objetivo de apontar que o real do trabalho em plataformas digitais comumente resulta em violação à regulação constitucional do trabalho e na naturalização de fraudes às relações típicas de emprego[(325)].

---

(325) DELGADO, Gabriela Neves; CARVALHO, Bruna Vasconcelos de. Direitos fundamentais trabalhistas para quem? Reflexões sobre o trabalho plataformizado na perspectiva do direito constitucional do trabalho. *In*: Noemia Porto; Ricardo Lourenço Filho; Luciana Paula Conforti (Org.). *Plataformas digitais de trabalho:* aspectos materiais e processuais. 1. ed. Brasília: ANAMATRA – ENAMATRA, 2021. p. 34-53.

Ante a contradição entre o real do trabalho em plataformas digitais e o padrão constitucional vigente, questionamos quem são os destinatários dos direitos fundamentais trabalhistas. Com essa provocação, nos posicionamos no sentido de que "uma visão restritiva dos destinatários do patamar constitucional trabalhista de direitos contribui para a formação de hierarquias laborais e de subcidadanias"[(326)].

Em acréscimo, estudamos o movimento coletivo dos entregadores de plataformas digitais, com respaldo em dados empíricos levantados pelo Projeto de Pesquisa Trabalho Digital UnB e pela Rede de Estudos e Monitoramento da Reforma Trabalhista (REMIR), para verificar a capacidade de resistência, organização e confrontação dos trabalhadores face ao processo de precarização instituído pela lógica do capitalismo da era digital-informacional-financeira[(327)].

Em 2021 e 2022, assumi a coordenação acadêmica do *Curso de Pós-Graduação* Lato Sensu *em Advocacia Trabalhista e Previdenciária*, na modalidade EaD, oferecido pela Escola Superior de Advocacia da Ordem dos Advogados do Brasil, Seccional Minas Gerais (ESA/OAB-MG), com a devida autorização do Conselho da Faculdade de Direito e sem prejuízo às atividades acadêmicas realizadas na UnB. Neste Curso, não assumi atividades de orientação, mas lecionei as seguintes disciplinas: "As relações de trabalho plataformizadas da era digital" e "Fontes do Direito do Trabalho".

---

(326) DELGADO, Gabriela Neves; CARVALHO, Bruna Vasconcelos de. Direitos fundamentais trabalhistas para quem? Reflexões sobre o trabalho plataformizado na perspectiva do direito constitucional do trabalho. *In*: Noemia Porto; Ricardo Lourenço Filho; Luciana Paula Conforti (Org.). *Plataformas digitais de trabalho:* aspectos materiais e processuais. 1. ed. Brasília: ANAMATRA – ENAMATRA, 2021. p. 34.

(327) Conforme: DELGADO, Gabriela Neves; CARVALHO, Bruna V. de. *Breque dos Apps:* direito de resistência na era digital. Disponível em: https://diplomatique.org.br/breque-dos-apps-direito-de-resistencia-na-era-digital/. Acesso em: 4 ago. 2020; Projeto de Pesquisa Trabalho Digital UnB. *Lutas dxs entregadorxs por App:* desafios, balanços e perspectivas, [s.d.]. Disponível em: https://www.youtube.com/watch?v=2iFmtF-ivpw&t=5882s. Acesso em: 14 ago. 2023; Grupo Mundo do Trabalho na Era Digital. *Trabalho em plataforma*. Disponível em: https://www.trabalhoemplataforma.org/. Acesso em: 14 ago. 2023.

Em 2022, passei a integrar o corpo docente da *Pós-Graduação* Lato Sensu *em Migrações e Refúgio – Direito, Trabalho e Cidadania em Perspectiva Comparada,* do PPGD da UnB em parceria com o Programa de Pós-Graduação em Estudos Comparados sobre as Américas da UnB, sob a coordenação do *Professor Dr. Leonardo Cavalcanti* e supervisão da *Professora Dra. Inez Lopes Matos Carneiro de Farias.*

Neste curso, ministrei a disciplina "Migrações e Direitos Humanos: proteção e direitos dos trabalhadores migrantes", com objetivo de estudar os direitos humanos e fundamentais da pessoa migrante, a vulnerabilidade do trabalhador migrante, as migrações laborais e as relações de trabalho dos imigrantes documentados e indocumentados.

Também em 2022, tive a honrosa experiência de atuar como Professora, no circuito internacional, no *Curso de Pós-Graduação Tertúlias Luso-Brasileiras de Direito do Trabalho,* organizado pelo Instituto de Direito das Empresas e do Trabalho (IDET), da Faculdade de Direito da Universidade de Coimbra, na modalidade virtual, sob a supervisão do *Professor Dr. João Leal Amado.*

Na especialização, ministrei a disciplina "Despedimento, justa causa e dispensa arbitrária", em parceria com o *Professor Dr. Mauricio Godinho Delgado,* com o estudo dos princípios aplicáveis à fase da extinção contratual, sua evolução no Brasil, destacadas as alterações normativas e jurisprudenciais recentes, além da apresentação das diversas modalidades de terminação contratual e seus respectivos efeitos jurídicos, seguido da análise dos institutos da estabilidade e das garantias provisórias de emprego no Brasil.

De fato, essa experiência, mesmo que de curta duração, permitiu o alcance de interessantes interlocuções no campo do Direito do Trabalho, sob o signo da internacionalização.

No conjunto, todos os cursos de pós-graduação *lato sensu* deram lugar a práticas docentes diversas, ampliando significativamente o espectro das atividades de ensino e de orientação.

4.6.4. *Atividades de Orientação em Nível de Mestrado*

As atividades de orientação desenvolvidas em Programas de Pós-Graduação *Stricto Sensu* assumem destacada importância na consolidação de parcerias intelectuais e de pertencimento a grupos de pesquisa, como também para o avanço e aprofundamento de repertórios teóricos, em movimentos dialéticos e críticos com potência para estreitar e colocar em relevo a natural interlocução partilhada entre orientador e orientando. Também realçam vínculos e linhas de identificação epistemológica não apenas no percurso da orientação, mas em pleitos de apresentação ou prefácio de livros, conforme ensina o *Professor Dr. José Geraldo de Sousa Júnior*[(328)].

Fui credenciada como professora e orientadora do mestrado e doutorado do PPGD da UFMG em 2007. Tão logo tomei posse na Faculdade de Direito da UnB, solicitei credenciamento ao seu PPGD, onde sigo orientando desde 2010, no mestrado e doutorado, e nas supervisões de pós-doutorado.

No curso de minha trajetória docente, tenho sincero orgulho de ter me integrado a dois grandes Programas de Pós-Graduação em Direito de Universidades Públicas brasileiras (PPGD da UFMG e PPGD da UnB), ambos avaliados com a nota máxima 7, na última avaliação quadrienal da CAPES.

Por toda a trajetória docente, orientei 21 dissertações de mestrado, 7 teses de doutorado e 4 supervisões de pós-doutorado. No PPGD da UnB, em específico, são, até o momento, 6 orientações de doutorado, 17 orientações de mestrado e 4 supervisões de pós-doutorado concluídas. Prefaciei ou apresentei 10 livros publicados correspondentes às pesquisas orientadas no mestrado ou doutorado no PPGD da

---

(328) Conforme SOUSA JÚNIOR, José Geraldo. *Direito com que Direito. Memorial para Progressão ao Cargo de Professor Titular*. Brasília: Faculdade de Direito da UnB, p. 42.

UnB, num conjunto de 45 produções bibliográficas do mesmo tipo, conforme indicadores do *Curriculum Lattes*.

Também acompanhei diversos pesquisadores no programa de iniciação à docência do PPGD da UnB, oferecendo-lhes múltiplas condições de aprendizagem, sobretudo no campo do Direito do Trabalho. No total foram 20 pesquisadores, 17 do mestrado acadêmico e 3 do doutorado.

Como orientadora do PPGD da UnB, recebi pesquisadores em momentos variados da caminhada, alguns jovens e iniciantes, outros maduros e profissionalmente estabelecidos. Mas todos, sem exceção, trouxeram na bagagem pelo menos duas características em comum: o desejo de inaugurarem novos horizontes por meio da pesquisa e a inquietação com o eterno vir a ser do mundo. Agradeço a todos pela confiança no processo de orientação, mas, sobretudo, pela possibilidade de expandirmos nossos universos particulares e assim nos tornamos pessoas melhores.

As pesquisas orientadas no PPGD da UnB, na linha dos Direitos Humanos Trabalhistas e do Direito Constitucional do Trabalho, serão a seguir indicadas. No percurso reflexivo, procurarei demonstrar como estas pesquisas permitiram a expansão da tese da centralidade do trabalho humano e da matriz originária do direito fundamental ao trabalho digno por diversas vias e dimensões, garantindo-lhes maior concretude e solidez.

Em ordem cronológica, a primeira orientação que acompanhei no PPGD da UnB foi de *Clarice Costa Calixto*, que havia sido minha aluna na graduação da Faculdade de Direito da UFMG. Foi uma bela coincidência orientar uma aluna mineira em Brasília, circunstância que se encaixou perfeitamente no meu processo de transição entre a UFMG e a UnB, naquela época.

A dissertação de mestrado intitulada "A Narrativa Jornalística e o Ocultamento do Trabalho como Direito Fundamental" foi aprovada por unanimidade da banca examinadora, em 2013, sob minha orientação e coorientação do *Professor Titular Dr. Luiz Gonzaga Motta*, da Comunicação[(329)].

A partir da premissa de que o trabalho é um direito fundamental, regulado pela Constituição, no contexto do Estado Democrático de Direito, a pesquisa procurou investigar se a perspectiva jurídica da centralidade do trabalho surge no discurso jornalístico. Especificamente, se o trabalho é contado como direito fundamental nas narrativas jornalísticas.

No decorrer do estudo interdisciplinar focado nas áreas da Teoria da Comunicação e do Direito, *Clarice Calixto* analisou os "*aspectos político-ideológicos da cobertura midiática dos processos de produção, interpretação e aplicação do Direito*", com ênfase para a "representação simbólica de fatos relacionados à des(regulamentação) das relações trabalhistas"[(330)].

A pesquisa comprovou que "*há um ocultamento do trabalho como direito fundamental nas narrativas jornalísticas brasileiras, produzido por meio de estórias que enfocam o trabalho como custo da economia*" e que também "*desenham no imaginário coletivo a 'fábula das trapalhadas do Estado, dono de um 'dinossauro' que atende pelo nome de Direito do Trabalho'*", circunstância que contribui para a legitimação de mecanismos de flexibilização trabalhista, de precarização e reforço a processos de mercantilização do trabalho e do trabalhador[(331)].

---

(329) CALIXTO, Clarice Costa. *A narrativa jornalística e o ocultamento do trabalho como direito fundamental*. 2013. Dissertação (Mestrado em Programa de Pós-Graduação em Direito) – Universidade de Brasília, 2013. Orientadora: Gabriela Neves Delgado; Coorientador: Luiz Gonzaga Motta.

(330) *Ibidem*, p. 11 e 18. (grifos nos originais).

(331) CALIXTO, Clarice Costa. *A narrativa jornalística e o ocultamento do trabalho como direito fundamental*. *Op. cit.*, p. 126. (grifos nos originais).

Embora não tenha se tornado livro, a dissertação se desdobrou no artigo "Direito e Mídia: linguagem e poder no mercado de discursos públicos", publicado por *Clarice Calixto,* no contexto da participação no Congresso Internacional "Direito e Contemporaneidade: mídias e direitos da sociedade em rede", da Universidade Federal de Santa Maria[(332)]. Outro resultado da pesquisa foi o artigo "A fábula do dinossauro trabalhista: discursos midiáticos sobre direitos e lutas coletivas", publicado na primeira obra coletiva do *Grupo de Pesquisa Trabalho, Constituição e Cidadania,* organizada por mim em parceria com o *Professor Dr. Ricardo José Macêdo de Britto Pereira*[(333)].

Com a orientação de *Ana Carolina Paranhos Campos Ribeiro,* tive a grata oportunidade de retomar a pesquisa sobre os direitos das crianças e dos adolescentes, na perspectiva dos direitos humanos, a partir do estudo das piores formas de trabalho infantil.

A dissertação de mestrado, intitulada "*A Doutrina da Proteção Integral nas Dinâmicas Internacional e Brasileira:* uma proposta quadrangular a partir do estudo da erradicação das piores formas de trabalho infantil", foi aprovada com louvor, por unanimidade da banca examinadora, em 2014[(334)].

Na plataforma internacional de direitos humanos, o compromisso com a erradicação e a prevenção das piores formas de trabalho

---

(332) CALIXTO, Clarice Costa. *Direito e mídia:* linguagem e poder no mercado de discursos públicos. *In*: Congresso Internacional de Direito e Contemporaneidade, 2012, Santa Maria – RS. Anais do Congresso Internacional Direito e Contemporaneidade: mídias e direitos da sociedade em rede, 2012. p. 1-13. Disponível em: http://www.ufsm.br/app/uploads/sites/563/2019/09/18.pdf. Acesso em: 8 ago. 2023.

(333) CALIXTO, Clarice Costa. A fábula do dinossauro trabalhista: discursos midiáticos sobre direitos e lutas coletivas. *In*: DELGADO, Gabriela Neves; PEREIRA, Ricardo José Macêdo de Britto (Org.). *Trabalho, Constituição e cidadania:* a dimensão coletiva dos direitos sociais trabalhistas. São Paulo: Editora LTr, 2014. p. 46-64.

(334) RIBEIRO, Ana Carolina Paranhos Campos. *A doutrina da proteção integral nas dinâmicas internacional e brasileira:* uma proposta quadrangular a partir do estudo das piores formas de trabalho infantil. 2014. Dissertação (Mestrado em Programa de Pós-Graduação em Direito) – Universidade de Brasília, Coordenação de Aperfeiçoamento de Pessoal de Nível Superior. Orientadora: Gabriela Neves Delgado.

infantil foi destacado a partir do estudo da Convenção 182 da OIT e, no plano doméstico, pelo estudo da dignidade humana, na perspectiva da Doutrina da Proteção Integral, internalizada no Brasil desde a promulgação da Constituição Federal de 1988 e regulamentada pelo Estatuto da Criança e do Adolescente.

A pesquisa se sustenta na tese de que a Doutrina da Proteção Integral à criança e ao adolescente apresenta quatro vértices de estruturação: o Direito, a Educação, a Proteção Social e a Cooperação Transversal. Nesse sentido é que se compreende que a prevenção e a erradicação do trabalho infantil requerem não apenas a repressão deste crime, mas o resgate e a reintegração social e familiar das vítimas, somada à assistência de crianças e famílias em situações de vulnerabilidade, risco social e pobreza[335].

Desde os tempos de orientação, *Ana Carolina Paranhos* se tornou uma das minhas interlocutoras mais frequentes, e com quem tanto aprendo sobre direitos humanos e direito internacional. Registro, a seguir, três artigos que redigimos em coautoria, que reputo de destacada importância em minha produção científica.

No artigo "Os Direitos Sociotrabalhistas como Dimensão dos Direitos Humanos", demarcamos o Direito do Trabalho na dimensão ética dos direitos humanos, fundado na tríade "dignidade humana, cidadania e justiça social", orientada pelo princípio da solidariedade social, além do reforço dado às dimensões multicultural e protetiva. Internamente, avançamos na análise do suporte constitucional previsto pela Constituição de 1988 ao direito fundamental ao trabalho digno. No plano internacional, estudamos o papel de vanguarda da OIT na trajetória de regulação dos direitos humanos trabalhistas e para a efetivação da justiça social e nessa direção referenciamos a *Carta Internacional dos*

---

(335) RIBEIRO, Ana Carolina Paranhos Campos. *A doutrina da proteção integral nas dinâmicas internacional e brasileira:* uma proposta quadrangular a partir do estudo das piores formas de trabalho infantil. *Op. cit.*, p. 185.

Direitos Humanos Trabalhistas, em conformidade com a cobertura patrocinada pela *Carta Internacional dos Direitos Humanos,* com destaque para a análise: a Declaração de Filadélfia (1944) e a Declaração da OIT sobre Princípios e Direitos Fundamentais no Trabalho (1998)(336).

No artigo "Os 70 anos da Declaração Universal dos Direitos Humanos: ecos do direito internacional dos direitos humanos na dinâmica de reconhecimento de direitos sociotrabalhistas na Constituição Federal de 1988", destacamos a importância da Declaração Universal dos Direitos Humanos no sistema internacional e para uma política de direitos pautada na centralidade humana, no campo dos direitos humanos(337).

Por fim, publicamos o artigo "O Papel do Supremo Tribunal Federal no Cumprimento da Agenda 2030 da ONU à Luz do Objetivo do Trabalho Decente", redigido em parceria com *Ana Luísa Gonçalves Rocha,* na *Revista Jurídica Trabalho e Desenvolvimento,* periódico com indexação Qualis A3.

O texto se ocupou de analisar o percurso histórico das Agendas de Desenvolvimento da ONU, para na sequência estudar especificamente a *Agenda 2030* e seu Objetivo de Desenvolvimento Sustentável (ODS) n. 8, referente ao *trabalho decente,* cujo conceito foi na origem formulado pela OIT, em 1999. Indicadas as bases teóricas, a pesquisa avançou para a análise da articulação dos conceitos da Agenda 2030 e do trabalho

---

(336) O artigo foi originalmente publicado na Revista Brasileira de Direitos Humanos, em 2013, a saber: DELGADO, Gabriela Neves; RIBEIRO, Ana Carolina Paranhos Campos. Os direitos sociotrabalhistas como dimensão dos direitos humanos. *Revista Brasileira de Direitos Humanos,* v. 5, p. 5-24, 2013. Com ótima repercussão, o mesmo texto foi replicado, na sequência, em revistas jurídicas especializadas e livros coletivos do país, todos registrados no *Curriculum Lattes.*

(337) Este artigo foi publicado em dois periódicos do Direito, a saber: DELGADO, Gabriela Neves; RIBEIRO, Ana Carolina Paranhos Campos. Os 70 anos da Declaração Universal dos Direitos Humanos: ecos do direito internacional dos direitos humanos na dinâmica de reconhecimento de direitos sociotrabalhistas na Constituição Federal de 1988. *Revista dos Estudantes de Direito da UnB.* v. 1, p. 15-33, 2018; DELGADO, Gabriela Neves; RIBEIRO, Ana Carolina Paranhos Campos. Os 70 anos da Declaração Universal dos Direitos Humanos: ecos do direito internacional dos direitos humanos na dinâmica de reconhecimento de direitos sociotrabalhistas na Constituição Federal de 1988. *Revista LTr.* Legislação do Trabalho, v. 83, p. 272-280, 2019.

decente, nas decisões judiciais do Supremo Tribunal Federal, para verificar o compromisso do STF com os direitos humanos trabalhistas(338).

Em torno da temática da terceirização trabalhista, orientei *Renata Queiroz Dutra* na dissertação de mestrado "Do Outro Lado da Linha: Poder Judiciário, Regulação e Adoecimento dos Trabalhadores em *Call Centers*", aprovada por unanimidade da banca examinadora em 2014. Tive a honra de prefaciar o livro decorrente do mestrado, naquele mesmo ano(339).

Respaldada em pesquisa empírica, a dissertação analisou a precariedade socioeconômica e jurídica do trabalho terceirizado em *call centers*, no setor das telecomunicações, caracterizado pela mercantilização da força de trabalho e volatilidade contratual, por uma rotina de trabalho sem limites, pela fragilização da identidade social e ruptura da emancipação coletiva e pelo adoecimento crescente dos trabalhadores do setor.

A pesquisa foi aprofundada mediante identificação e análise do padrão de regulação judicial do TST para as relações de trabalho terceirizadas em *call centers*, sobretudo quanto à utilização argumentativa das premissas constitucionais de proteção ao trabalho.

Com *Renata Dutra* estabeleci profícua parceria. À época do mestrado, publicamos uma série de artigos científicos em coautoria, com destaque para o estudo conjunto sobre a terceirização trabalhista(340).

---

(338) DELGADO, Gabriela Neves; ROCHA, Ana Luísa Gonçalves; RIBEIRO, Ana Carolina Paranhos Campos. O papel do Supremo Tribunal Federal no cumprimento da Agenda 2030 da ONU à luz do objetivo do trabalho decente. *Revista Jurídica Trabalho e Desenvolvimento*, v. 6, p. 1-48, 2023.

(339) DUTRA, Renata Queiroz Dutra. *Do outro lado da linha:* poder judiciário, regulação e adoecimento dos trabalhadores em *call centers*. 2017. Dissertação (Mestrado em Programa de Pós-Graduação em Direito) – Universidade de Brasília. Orientadora: Gabriela Neves Delgado; DUTRA, Renata Queiroz. *Do outro lado da linha:* poder judiciário, regulação e adoecimento dos trabalhadores em *call centers*. São Paulo: LTr, 2014.

(340) DELGADO, Gabriela Neves; DUTRA, Renata Queiroz. Obrigações constitucionais extrapatrimoniais das empresas prestadoras e tomadoras de serviços nas relações de trabalho. *Revista Síntese Trabalhista e Previdenciária*, v. 1, p. 74-99, 2013; DELGADO, Gabriela Neves;

Também a orientei no doutorado e atualmente sigo, honrada, como sua colega de trabalho na Faculdade de Direito, após sua aprovação no concurso público para Professora Adjunta de Direito do Trabalho da UnB.

Em seguida, orientei *Lara Parreira de Farias Borges*, com a dissertação "Espiando por trás da persiana: um olhar sobre a discriminação traduzida em assédio moral organizacional contra mulheres", aprovada, com louvor, por unanimidade da banca examinadora, em 2015. Tive a honra de prefaciar o livro decorrente da pesquisa, naquele mesmo ano(341).

Na dissertação, a temática da discriminação contra mulheres ressurge a partir da análise de práticas de discriminação de gênero nas relações de trabalho. O texto se concentra no estudo do assédio moral organizacional presente em modelos empresariais toyotistas, cujos métodos de gestão procuram normalizar condutas estruturadas num tradicional "arquétipo de masculinidade".

No percurso teórico, há um claro refinamento da análise com a referência à Teoria dos Jogos para caracterizar o poder empregatício nos espaços de trabalho, mediante dinâmicas que tendem a romper com as redes de solidariedade e de reconhecimento entre os trabalhadores.

No horizonte do Direito do Trabalho constitucionalizado, a dissertação identifica as redes de reconhecimento recíproco e igualitário nas relações de trabalho como pressuposto de afirmação do direito

---

DUTRA, Renata Queiroz. Obrigações constitucionais extrapatrimoniais das empresas prestadoras e tomadoras de serviços nas relações de trabalho terceirizadas. *In*: GARCIA, Gustavo Filipe Barbosa; ALVARENGA, Rúbia Zanotelli (Org.). *Direito do Trabalho e Direito Empresarial sob o Enfoque dos Direitos Fundamentais*. São Paulo: LTr, 2015. p. 93-106; DELGADO, Gabriela Neves; DUTRA, Renata Queiroz. Terceirização sem limites: crônica de uma tragédia social anunciada. *Revista Magister de Direito do Trabalho*. v. 87, p. 94-98, 2018.

(341) BORGES, Lara Parreira de Farias. Espiando por trás da persiana: um olhar sobre a discriminação traduzida em assédio moral organizacional contra mulheres. 2015. Dissertação (Mestrado em Programa de Pós-Graduação em Direito) – Universidade de Brasília. Orientadora: Gabriela Neves Delgado; BORGES, Lara Parreira de Farias. *Espiando por trás da persiana:* um olhar sobre a discriminação traduzida em assédio moral organizacional contra mulheres. São Paulo: LTr, 2015.

fundamental ao trabalho digno. Em seguida, avança com a análise jurisprudencial, com objetivo de verificar em qual medida as premissas constitucionais de proteção ao trabalho em condições de dignidade e de igualdade foram utilizadas em casos de assédio moral organizacional contra mulheres, no padrão decisório do TST.

Ainda em parceria com *Lara Parreira*, avançamos com o estudo do padrão regulatório adotado pelo TST no tocante ao clássico princípio da proteção trabalhista, em torno das disputas argumentativas no campo do Direito Constitucional do Trabalho, mediante publicação de capítulo específico sobre o tema[342].

Avancei com a temática da discriminação nas relações de trabalho ao orientar *Rodrigo Leonardo de Melo Santos*, com a pesquisa "A discriminação de homens gays na dinâmica das relações de emprego: reflexões sob a perspectiva do direito fundamental ao trabalho digno", aprovada, com louvor, por unanimidade da banca examinadora, em 2016. Para meu orgulho, fui convidada a prefaciar o livro decorrente da dissertação, publicado em 2017[343].

A pesquisa parte da contextualização histórica e cultural dos preconceitos homofóbicos para, em seguida, aprofundar-se na análise sociológica da discriminação por orientação sexual, especialmente a sofrida por homens gays, em relações de emprego pautadas no padrão de acumulação flexível.

---

(342) DELGADO, Gabriela Neves; BORGES, Lara Parreira de Farias. A revisitação do princípio da proteção pelo discurso constitucional trabalhista no Tribunal Superior do Trabalho. *In*: DELGADO, Gabriela Neves; PIMENTA, José Roberto Freire; MELLO FILHO, Luiz Philippe Vieira de; LOPES, Othon de Azevedo (Org.). *Direito Constitucional do Trabalho*: princípios e jurisdição constitucional do TST. São Paulo: LTr, 2015. p. 38-50.
(343) SANTOS, Rodrigo Leonardo de Melo. *A discriminação de homens gays na dinâmica das relações de emprego:* reflexões sob a perspectiva do direito fundamental ao trabalho digno. 2016. Dissertação (Mestrado em Programa de Pós-Graduação em Direito) – Universidade de Brasília. Orientadora: Gabriela Neves Delgado. SANTOS, Rodrigo Leonardo. *A discriminação de homens gays na dinâmica das relações de emprego*. São Paulo: LTr, 2017.

A dimensão jurídica perpassa a perspectiva do Direito do Trabalho constitucionalizado, sobretudo por teorizar o direito fundamental ao trabalho digno como referência normativa e axiológica necessária para o combate à discriminação por orientação sexual nas relações de trabalho. Nessa linha, também aprofunda o debate sobre práticas inclusivas de reconhecimento de identidades constitucionais no trabalho, para que trabalhadores discriminados sejam reconhecidos na comunidade política e social da qual fazem parte.

Por último, foca no importante papel da Justiça do Trabalho para a consolidação do discurso constitucional trabalhista e densificação do princípio protetivo que rege o Direito do Trabalho, a partir da análise da jurisprudência do TST em casos de discriminação sofrida por trabalhadores gays em relações de emprego.

Também é importante registrar que com *Rodrigo Leonardo* firmei sólida parceria no Projeto de Extensão "Jurisdição Trabalhista e Previdenciária nos Tribunais Superiores", sobretudo no sentido de selecionar e acompanhar casos relevantes em trâmite nos Tribunais Superiores (STF e TST, especialmente), para eventual atuação judicial do *Grupo de Pesquisa Trabalho, Constituição e Cidadania,* na qualidade de *Amicus Curiae.*

Ainda orientei *Ana Lúcia Francisco dos Santos Bottamedi* em sua dissertação de mestrado intitulada "Educação Corporativa: possibilidades e desafios na perspectiva do Direito do Trabalho", aprovada, com louvor, por unanimidade da banca examinadora, em 2016. Tive a honra de prefaciar o livro resultante da pesquisa de mestrado, em 2017[(344)].

---

(344) BOTTAMEDI, Ana Lúcia Francisco dos Santos. *Educação corporativa:* possibilidades e desafios na perspectiva do direito do trabalho. 2016. Dissertação (Mestrado em Programa de Pós-Graduação em Direito) – Universidade de Brasília. Orientadora: Gabriela Neves Delgado. BOTTAMEDI, Ana Lúcia Francisco dos Santos. *Educação:* direito do trabalhador? Possibilidades e desafios da educação corporativa na perspectiva do direito do trabalho. São Paulo: LTr, 2017.

A pesquisa apresenta análise introdutória sobre os sistemas de educação corporativa (pressupostos, formalidades, paradoxos e desafios), identificando-os como importantes instrumentos de qualificação e aperfeiçoamento profissional. Na sequência, avança com o estudo da educação emancipatória, com respaldo em Theodor Adorno, Paulo Freire e Enrique Dussel[(345)].

Sustenta que nas relações de emprego é possível viabilizar-se práticas de "cidadania corporativa", se ao trabalhador for garantido o aperfeiçoamento da sua qualificação técnica, mas também espaços de maturação de sua consciência crítica e ampliação de suas capacidades de empoderamento identitário, ao propor a aplicação de premissas da educação emancipatória à educação corporativa.

A intersecção das categorias "educação" e "trabalho" é posta no plano constitucional quando a pesquisa reconhece o direito à educação ao patrimônio dos direitos fundamentais do trabalhador, a partir do marco teórico do direito fundamental ao trabalho digno.

Com grande satisfação, sigo na condição de coorientadora do doutorado de *Ana Lúcia Bottamedi*, em curso no Programa de Pós-Graduação em Psicologia, da Universidade Federal de Santa Catarina, sob a orientação do *Professor Dr. Narbal Silva*. O projeto de doutorado busca identificar as contribuições da Psicologia Positiva para ampliação, compreensão e alcance do conceito do direito fundamental ao trabalho digno, por meio do constructo de organizações saudáveis e da atuação direcionada de seus líderes.

---

(345) Entre outros títulos, destacam-se: ADORNO, Theodor W. *À guisa de introdução:* Adorno e a experiência formativa. *In*: *Educação e emancipação*. Rio de Janeiro: Paz e Terra, 1995. p. 11-28; ADORNO, Theodor W. *Educação e emancipação*. Rio de Janeiro: Paz e Terra, 1995; FREIRE, Paulo. *A educação como prática da liberdade*. 24. ed. Rio de Janeiro: Paz e Terra, 2000; FREIRE, Paulo. *Pedagogia da esperança*. 17. ed. São Paulo: Paz e Terra, 2011; FREIRE, Paulo. *Pedagogia da autonomia:* saberes necessários à prática pedagógica. 49. ed. São Paulo: Paz e Terra, 2014; FREIRE, Paulo. *Pedagogia do oprimido*. 58. ed. ver. e atual. Rio de Janeiro: Paz e Terra, 2014; DUSSEL, Enrique D. *Filosofia na América Latina:* filosofia da libertação. São Paulo: Loyola, 1977.

Na sequência das orientações de mestrado no PPGD da UnB, orientei *Raissa Rousseng Alves*, cuja dissertação intitulada "Entre o silêncio e a negação: uma análise da CPI do trabalho escravo sob a ótica do trabalho 'livre' da população negra" foi aprovada por unanimidade da banca examinadora, em 2017, com publicação do livro em 2019[(346)].

A pesquisa demonstra que, desde a instituição do denominado "mercado de trabalho livre" no Brasil, "a população negra ocupa de forma predominante as atividades mais precarizadas em termos de direitos trabalhistas, estando mais vulnerável ao trabalho escravo contemporâneo", num quadro social que perpetua e se insere na "divisão racial do trabalho advinda com a colonização europeia"[(347)].

No percurso, localiza o racismo e o regionalismo na configuração do trabalho escravo contemporâneo no Brasil, para enfim ilustrar os problemas que envolvem a concretização do trabalho livre para a população negra, a partir da análise das notas taquigráficas da Comissão Parlamentar de Inquérito do Trabalho Escravo da Câmara dos Deputados, realizada em 2012[(348)].

Em tópico específico da dissertação, como também posteriormente no artigo "A Quem Pertence o Direito Fundamental ao Trabalho Digno no Brasil? Em Busca de um Direito do Trabalho para Trabalhadoras e Trabalhadores Negros", *Raissa Rousseng* lança a provocação de que, para garantir o direito fundamental ao trabalho digno, é preciso enfrentar a questão racial. Nesse sentido, demonstra o quão difícil é o acesso ao patamar mínimo de proteção conferido pelo Direito do

---

(346) ALVES, Raissa Rousseng. Entre o silêncio e a negação: uma análise da CPI do trabalho escravo sob a ótica do trabalho "livre" da população negra. 2017. Dissertação (Mestrado em Programa de Pós-Graduação em Direito) – Universidade de Brasília. Orientadora: Gabriela Neves Delgado. ALVES, Raissa Rousseng. *Entre o silêncio e a negação:* trabalho escravo contemporâneo sob a ótica da população negra. Belo Horizonte: Letramento, 2019.

(347) ALVES, Raissa Rousseng. *Entre o silêncio e a negação:* trabalho escravo contemporâneo sob a ótica da população negra. *Op. cit.*, p. 7.

(348) *Ibidem*, p. 14.

Trabalho à população negra nas relações de trabalho, devido às "hierarquias raciais de exploração engendradas pela branquitude em seu Contrato Racial"(349).

A orientação de *Raissa Rousseng*, seguida das orientações de *Raquel Leite da Silva Santana, Adriana Avelar Alves* e *Gerson Costa*, foram decisivas na minha formação docente. Num exercício de humildade, com eles aprendi e iniciei a experiência de pesquisa e reflexão sobre a questão racial no Direito do Trabalho, imprescindível para assegurar efetividade ao seu papel emancipador, inclusivo e democrático.

Nesse mesmo contexto, também sinalizo para a importância de me integrar como docente na UnB, diante da relevância da sua atuação na esfera das políticas institucionais de expansão e democratização dos quadros universitários. Plural e multiétnica, a "UnB foi pioneira nas cotas raciais, implementadas em 2003, e também na realização de vestibular específico para indígenas, por meio de um convênio com a Fundação Nacional do Índio (FUNAI)"(350).

Novamente em torno da temática da terceirização trabalhista, orientei *Virna Rebouças Cruz*, com a dissertação "Trabalho terceirizado, identidades fragilizadas e dano existencial", aprovada por unanimidade da banca examinadora, em 2017(351).

---

(349) ALVES, Raissa Roussenq. *Entre o silêncio e a negação:* trabalho escravo contemporâneo sob a ótica da população negra. *Op. cit.*, p. 94-95; ALVES, Raissa Roussenq. A quem pertence o direito fundamental ao trabalho digno no Brasil? Em busca de um direito do trabalho para trabalhadoras e trabalhadores negros. *In*: DELGADO, Gabriela Neves (Coord.). *Direito fundamental ao trabalho digno no século XXI:* principiologia, dimensões e interfaces no Estado Democrático de Direito. Coleção Trabalho, Constituição e Cidadania, v. I. São Paulo: LTr, 2020. p. 165.
(350) MOURA, Márcia Abrahão; NOGUEIRA, Mônica. As universidades e seu papel para a promoção da cidadania e a defesa dos direitos fundamentais. *In*: SOUSA JÚNIOR, José Geraldo [*et al.*] (Org.). *O direito achado na rua:* introdução crítica ao direito como liberdade. Brasília: OAB Editora; Editora Universidade de Brasília, 2021. p. 28.
(351) CRUZ, Virna Rebouças. *Trabalho terceirizado, identidades fragilizadas e dano existencial.* 2017. Dissertação (Mestrado em Programa de Pós-Graduação em Direito) – Universidade de Brasília. Orientadora: Gabriela Neves Delgado.

Sob o paradigma do direito fundamental ao trabalho digno, a dissertação estudou os impactos da terceirização trabalhista na construção e afirmação da identidade do sujeito trabalhador, tanto sob o prisma individual, como coletivo. Com substrato em Michel Rosenfeld, referência no estudo da identidade do sujeito constitucional, e Axel Honneth, com sua teoria do reconhecimento, a pesquisa ressaltou o papel central do trabalho na formação da subjetividade humana(352).

Na sequência, foi estudado o processo de precarização social do trabalho sob a perspectiva do sistema toyotista de produção, com ênfase na terceirização trabalhista. A pesquisa também investigou a possibilidade de o instituto do dano existencial ser utilizado como ferramenta jurídica de atenuação ou reparo aos danos à subjetividade do trabalhador terceirizado, destacado o padrão regulatório do TST a respeito.

Orientei *Milena Pinheiro Martins* na dissertação "Negociação Coletiva, Teleatendimento e Gênero: um estudo das convenções coletivas de trabalho do Sinttel-DF de 2009 a 2018", aprovada por unanimidade da banca examinadora, em 2019. A pesquisa analisou as interfaces entre o trabalho feminino precário e a organização coletiva de trabalhadores em teleatendimento, demarcado o "gênero como chave de leitura", considerados os desafios postos pela Lei n. 13.467/2017, na perspectiva do Direito Coletivo do Trabalho(353).

O recorte de pesquisa foi estabelecido em torno das negociações coletivas de trabalho. Para tanto, foram consideradas as Convenções Coletivas de Trabalho celebradas pelo Sindicato dos Trabalhadores em Telecomunicações do Distrito Federal (Sinttel-DF), no período de 2009

---

(352) ROSENFELD, Michel. *A identidade do sujeito constitucional*. Tradução: Menelick de Carvalho Netto. Belo Horizonte: Mandamentos Editora, 2003; HONNETH, Axel. *Luta por reconhecimento:* a gramática moral dos conflitos sociais. Tradução: Luiz Repa; apresentação: Marcos Nobre. 2. ed. São Paulo: Editora 34, 2009.

(353) MARTINS, Milena Pinheiro. *Negociação coletiva, teleatendimento e gênero:* um estudo das convenções coletivas de trabalho do SINTTEL-DF de 2009 a 2018. 2019. Dissertação (Mestrado em Programa de Pós-Graduação em Direito) – Universidade de Brasília. Orientadora: Gabriela Neves Delgado.

a 2018, a partir das categorias "gestação, maternidade/paternidade, responsabilidades familiares, condições de trabalho, exercício do trabalho, saúde da mulher e equidade de gênero", por serem elas "utilizadas pelo DIEESE/OIT como referências para avaliação dos instrumentos negociais comprometidos com a promoção da igualdade de gênero"(354).

A dissertação demonstra importantes contradições nas relações coletivas de trabalho do teleatendimento. Apesar do predomínio do caráter feminino empregado no setor, as mulheres estiveram ausentes da diretoria do Sinttel-DF na gestão de 2016 a 2020 (o que se aplica como regra às direções de sindicatos, diga-se de passagem). Além disso, mesmo que presentes cláusulas voltadas à igualdade de gênero nos instrumentos coletivos negociados, houve prevalência de cláusulas relativas à maternidade e à paternidade sobre as demais, em reforço ao estereótipo da mulher restritivamente vinculado à maternidade(355).

Embora não tenha publicado a dissertação em livro, *Milena Martins* desdobrou alguns dos resultados da pesquisa mediante publicação de artigo científico, com ênfase para a análise da questão de gênero que caracteriza a classe-que-vive-do-trabalho, no contexto da reforma trabalhista da Lei n. 13.467/2017. Também para refletir e problematizar os comandos da Lei n. 13.467/2017 na terceirização trabalhista, publicamos artigo em parceria à época da sua orientação de mestrado(356).

---

(354) MARTINS, Milena Pinheiro. *Negociação coletiva, teleatendimento e gênero:* um estudo das convenções coletivas de trabalho do SINTTEL-DF de 2009 a 2018. 2019. Dissertação (Mestrado em Programa de Pós-Graduação em Direito) – Universidade de Brasília. Orientadora: Gabriela Neves Delgado., p. 10.

(355) *Ibidem*, p. 107.

(356) PINHEIRO, Milena. Do lar à luta: a reforma trabalhista misógina. *In*: RAMOS, Gustavo Teixeira; MELO FILHO, Hugo Cavalcanti; LOGUERCIO, José Eymard; RAMOS FILHO, Wilson; GIORGI, Fernanda; LOPES, João Gabriel; AGUSTINHO, Thiago; ERTLE, Valeir (Org.). *O golpe de 2016 e a reforma trabalhista*: narrativas de resistência. Bauru: Canal 6, 2017. p. 272-274; DELGADO, Gabriela Neves; PINHEIRO, Milena. A regência normativa da terceirização trabalhista no Brasil à luz da Lei n. 13.429/2017 e da Lei n. 13.467/2017. *In*: PIRES, Rosemary de Oliveira; LORENTZ, Lutiana Nacur; BARBOSA, Arnaldo Afonso (Org.). *A Reforma Trabalhista na visão dos Magistrados do Trabalho, Procuradores do Trabalho e Advogados Trabalhistas.* Belo Horizonte: RTM, 2019. p. 333-336.

No curso das orientações, destaco a dissertação de *Valéria de Oliveira Dias*, intitulada "A Dimensão Socioambiental do Direito Fundamental ao Trabalho Digno: uma análise a partir do assédio organizacional nos bancos do Distrito Federal", aprovada com louvor, por unanimidade da banca examinadora, em 2019, sob minha orientação. Em 2020, a pesquisa foi publicada em livro, que tive a honra de prefaciar[(357)].

Em grandes linhas, a dissertação apresentou novos pontos de partida para as reflexões sobre a "dimensão socioambiental do direito fundamental ao trabalho digno", compreendida pela proteção integrada do direito à saúde psicofísica do sujeito trabalhador e do direito ao meio ambiente de trabalho equilibrado[(358)].

Valéria Dias desloca seu olhar para as vulnerabilidades e violências que impedem a efetividade da dimensão socioambiental do direito fundamental ao trabalho digno, a partir do estudo do assédio organizacional bancário, com respaldo nos resultados de pesquisa obtidos no Projeto *"Clínica do Trabalho no Sindicato dos Bancários de Brasília"*, do Grupo de Estudos e Práticas em Clínica, Saúde e Trabalho (GEPSAT), do Instituto de Psicologia da UnB.

---

(357) DIAS, Valéria de Oliveira. *A dimensão socioambiental do direito fundamental ao trabalho digno:* uma análise a partir do assédio organizacional nos bancos do Distrito Federal. 2019. Dissertação (Mestrado em Programa de Pós-Graduação em Direito) – Universidade de Brasília. Orientadora: Gabriela Neves Delgado. DIAS, Valéria de Oliveira. *A dimensão socioambiental do direito fundamental ao trabalho digno:* uma análise a partir do assédio organizacional nos bancos do Distrito Federal. 1. ed. São Paulo: LTr, 2020.

(358) Para aprofundar as pesquisas sobre o meio ambiente do trabalho e a saúde do trabalhador, na perspectiva constitucional, consultar, entre outros: FELICIANO, Guilherme Guimarães; EBERT, Paulo Roberto Lemgruber (Coord.). *Direito ambiental do trabalho:* apontamentos para uma teoria geral. São Paulo: LTr, 2018; FENSTERSEIFER, Tiago. *Direitos fundamentais e proteção do ambiente:* a dimensão ecológica da dignidade humana no marco jurídico-constitucional do Estado Socioambiental de Direito. Porto Alegre: Livraria do Advogado, 2008; MELO, Raimundo Simão de. *Direito ambiental do trabalho e a saúde do trabalhador:* responsabilidades legais, dano material, dano moral, dano estético, indenização pela perda de uma chance, prescrição. 5. ed. São Paulo: LTr, 2013; PADILHA, Norma Sueli. O equilíbrio do meio ambiente do trabalho: direito fundamental do trabalhador e de espaço interdisciplinar entre o direito do trabalho e o direito ambiental. *Revista do Tribunal Superior do Trabalho*, São Paulo, v. 77, n. 4, p. 231-258, out./dez. 2011.

No percurso da análise, se contrapõe a uma perspectiva doutrinária conservadora, limitada ao entendimento de que a violência no trabalho resulta exclusivamente da relação disfuncional firmada entre o agressor e a vítima, ao comprovar que modelos de gestão baseados em violência psicológica e em situações estressoras também desequilibram o meio ambiente de trabalho e afetam a saúde mental do trabalhador.

A dissertação ainda investiga o padrão regulatório da Justiça do Trabalho nos conflitos de interesse relacionados ao assédio organizacional nos bancos públicos e privados do Distrito Federal, no período de 2013 a 2017, e aponta alternativas para revisitação e avanço da jurisprudência trabalhista à luz do Direito do Trabalho constitucionalizado.

Sigo, muito honrada, como orientadora de *Valéria Dias* no doutorado em curso, no PPGD da UnB. Com ela construí parceria de fôlego, num processo valoroso de generosidade, abertura e disposição para a pesquisa, com livros, capítulos e artigos publicados em parceria.

Também destaco a coordenação conjunta da obra coletiva "Constitucionalismo Humanista e Social na Jurisprudência do TST: o Direito do Trabalho no legado de Mauricio Godinho Delgado em seus 70 anos", também em parceria com a *Professora Dra. Maria Cecília de Almeida Lemos*; a elaboração do capítulo "Sindicalismo e Negociação Coletiva Trabalhista nas Plataformas Digitais de Consumo: uma análise da situação fática e jurídica dos divulgadores digitais", na obra coletiva coordenada pelo *Professor Dr. Ricardo Antunes*, e a autoria do livro "Plataformas Digitais de Consumo: perspectivas e desafios de proteção justrabalhista para o divulgador digital", sendo estas duas últimas produções também em parceria com *Carolina Di Assis*[(359)].

---

(359) DELGADO, Gabriela Neves; LEMOS, Maria Cecília de Almeida Lemos; DIAS, Valéria de Oliveira (Org.). *Constitucionalismo humanista e social na jurisprudência do TST:* o Direito do Trabalho no legado de Mauricio Godinho Delgado em seus 70 anos. São Paulo: Mizuno, 2023; DELGADO, Gabriela Neves; DIAS, Valéria de Oliveira; DI ASSIS, Carolina. Sindicalismo e negociação coletiva trabalhista nas plataformas digitais de consumo: uma análise da situação fática e jurídica dos

Na sequência, orientei *Helena Martins de Carvalho*, num percurso que deu continuidade aos estudos alavancados na Especialização em Direito Constitucional do Trabalho (UnB/TST), onde também fui sua orientadora.

A dissertação "A Dimensão da Saúde no Direito Fundamental ao Trabalho Digno: uma análise justrabalhista do trabalho na limpeza urbana do Distrito Federal" foi aprovada por unanimidade da banca examinadora, em 2020, e publicada como livro em 2022[(360)].

Direcionada pela teoria do direito fundamental ao trabalho digno e mediante investigação exploratória livre, com pesquisa de campo na Usina de Triagem e Compostagem do Sol Nascente, a pesquisa analisou o direito à saúde no trabalho de coletores e varredores da limpeza urbana do Distrito Federal, na tríplice dimensão do bem-estar físico, mental e social, com ênfase para o estudo dos fenômenos da invisibilidade social, não reconhecimento, estigma, marginalização por meio da linguagem e trabalho emocional exercido na gestão do nojo.

Na interface com o Direito Coletivo do Trabalho, a dissertação promoveu pesquisa documental da Convenção Coletiva de Trabalho da categoria de 2019, concentrada na análise das cláusulas contratuais de proteção e promoção do direito à saúde.

Ao concluir, reforça os pressupostos de compreensão do direito fundamental ao trabalho digno ao demonstrar que, para além da base

---

divulgadores digitais. *In*: ANTUNES, Ricardo (Org.). *Icebergs à deriva:* o trabalho nas plataformas digitais. 1. ed. São Paulo: Boitempo, 2023. p. 521-539; DELGADO, Gabriela Neves; DIAS, Valéria de Oliveira; DI ASSIS, Carolina. *Plataformas digitais de consumo:* perspectivas e desafios de proteção justrabalhista para o divulgador digital. São Paulo: Editora JusPodivm, 2022.

(360) CARVALHO, Helena Martins de. *A dimensão da saúde no direito fundamental ao trabalho digno:* uma análise justrabalhista do trabalho na limpeza urbana do Distrito Federal. 2020. Dissertação (Mestrado em Programa de Pós-Graduação em Direito) – Universidade de Brasília. Orientadora: Gabriela Neves Delgado. CARVALHO, Helena Martins de. *Varrendo para cima do tapete:* da invisibilidade social à regulamentação jurídica do trabalho na limpeza urbana. Belo Horizonte: D'Plácido, 2022.

simbólica de reconhecimento dos trabalhadores da limpeza urbana, é imprescindível assegurar-lhes visibilidade pela via da proteção jurídica, por meio do amplo espectro de direitos fundamentais trabalhistas existente. Afinal, efetivar direitos é dinâmica determinante para a afirmação de relações de trabalho saudáveis e protegidas.

Para além da dissertação, no contexto da pandemia da Covid-19, nos mobilizamos para articular a categoria do trabalho na limpeza urbana em artigo elaborado em parceria com *Renata Queiroz Dutra*, com o objetivo de reforçar a essencialidade desse tipo de trabalho na dinâmica constitutiva dos centros urbanos, em espaços públicos e privados(361).

Raquel Leite da Silva Santana também concluiu o mestrado em 2020 sob minha orientação. A dissertação "O Trabalho de Cuidado Remunerado em Domicílio como Espécie Jurídica do Trabalho Doméstico no Brasil: uma abordagem justrabalhista à luz da trilogia literária de Carolina Maria de Jesus" foi aprovada com louvor, por unanimidade da banca examinadora. Em 2022, a pesquisa foi publicada em livro(362).

A dissertação tomou por ponto de partida a trilogia literária de Carolina Maria de Jesus (Diário de Bitita, de 1977; Quarto de Despejo, de 1960 e Casa de Alvenaria, de 1961), com objetivo de desenvolver uma "análise racializada do trabalho de cuidado no Brasil", mediante proposta de "ampliação do vetor protetivo trabalhista das cuidadoras remuneradas, majoritariamente negras".(363)

---

(361) DELGADO, Gabriela Neves; DUTRA, Renata Queiroz; CARVALHO, Helena Martins de. *O trabalho na limpeza urbana na pandemia:* o vírus como ameaça invisível a sujeitos invisíveis. JOTA, 23 maio 2020.

(362) SANTANA, Raquel Leite da Silva. O trabalho de cuidado remunerado em domicílio como espécie jurídica do trabalho doméstico no Brasil: uma abordagem justrabalhista à luz da trilogia literária de Carolina Maria de Jesus. 2020. Dissertação (Mestrado em Programa de Pós-Graduação em Direito) – Universidade de Brasília. Orientadora: Gabriela Neves Delgado. SANTANA, Raquel Leite da Silva. *As cuidadoras na sala de visita:* regulamentação jurídica do trabalho de cuidado à luz da trilogia de Carolina Maria de Jesus. São Paulo: Dialética, 2022.

(363) SANTANA, Raquel Leite da Silva. *As cuidadoras na sala de visita:* regulamentação jurídica do trabalho de cuidado à luz da trilogia de Carolina Maria de Jesus. *Op. cit.,* p. 21-22.

No percurso, *Raquel Santana* localizou os desafios jurídicos para a garantia do trabalho digno de cuidado remunerado, com a finalidade de contribuir para uma perspectiva crítica de interpretação do Direito do Trabalho, a partir da perspectiva de raça e gênero, em busca de um padrão regulatório inclusivo e multidimensional para o trabalho doméstico, consideradas as adversidades oriundas da dialética de uma sociedade racista e desigual, concebida a partir da escravidão e do patriarcado(364).

Para além da dissertação, em artigo elaborado em parceria com *Renata Queiroz Dutra*, nos mobilizamos a revolver as consequências do racismo institucional nos trabalhos domésticos e de cuidado, particularmente no contexto da pandemia da Covid-19, com objetivo de pensar e problematizar o processo histórico de negação de direitos e de cidadania aos trabalhadores negros, "numa dimensão do tempo-espaço em que a práxis da dignidade da pessoa humana, do trabalho digno e da democracia não se concretizam"(365).

Em 2022, a pesquisa de *Raquel Santana*, elaborada sob minha orientação, foi premiada pelo Decanato de Pós-Graduação da Universidade de Brasília (UnB-DGP), como a *melhor dissertação de mestrado da grande área das Ciências Sociais Aplicadas*, dos Programas de Pós-Graduação da UnB. Ganhou o Programa de Pós-Graduação em Direito, ganhou a Raquel, ganhamos juntas e por todas nós pesquisadoras. Em nosso álbum de fotos dos bancos acadêmicos, memórias de um caminho de respeito e admiração.

No percurso, concluí duas orientações de mestrado direcionadas às relações de trabalho marcadas pela revolução tecnológica digital. A partir

---

(364) Em acréscimo, consultar: SANTANA, Raquel Leite da Silva. Desafios à garantia do trabalho digno de cuidado remunerado, a partir de uma perspectiva de raça e gênero. *In*: DELGADO, Gabriela Neves (Coord.). *Direito fundamental ao trabalho digno no século XXI:* desafios e reinterpretações para as relações de trabalho rurais, urbanas e de serviços. Coleção Trabalho, Constituição e Cidadania. Volume II. São Paulo: LTr, 2020. p. 320.

(365) DELGADO, Gabriela Neves; DUTRA, Renata Queiroz; SANTANA, Raquel Leite da Silva. *Racismo institucional:* o que é essencial em tempos de pandemia? JOTA, 18 jun. 2020.

de 2021, inaugurei outro campo temático de orientações, mas na mesma medida alinhado às preocupações de se garantir um sistema constitucional de proteção trabalhista democrático e inclusivo para os trabalhadores, sob o marco teórico do direito fundamental ao trabalho digno.

Naquele ano, *Carolina Di Assis* defendeu a dissertação "Teletrabalho nas Agências Digitais do Setor Bancário: os desafios de concretização do direito à saúde sob a perspectiva do direito fundamental ao trabalho digno", aprovada com louvor, por unanimidade da banca examinadora. O livro resultante da pesquisa foi publicado em 2022[(366)].

A pesquisa investigou os dilemas da digitalização e os desafios enfrentados pelos bancários que laboram em teletrabalho nas agências digitais, para traçar alternativa de preservação do direito fundamental à saúde. Também avançou com o estudo de referenciais teóricos da Psicodinâmica do Trabalho e da Psicanálise, no sentido de averiguar o adoecimento psíquico do bancário "como resultado das experiências de sofrimento no trabalho"[(367)].

No plano jurídico, tratou da regulamentação trabalhista brasileira referente ao teletrabalho para, em seguida, apresentar criteriosa pesquisa jurisprudencial, com exame do padrão regulatório do Tribunal Regional do Trabalho da 2ª Região (TRT2) e do TST face aos conflitos de interesse dos bancários de agências virtuais envolvendo a dimensão socioambiental do trabalho digno, destacados os direitos à saúde psicofísica e ao meio ambiente laboral ecologicamente equilibrado.

---

(366) DI ASSIS, Carolina. *Teletrabalho nas agências digitais do setor bancário:* os desafios de concretização do direito à saúde sob a perspectiva do direito fundamental ao trabalho digno. 2021. Dissertação (Mestrado em Programa de Pós-Graduação em Direito) – Universidade de Brasília. Orientadora: Gabriela Neves Delgado. DI ASSIS, Carolina. *Teletrabalho nas agências digitais do setor bancário:* os desafios de concretização do direito à saúde sob a perspectiva do direito fundamental ao trabalho digno. São Paulo: Editora Dialética, 2022.

(367) DI ASSIS, Carolina. *Teletrabalho nas agências digitais do setor bancário:* os desafios de concretização do direito à saúde sob a perspectiva do direito fundamental ao trabalho digno. *Op. cit.*, p. 29 e 30.

Também em 2021, *Raianne Liberal Coutinho* defendeu a dissertação "A Subordinação Algorítmica no Arquétipo Uber: desafios para a incorporação de um sistema constitucional trabalhista", aprovada por unanimidade da banca examinadora. Os resultados da pesquisa foram publicados em livro naquele mesmo ano[368].

A dissertação se concentrou na análise da subordinação algorítmica em plataformas digitais, na perspectiva do "arquétipo Uber", caracterizado pelo discurso do empreendedor de si mesmo; pelo trabalho por demanda; pelo controle do trabalhador em tempo integral e por precificação; por diversificado sistema de avaliação, com a possibilidade de cancelamento de corridas e desligamento dos motoristas mal avaliados[369].

Para estudar como a subordinação algorítmica tem sido compreendida na jurisprudência trabalhista brasileira, a dissertação avançou para a pesquisa jurisprudencial no TST. A amostra considerou os acórdãos em Recurso de Revista julgados no período de 1º de janeiro de 2014 até 31 de dezembro de 2020, nos quais a Empresa Uber tenha sido parte[370].

Ao final, reforça a importância de se implementar um "sistema constitucional de proteção trabalhista ao trabalhador uberizado", pela via da aplicação expansiva dos direitos trabalhistas clássicos ("salário mínimo, jornada máxima, defesa contra dispensa arbitrária, proteção da saúde física e mental do trabalhador", por exemplo), acrescidos do "direito à desconexão e à proteção da intimidade e privacidade"[371].

---

(368) COUTINHO, Raianne Liberal. *A subordinação algorítmica no arquétipo Uber*: desafios para a incorporação de um sistema constitucional trabalhista. 2021. Dissertação (Mestrado em Programa de Pós-Graduação em Direito) – Universidade de Brasília. Orientadora: Gabriela Neves Delgado. COUTINHO, Raianne Liberal. *Subordinação algorítmica:* há autonomia na uberização do trabalho? São Paulo: Editora Dialética, 2021.

(369) COUTINHO, Raianne Liberal. *Subordinação algorítmica:* há autonomia na uberização do trabalho? *Op. cit.*, p. 139-172.

(370) *Ibidem*, p. 203.

(371) *Ibidem*, p. 252.

Em parceria com *Carolina Di Assis* e *Raianne Liberal Coutinho,* avançamos no estudo das relações de trabalho interpostas por tecnologias disruptivas em plataformas digitais, mediante elaboração conjunta de artigos científicos sobre o tema. Em coerência aos estudos alavancados no Direito Constitucional do Trabalho, seguimos reforçando a premissa de que o direito fundamental ao trabalho digno tem foro de universalidade e que, portanto, deve alcançar todo e qualquer trabalhador, inclusive os da era digital(372).

Também com *Gerson Costa* e *Caio Afonso Borges,* cujas pesquisas de mestrado seguem em curso, avanço com orientações sobre as metamorfoses da era digital e seus impactos no mundo do trabalho(373).

Em 2002, concluí a orientação de *Ana Luísa Gonçalves Rocha,* com a dissertação "A Inseparabilidade dos Direitos Fundamentais à Saúde e à Limitação da Jornada de Trabalho: uma análise a partir do trabalho dos motoristas profissionais de transporte de cargas", aprovada com louvor, por unanimidade da banca examinadora(374). Acompanhei seu percurso acadêmico desde a iniciação científica, sendo também sua orientadora na monografia de final de curso.

---

(372) DELGADO, Gabriela Neves; COUTINHO, Raianne Liberal; DI ASSIS, Carolina. Flexibilizações à regra da alteridade trabalhista na era digital: a equivocada transferência de riscos e custos do empreendimento ao obreiro no teletrabalho e na uberização. *Revista LTr.* Legislação do Trabalho, v. 1, p. 81-91, 2021; DELGADO, Gabriela Neves; COUTINHO, Raianne Liberal; DI ASSIS, Carolina. A competência da Justiça do Trabalho nas relações de trabalho digitais uberizadas: apontamentos sobre a decisão do Superior Tribunal de Justiça no Conflito de Competência n. 164.554-MG. *Revista LTr.* Legislação do Trabalho, v. 5, p. 588-595, 2021.

(373) COSTA, Gerson. Trabalho em plataformas digitais: uma análise sobre a proteção laboral e as condições de trabalho dos entregadores por aplicativos na cidade de Salvador. Início: 2021. Dissertação (Mestrado em Programa de Pós-Graduação em Direito) – Universidade de Brasília. Orientadora: Gabriela Neves Delgado. BORGES, Caio Afonso. *Novas formas de subjetivação do trabalho na era do capital digital:* a exploração da criatividade e da imagem das influenciadoras digitais. Início: 2022. Dissertação (Mestrado em Programa de Pós-Graduação em Direito) – Universidade de Brasília. Orientadora: Gabriela Neves Delgado.

(374) ROCHA, Ana Luísa Gonçalves. *A inseparabilidade dos direitos fundamentais à saúde e à limitação da jornada de trabalho:* uma análise a partir do trabalho dos motoristas profissionais de transporte de cargas. 2022. Dissertação (Mestrado em Programa de Pós-Graduação em Direito) – Universidade de Brasília. Orientadora: Gabriela Neves Delgado.

No mestrado, *Ana Luísa Rocha* aprofundou a pesquisa sobre as relações de trabalho dos motoristas profissionais de transporte de cargas, a partir da análise interligada – e indissociável – do direito fundamental à saúde ao direito fundamental à limitação da jornada de trabalho. O texto demonstra que a regulamentação da jornada de trabalho da categoria é incompatível com a preservação do direito à saúde, devido à incorporação de estratégias de "prolongamento, intensificação e flexibilização do tempo de trabalho", associada ao aumento de acidentes de trânsito, ao uso de anfetaminas e ao desenvolvimento de transtornos psíquicos e disfunções musculoesqueléticas e auditivas. Também constata a "insuficiência da remuneração de horas extraordinárias como política jurisdicional regulatória" para contenção da prática reiterada de violação do direito fundamental à limitação da jornada de trabalho do motorista(375).

Numa "perspectiva integrativa do direito fundamental ao trabalho digno" e por meio de pesquisa jurisprudencial lastreada em rigorosos parâmetros metodológicos, a dissertação também identifica o padrão regulatório do TST nas demandas envolvendo os direitos à limitação da jornada de trabalho e à saúde de motoristas profissionais de transporte de cargas e se as decisões judiciais articulam tais direitos(376).

Com *Ana Luísa Rocha* construí valiosa parceria acadêmica. Entre os textos científicos produzidos em coautoria, destaco o artigo "Um Retrato do Mundo do Trabalho na Pandemia em Cinco Paradoxos", decorrente da palestra que proferi no Ciclo de Debates Virtuais "O Futuro em Tempos de Pandemia: vida, sociedade e ciência", na UnB, com a honrosa mediação da Reitora da Universidade, *Professora Dra. Márcia Abrahão Moura*, a quem tanto admiro(377).

---

(375) ROCHA, Ana Luísa Gonçalves. *A inseparabilidade dos direitos fundamentais à saúde e à limitação da jornada de trabalho:* uma análise a partir do trabalho dos motoristas profissionais de transporte de cargas. *Op. cit.*, p. 67, 188 e 189.

(376) *Ibidem*, p. 4.

(377) O artigo foi publicado como resumo expandido nos anais do evento e, logo em seguida, em periódico. A respeito, consultar: DELGADO, Gabriela Neves; ROCHA, Ana Luísa Gonçalves. Desafios à saúde global e à proteção social trabalhista. *In*: Ciclo de Debates Virtuais *O futuro em*

O artigo expôs a pandemia da Covid-19 em perspectiva multidimensional que, para além da crise de emergência sanitária, também acentuou uma série de desigualdades econômicas, sociais, trabalhistas e ambientais de um cenário prevalecente de matiz neoliberal, produzindo desarticulações em todos os níveis, com paradoxos evidentes nas relações de trabalho, a seguir sintetizados[378].

O primeiro deles revelou uma oposição entre a importância do trabalho humano, reforçada em tempos de pandemia, em contraposição ao discurso neoliberal prevalecente, que entoa o fim da centralidade do trabalho. O segundo paradoxo exacerbou a contradição do período pandêmico, que, ao mesmo tempo em que revelou a essencialidade do trabalho humano, também expôs e intensificou a sua precarização. O terceiro paradoxo manifestou-se na visibilidade conferida, em certa medida, a alguns trabalhadores invisibilizados, cujos ofícios se destacaram na pandemia (como, por exemplo, os trabalhadores da limpeza urbana), mas que contraditoriamente seguiram desamparados em termos de proteção justrabalhista.

O quarto paradoxo demonstrou que, apesar da demanda exacerbada por entregas a domicílio de produtos e serviços em razão da política de distanciamento social, a pandemia expôs uma série de fragilidades das relações de trabalho dos entregadores por aplicativos, como a fixação de jornadas de trabalho extenuantes e a transferência integral de custos e riscos da atividade aos obreiros, por exemplo. Por fim, o quinto paradoxo revelou que, apesar da importância do teletrabalho como uma alternativa à política de distanciamento social, ele tende a ocasionar trabalhos ininterruptos e de conexão permanente, além de duplas e triplas jornadas de trabalho, sobretudo para mulheres.

---

tempos de pandemia: vida, sociedade e ciência, 2020, Brasília. O futuro em tempos de pandemia: vida, sociedade e ciência. Brasília: Universidade de Brasília, 2020; DELGADO, Gabriela Neves; ROCHA, Ana Luísa Gonçalves. Um retrato do mundo do trabalho na pandemia em cinco paradoxos. *Direito.UnB*, v. 4, p. 16-34, 2020.

(378) DELGADO, Gabriela Neves; ROCHA, Ana Luísa Gonçalves. Um retrato do mundo do trabalho na pandemia em cinco paradoxos. *Op. cit.*, p. 16-34.

Ainda em 2022, concluí a orientação de *Luísa de Castro Anabuki*, com a dissertação "Transversalidade de Gênero na Agenda da Política Pública de Erradicação ao Trabalho Escravo no Brasil", aprovada por unanimidade da banca examinadora e cujo livro segue no prelo(379).

A pesquisa investigou a transversalidade de gênero na agenda da política pública brasileira de erradicação ao trabalho escravo, nas perspectivas epistemológica, analítica de política pública e normativa, direcionada pelo propósito de efetivação dos direitos humanos e fundamentais ao trabalho digno e decente, da liberdade como não escravização e da igualdade e não discriminação(380).

A partir de incursão empírica, analisou as atas das reuniões da Comissão Nacional para Erradicação do Trabalho Escravo (CONATRAE), considerado o marco temporal de 18 de novembro de 2016 a 23 de fevereiro de 2022, para concluir que a transversalidade de gênero não aparece como prioridade para a política pública brasileira de combate ao trabalho escravo. No caso específico da CONATRAE, por exemplo, revela-se pela "baixa aparição nas discussões" e pelo "domínio assimétrico entre os participantes", com "maior domínio semântico do que concreto". Para além disso, também comprova que a raça, como elemento indissociável ao trabalho escravo no Brasil, encontra-se ainda mais ausente dos debates da Comissão do que a questão de gênero(381).

Além da importância da dissertação, e também como contributo para se projetar avanços no sistema jurídico direcionado à proteção de trabalhadoras historicamente invisibilizadas e escravizadas, elaboramos, em parceria com a *Professora Dra. Lívia Mendes Moreira Miraglia*, o artigo "Quando ficar em casa não é seguro: um retrato do trabalho

---

(379) ANABUKI, Luísa de Castro. *Transversalidade de gênero na agenda da política pública de erradicação ao trabalho escravo no Brasil*. 2022. Dissertação (Mestrado em Programa de Pós-Graduação em Direito) – Universidade de Brasília. Orientadora: Gabriela Neves Delgado.
(380) ANABUKI, Luísa de Castro. *Transversalidade de gênero na agenda da política pública de erradicação ao trabalho escravo no Brasil*. *Op. cit.*, p. 151.
(381) *Ibidem*, p. 148.

escravo doméstico em tempos de pandemia"[382], considerando a interseccionalidade das vulnerabilidades sociais[383].

A última orientação de mestrado concluída no período de 2010 a 2023 foi a da Ministra do TST *Delaíde Alves Miranda Arantes,* com a dissertação "Trabalho Decente: uma análise na perspectiva dos direitos humanos trabalhistas a partir do padrão decisório do Tribunal Superior do Trabalho", aprovada por unanimidade da banca examinadora, em 2022. Os resultados da pesquisa foram publicados em livro, em 2023, que tive a honra de apresentar[384].

A dissertação parte do estudo panorâmico dos direitos humanos trabalhistas, com perspectiva e ênfase na missão de justiça social da OIT para, em seguida, sistematizar os principais aspectos teóricos do referencial paradigmático do trabalho decente. Também se direciona à pesquisa jurisprudencial, lastreada em rigoroso parâmetro metodológico, para verificar o padrão decisório do TST de aplicação das normas internacionais, em especial a Agenda do Trabalho Decente da OIT, de 1999.

Ao concluir, ressalta a relevância de a jurisprudência indicar as normas internacionais de proteção ao trabalho, inclusive quanto ao trabalho decente, como argumento decisório central e não apenas periférico. Também indica a necessidade de o Poder Judiciário incorporar as

---

(382) DELGADO, Gabriela Neves; MIRAGLIA, Lívia Mendes Moreira; ANABUKI, Luísa Nunes de Castro. Quando ficar em casa não é seguro: um retrato do trabalho escravo doméstico em tempos de pandemia. *Abya-yala:* Revista sobre Acesso à Justiça e Direitos nas Américas, Brasília, v. 5, n. 2, p. 7-33, jul./dez. 2021. Disponível em: https://periodicos.unb.br/index.php/abya/article/view/35920/31601. Acesso em: 14 jan. 2022.

(383) CRENSHAW, Kimberlé. Documento para o encontro de especialistas em aspectos da discriminação racial relativos ao gênero. *Revista Estudos Feministas,* Florianópolis, v. 10, n. 1, p. 171-188, jan. 2002. Disponível em: https://doi.org/10.1590/s0104-026x2002000100011. Acesso em: 5 mar. 2022.

(384) ARANTES, Delaíde Alves Miranda. *Trabalho decente:* uma análise na perspectiva dos direitos humanos trabalhistas a partir do padrão decisório do Tribunal Superior do Trabalho. 2022. Dissertação (Mestrado em Programa de Pós-Graduação em Direito) – Universidade de Brasília. Orientadora: Gabriela Neves Delgado. ARANTES, Delaíde Alves Miranda. *Trabalho decente:* uma análise na perspectiva dos direitos humanos trabalhistas a partir do padrão decisório do Tribunal Superior do Trabalho. São Paulo: LTr, 2023.

normas dos Tratados e Convenções Internacionais de Direitos Humanos e da jurisprudência da Corte Interamericana de Direitos Humanos (CIDH) nas decisões judiciais, na linha do controle de convencionalidade das leis e conforme a Recomendação 123 do Conselho Nacional de Justiça (CNJ)[(385)]. No conjunto, sua pesquisa fornece importante aporte para o aperfeiçoamento do sistema judicial trabalhista de proteção aos direitos humanos e fundamentais trabalhistas.

4.6.5. Atividades de Orientação em Nível de Doutorado

No percurso de treze anos como orientadora do PPGD da UnB (2010 a 2023), concluí a orientação de seis teses de doutorado, que serão adiante destacadas. Sigo como orientadora de *Valéria de Oliveira Dias* e *Adriana Avelar Alves,* e na condição de coorientadora de *Ana Lúcia Francisco dos Santos Bottamedi,* todas em processo de orientação, com as respectivas pesquisas em andamento[(386)].

Todos os doutorados sob minha orientação foram encaminhados com objetivo de expandir a tese da centralidade do trabalho humano e da matriz originária do direito fundamental ao trabalho digno, conforme se verá adiante.

Em 2014, concluí a orientação de doutorado de *Renata Queiroz Dutra,* com a tese "Trabalho, Regulação e Cidadania: a dialética da regulação social do trabalho em *call centers* na Região Metropolitana

---

(385) ARANTES, Delaíde Alves Miranda. *Trabalho decente:* uma análise na perspectiva dos direitos humanos trabalhistas a partir do padrão decisório do Tribunal Superior do Trabalho. *Op. cit.,* p. 183.
(386) DIAS, Valéria de Oliveira. *A identidade socioambiental do sujeito trabalhador:* uma análise a partir do assédio organizacional no trabalho bancário em plataformas digitais. Início: 2020. Tese (Doutorado em Programa de Pós-Graduação em Direito) – Universidade de Brasília. Orientadora: Gabriela Neves Delgado. ALVES, Adriana Avelar. *Insubmissas trajetórias:* a atividade jurisdicional da juíza negra na Justiça do Trabalho. Início: 2021. Tese (Doutorado em Programa de Pós-Graduação em Direito) – Universidade de Brasília. Orientadora: Gabriela Neves Delgado. BOTTAMEDI, Ana Lúcia Francisco dos Santos. *Organizações saudáveis e direito fundamental ao trabalho digno:* diálogos entre o Direito e a Psicologia Organizacional do Trabalho. Início: 2021. Tese (Doutorado em Programa de Pós-Graduação em Psicologia) – Universidade Federal de Santa Catarina. Orientador: Narbal Silva. Coorientadora: Gabriela Neves Delgado.

de Salvador", aprovada com louvor, por unanimidade da banca examinadora. Os resultados da pesquisa foram publicados em livro naquele mesmo ano, que tive a honra de apresentar(387).

A pesquisa aprofunda reflexões sobre a regulação social do trabalho e a luta de classes, lançando luzes sobre a complexidade das interações sociais, econômicas e trabalhistas firmadas entre os atores sociais e institucionais das relações de trabalho terceirizadas.

Para o enfrentamento da complexa trama jurídica e social que circunscreve a terceirização no Brasil, também apresenta análise inédita no campo do Direito do Trabalho sobre a dialética da regulação social do trabalho para os operadores de *telemarketing* de Salvador, com extensa pesquisa empírica focada na questão de gênero.

A tese de *Renata Dutra* disputa o Direito do Trabalho numa perspectiva progressista, reforçando a necessária posição de centralidade que deve ser assegurada aos trabalhadores, conforme balizas humanísticas e sociais previstas na Constituição de 1988.

Em 2016, concluí a orientação de *Maria Cristina Cardoso Pereira,* com a tese "A carne está servida: análise de argumentações jurisdicionais do TST sobre trabalhadores do setor frigorífico na perspectiva gramsciana", aprovada por unanimidade da banca examinadora. Alguns dos resultados da pesquisa foram publicados em capítulo do livro coletivo "Direito Fundamental ao Trabalho Digno no Século XXI", que coordenei em comemoração aos 10 anos do *Grupo de Pesquisa Trabalho, Constituição e Cidadania*(388).

---

(387) DUTRA, Renata Queiroz. *Trabalho, regulação e cidadania:* a dialética da regulação social do trabalho em *call centers* na Região Metropolitana de Salvador. 2014. Tese (Doutorado em Programa de Pós-Graduação em Direito) – Universidade de Brasília. Orientadora: Gabriela Neves Delgado. DUTRA, Renata Queiroz. *Do outro lado da linha:* Poder Judiciário, regulação e adoecimento dos trabalhadores em *call centers.* São Paulo: LTr, 2014.

(388) PEREIRA, Maria Cristina Cardoso. *A carne está servida:* análise de argumentações jurisdicionais do TST sobre trabalhadores do setor frigorífico na perspectiva gramsciana. 2016. Tese (Doutorado em Programa de Pós-Graduação em Direito) – Universidade de Brasília. Orientadora: Gabriela Neves Delgado. PEREIRA, Maria Cristina Cardoso. Quando violações à dignidade humana se tor-

A tese procurou identificar "padrões argumentativos jurisdicionais" que poderiam ser caracterizados como "ideológicos", segundo uma leitura baseada na produção teórica gramsciana. Para alcançar esses padrões argumentativos, foi feita pesquisa jurisprudencial no TST, em decisões nas quais se discutiam as condições de trabalho no setor de frigoríficos, sendo este um dos pontos fortes da pesquisa. Na análise jurisprudencial também procurou-se identificar em que medida os "discursos de justificação" estariam "articulados com preceitos introduzidos a partir da Constituição Federal de 1988, em especial os valores humanos do trabalho e da dignidade da pessoa"(389).

Em 2018, concluí a orientação de *Maria Cecília de Almeida Monteiro Lemos*, com a tese "O Dano Existencial nas Relações de Trabalho Intermitentes: reflexões na perspectiva do direito fundamental ao trabalho digno", aprovada por unanimidade da banca examinadora. Tive a honra de prefaciar o livro decorrente do doutorado, em 2020(390).

A pesquisa partiu da análise do processo de precarização e flexibilização trabalhista promovido pela Lei n. 13.467/2017, com destaque para o trabalho intermitente, a fim de comprovar que este modelo contratual intensifica sistemática disruptiva de trabalho, em desrespeito ao complexo de proteções e garantias jurídico-constitucionais já estruturado, sobretudo no que se refere ao direito fundamental à limitação da jornada de trabalho.

---

nam "modelo de negócio": o caso dos trabalhadores em frigoríficos e as respostas jurisdicionais do estado-protetor. *In*: DELGADO, Gabriela Neves (Coord.). *Direito fundamental ao trabalho digno no século XXI:* desafios e reinterpretações para as relações de trabalho rurais, urbanas e de serviços. Coleção Trabalho, Constituição e Cidadania. Volume II. São Paulo: LTr, 2020. p. 127-143.

(389) PEREIRA, Maria Cristina Cardoso. *A carne está servida:* análise de argumentações jurisdicionais do TST sobre trabalhadores do setor frigorífico na perspectiva gramsciana. *Op. cit.*, p. 5.

(390) LEMOS, Maria Cecília de Almeida Monteiro. *O dano existencial nas relações de trabalho intermitentes:* reflexões na perspectiva do direito fundamental ao trabalho digno. 2018. Tese (Doutorado em Programa de Pós-Graduação em Direito) – Universidade de Brasília. Orientadora: Gabriela Neves Delgado. LEMOS, Maria Cecília de Almeida Monteiro. *O dano existencial nas relações de trabalho intermitentes:* reflexões na perspectiva do direito fundamental ao trabalho digno. São Paulo: LTr, 2020.

Maria Cecília Lemos propôs tese inédita ao defender que a dinâmica de disponibilidade ininterrupta, própria do contrato de trabalho intermitente, é capaz de provocar "dano existencial", já que vulnerabiliza o trabalhador, restringindo espaços de autonomia para a estruturação de projetos de vida e uma vida de relações, em condição emancipatória.

Logo em seguida, se debruçou em mais de uma centena de decisões judiciais do TST para verificar a existência de padrão regulatório contra eventuais abusos e violações ao direito constitucional à limitação da jornada de trabalho. Indicou as complexidades argumentativas existentes, procurando também correlacionar os danos existenciais ocasionados pelo excesso de jornada de trabalho nos contratos de emprego típicos àqueles ocasionados pelo excesso de tempo de disponibilidade nos contratos de trabalho intermitentes.

Sua tese carrega a importância de densificação dos parâmetros jurídicos de proteção ao trabalho humano, sobretudo após a vigência da Lei n. 13.467/2017. Por coerência, também reflete sobre a aquisição evolutiva de direitos com vista à efetivação do direito fundamental ao trabalho digno.

Após o doutorado, *Maria Cecília Lemos* se tornou Professora do Programa de Pós-Graduação em Direito do Trabalho da UDF, em Brasília, e unidas avançamos no trânsito de diálogos interinstitucionais e acadêmicos, trabalhando em parceria em bancas examinadoras, eventos acadêmicos e na produção científica.

Em 2019, *Frederico Gonçalves Cézar* defendeu a tese de doutorado "Valores Constitucionais de Proteção do Trabalhador em Face da Automação: análise tópica dos argumentos na Assembleia Constituinte de 1987-1988", sob minha orientação direta e coorientação da *Profa. Dra. Cláudia Rosane Roesler*. A tese foi aprovada por unanimidade da banca examinadora(391).

---

(391) CÉZAR, Frederico Gonçalves. *Valores constitucionais de proteção do trabalhador em face da automação:* análise tópica dos argumentos na Assembleia Constituinte de 1987-1988. 2019. Tese

A íntegra da tese não foi publicada em livro, embora importantes resultados da pesquisa sobre a proteção do trabalho digno em face da automação tenham sido publicados no livro coletivo "Direito Fundamental ao Trabalho Digno no Século XXI[392].

Com sua pesquisa, *Frederico Cézar* contribuiu significativamente para o estudo dos valores jurídicos articulados pela argumentação constituinte no tocante à previsão constitucional de proteção ao sujeito trabalhador em face da automação, enfatizados os debates da Assembleia Nacional Constituinte a respeito. Na linha do Direito Constitucional do Trabalho, demonstrou como os valores sociais do trabalho e da livre-iniciativa, relacionados ao paradigma do Estado Democrático de Direito, são impactados pelo fenômeno da crescente automação nas relações de trabalho brasileiras.

Em 2019, sob minha orientação, *Luciana Paula Conforti* defendeu a tese de doutorado "Interpretações do Conceito de Trabalho Análogo à de Escravo: a luta pelo direito ao trabalho digno e pelo direito fundamental de não ser escravizado no Brasil", com aprovação por unanimidade da banca examinadora. O livro com os resultados da tese foi publicado em 2022. Tive a honra de prefaciá-lo[393].

A pesquisa nos provoca a refletir sobre o direito fundamental de não ser escravizado no Brasil, interconectando-o intrinsecamente ao

---

(Doutorado em Programa de Pós-Graduação em Direito) – Universidade de Brasília. Orientadora: Gabriela Neves Delgado; Coorientadora: Cláudia Rosane Roesler.

(392) CÉZAR, Frederico Gonçalves. O desenvolvimento da indústria nacional de informática e a constitucionalização da proteção do trabalho digno em face da automação. *In*: DELGADO, Gabriela Neves (Coord.). *Direito fundamental ao trabalho digno no século XXI:* desafios e reinterpretações para as relações de trabalho rurais, urbanas e de serviços. Coleção Trabalho, Constituição e Cidadania. Volume II. São Paulo: LTr, 2020. p. 112-126.

(393) CONFORTI, Luciana Paula. Interpretações do conceito de trabalho análogo à de escravo: a luta pelo direito ao trabalho digno e pelo direito fundamental de não ser escravizado no Brasil. 2019. Tese (Doutorado em Programa de Pós-Graduação em Direito) – Universidade de Brasília. Orientadora: Gabriela Neves Delgado. CONFORTI, Luciana Paula. *Direito fundamental de não ser escravizado no Brasil.* Belo Horizonte: RTM, 2022.

direito fundamental ao trabalho digno. Para tanto, analisa em profundidade as condições da escravidão no Brasil, sobretudo em âmbito rural e na zona canavieira de Pernambuco.

Em seguida, apresenta alternativas jurídicas viáveis de proteção do ser humano face ao sistema secular de superexploração do trabalho como, por exemplo, ao se posicionar contra projetos de lei com propostas de restrição do conceito de trabalho escravo apenas se caracterizada ofensa à liberdade de locomoção dos trabalhadores, mediante violência e coação física direta. Em acréscimo, reforça a necessidade de sistematização e unificação do conceito de trabalho escravo previsto no art. 149 do Código Penal, ao reivindicar que as Magistraturas Federal e do Trabalho adotem interpretações comuns para referido dispositivo de lei, em conformidade e coerência com a jurisprudência dos Tribunais Superiores e dos Tribunais Internacionais de Direitos Humanos. Ainda conclama o STF a se manter firme em sua missão constitucional no sentido de afastar quaisquer interpretações judiciais tendentes a flexibilizar o conceito de trabalho análogo à de escravo no Brasil[(394)].

Em 2022, concluí a orientação de doutorado de *Helder Santos Amorim*. A tese, intitulada "Terceirização Externa: responsabilidade da cadeia produtiva empresarial descentralizada pelo direito fundamental ao trabalho digno", foi aprovada por unanimidade da banca examinadora. Tive a honra de prefaciar o livro resultante do doutorado, em 2023[(395)].

Com uma visão de Direito do Trabalho rigorosamente fundada na matriz filosófica humanística da Constituição Federal de 1988, *Helder Amorim* desenvolve sólida pesquisa sobre a terceirização externa

---

(394) CONFORTI, Luciana Paula. *Direito fundamental de não ser escravizado no Brasil. Op. cit.*

(395) AMORIM, Helder Santos. *Terceirização externa:* responsabilidade da cadeia produtiva empresarial descentralizada pelo direito fundamental ao trabalho digno. 2022. Tese (Doutorado em Programa de Pós-Graduação em Direito) – Universidade de Brasília. Orientadora: Gabriela Neves Delgado. AMORIM, Helder Santos. *Terceirização externa:* a responsabilidade da cadeia produtiva pelo direito fundamental ao trabalho digno. São Paulo: LTr, 2023.

no âmbito das cadeias globais de mercadorias como veículo de permanente desvalorização do trabalho, com altos níveis de subcontratação e graves violações aos direitos humanos trabalhistas.

Após aprofundado percurso teórico, o texto avança para a fase propositiva, momento em que se lança ao desafio inédito de formular as bases de uma teoria responsabilizatória tridimensional dos agentes econômicos condutores de cadeias produtivas, face aos impactos provocados pela terceirização externa.

Para ele, a estrutura tridimensional de responsabilidades compreende as seguintes frentes de reparação, assim sistematizadas: a "responsabilidade trabalhista da empresa empregadora-fornecedora"; a "responsabilidade subsidiária da empresa contratante da fornecedora, que consiste em espécie de *garantia de cumprimento* dos direitos dos trabalhadores terceirizados"; e a "*responsabilidade civil-trabalhista objetiva direta* da empresa-líder pela observância dos direitos humanos sociotrabalhistas em toda a cadeia produtiva, seja essa empresa a contratante direta ou indireta da empresa fornecedora-empregadora"[(396)].

As bases teóricas da teoria da responsabilidade proposta tomaram por referência tanto o conceito de *trabalho decente,* construído e promovido pela OIT como importante paradigma internacional de promoção dos direitos humanos trabalhistas, quanto a noção de *direito fundamental ao trabalho digno,* resultante do nexo lógico entre o direito fundamental ao trabalho, os direitos decorrentes do trabalho e a dignidade da pessoa humana[(397)].

Enfim, trata-se de uma sólida contribuição doutrinária, que fornece subsídios concretos para a atuação profissional no campo justrabalhista direcionada à proteção dos trabalhadores que atuam em

---

(396) AMORIM, Helder Santos. *Terceirização externa:* a responsabilidade da cadeia produtiva pelo direito fundamental ao trabalho digno. *Op. cit.,* p. 20, 30, 33, 278/285.
(397) *Ibidem,* p. 258-276.

cadeias produtivas estruturadas via terceirização externa, realidade que, infelizmente, ainda carece de efetiva proteção jurídica no país.

Helder Amorim é dos meus maiores interlocutores na pesquisa sobre a terceirização trabalhista. Ao longo dos anos, fomos renovando o compromisso comum de pensar alternativas de proteção jurídica aos trabalhadores terceirizados, mediante extensa publicação acadêmica.

Em 2014, quando a discussão sobre a constitucionalidade da terceirização na atividade-fim de empresas chegou ao Supremo Tribunal Federal como o mais agudo conflito de classes judicializado da atualidade brasileira, redigimos livro dual com reflexões doutrinárias e jurisprudenciais sobre os limites constitucionais da terceirização, procurando resgatar a matriz constitucional de 1988 como forma de clarificar o multifacetado e complexo debate em torno do tema[(398)].

Seguimos adiante na parceria, publicando uma série de artigos e capítulos de livros sobre a terceirização, todos indicados no *Curriculum Lattes*. No percurso das pesquisas, tivemos a honra de publicar o artigo científico "Terceirização. Aspectos Gerais. A Última Decisão do STF e a Súmula 331 do TST. Novos Enfoques", em coautoria com o *Professor Dr. Márcio Túlio Viana*, que nos nutre de inspiração, além de ser referência pela valiosa contribuição dada ao Direito do Trabalho. Este artigo em específico teve ampla repercussão doutrinária, o que viabilizou sua publicação em veículos variados do Direito. Suas ideias também serviram de argumento de reforço em uma série de decisões judiciais dos Tribunais Superiores[(399)].

No ano de 2023, em gratidão a *Helder Amorim*, publiquei artigo científico com reflexões sobre a responsabilidade na terceirização

---

(398) DELGADO, Gabriela Neves; AMORIM, Helder Santos. *Os limites constitucionais da terceirização*. São Paulo: LTr, 2014. A segunda edição da obra foi publicada em 2015, também pela Editora LTr.
(399) VIANA, Márcio Túlio; DELGADO, Gabriela Neves; AMORIM, Helder Santos. Terceirização. Aspectos gerais. A última decisão do STF e a Súmula 331 do TST. Novos enfoques. *Revista Magister de Direito Trabalhista e Previdenciário*, v. 40, p. 05-35, 2011.

externa, tomando por marco teórico a sua tese de doutorado, que se tornou a principal referência do tema no Brasil(400). Com essa publicação, relembro as lições de Paulo Freire sobre a experiência do ensinar como um espaço de criação de possibilidades para a produção ou (re) construção de conhecimento. E este movimento só se efetiva se a relação entre quem ensina e quem aprende for recíproca, numa dinâmica de engrandecimento simultâneo de formação e ressignificação(401).

4.6.6. Atividades de Orientação em Nível de Pós-Doutorado

Com toda honra, tenho atuado como supervisora de pesquisadoras em pós-doutorado, desde a sua instituição no PPGD da UnB, em dinâmicas de rica partilha intelectual.

Em 2021, concluí a supervisão de pós-doutorado da *Professora Dra. Lívia Mendes Moreira Miraglia,* da UFMG, e da *Professora Dra. Vanessa Vieira Pessanha,* da Universidade do Estado da Bahia. Em 2022, encerrei a supervisão da *Professora Dra. Maria Cecília Máximo Teodoro,* da PUC Minas, e da *Professora Dra. Marcella Pagani,* do Centro Universitário UNA, de Belo Horizonte/MG e, em 2023, o pós-doutorado de *Kátia Magalhães Arruda,* Ministra do TST e Professora Titular do PPGD do UDF, em Brasília.

Com todas as colegas professoras tive a oportunidade de publicar artigos científicos em coautoria referentes aos temas pesquisados nos respectivos pós-doutorados, com a correlação necessária das teses da centralidade do trabalho e do direito fundamental ao trabalho digno(402).

---

(400) DELGADO, Gabriela Neves. Aspectos da responsabilidade empresarial em cadeias produtivas estruturadas via terceirização externa na perspectiva do direito fundamental ao trabalho digno. *Revista LTr,* ano 87, mar. 2023, p. 294-299. Este mesmo artigo foi publicado na *Revista Eletrônica – Tribunal Regional do Trabalho do Paraná,* v. 12, p. 89-101, 2023.

(401) FREIRE, Paulo. *Pedagogia da autonomia.* Rio de Janeiro: Paz e Terra, 2021. p. 23.

(402) DELGADO, Gabriela Neves; MIRAGLIA, Lívia Mendes Moreira. Casulos de vidro das trabalhadoras em *home office. Revista da Faculdade Mineira de Direito.* v. 24, p. 21-34, 2021; DELGADO, Gabriela Neves; PESSANHA, Vanessa Vieira; ROCHA, Ana Luísa Gonçalves. Desafios do trabalho

4.7. Atividades de Pesquisa

Para facilitar a exposição das atividades de pesquisa na trilha universitária da UnB, este tópico será desenvolvido e organizado com base nos indicadores de desempenho da UnB (Resolução n. 0179/2017/CEPE).

Neste livro, serão ressaltadas algumas das atividades de pesquisa de maior repercussão no percurso docente na UnB, considerado o período de 2009 a 2023, estando a íntegra da produção consolidada no *Curriculum Lattes*. O objetivo é o de demonstrar organicidade e coerência na atuação no campo do Direito do Trabalho, sob a inspiração do constitucionalismo humanista e social e de seu paradigma do Estado Democrático de Direito.

4.7.1. Produção Acadêmica

Ao analisar em retrospectiva a trajetória docente, é incontestável que a fase de maior pujança em minha produção intelectual ocorreu a partir de 2009, quando ingressei na UnB como Professora de Direito do Trabalho.

Com base nos indicadores do *Curriculum Lattes*, no período de 14 anos (2009 a 2023), foram 33 "livros publicados/organizados ou edições"; 74 "capítulos de livros"; 65 "artigos completos publicados em periódicos"; 13 "textos em jornais de notícias/revistas"; 4 "trabalhos completos publicados em anais de congressos" e 1 "resumo expandido publicado em anais de congressos".

---

docente universitário privado no contexto pandêmico. *Revista de Direito do Trabalho* (São Paulo), v. 216, p. 161-183, 2021; TEODORO, Maria Cecília Máximo; DELGADO, Gabriela Neves. A discriminação algorítmica de gênero: a reprodução do real no virtual. *Revista LTr*. Legislação do Trabalho, v. 2, p. 236-243, 2023; PAGANI, Marcella; BORGES, Caio Afonso; DELGADO, Gabriela Neves. Teletrabalho: reflexões introdutórias na perspectiva da Lei n. 14.442/2022. *Revista dos Estudantes de Direito da UnB*, v. 1, 2023; ARRUDA, Kátia Magalhães; DELGADO, Gabriela Neves. A importância da proteção do trabalho de cuidado para o futuro do trabalho decente, na perspectiva da OIT. *Revista LTr*. Legislação do Trabalho, ano 87, p. 236-243, 2023.

Num esforço de síntese, tentarei analisar e contextualizar algumas das produções intelectuais elaboradas neste período, a partir de três *dimensões de pesquisa* a que tenho me dedicado prioritariamente ao longo dos anos, muitas vezes em projetos simultâneos e estruturalmente vinculados: a dimensão das pesquisas em Direito Constitucional do Trabalho; a dimensão das pesquisas em Direitos Humanos Trabalhistas e a dimensão das pesquisas em Direito Individual do Trabalho.

A) A Dimensão das Pesquisas em Direito Constitucional do Trabalho

Considero ser o livro "Direito Fundamental ao Trabalho Digno", decorrente da tese de doutorado, o trabalho autoral de maior repercussão que publiquei, no conjunto da minha produção acadêmica. A primeira edição data de 2006. Em 2015, já na UnB, o livro seguiu para a segunda edição, após revisão, atualização e incorporação de novas referências bibliográficas(403).

Como já registrado, a proposição central do livro questiona a possibilidade de revisitação do papel regulatório do Direito do Trabalho, em consonância com o projeto inclusivo, democrático e abrangente de direitos fundamentais previstos pela Constituição Federal de 1988, no marco do Estado Democrático de Direito.

O giro hermenêutico proposto revela a necessidade de expansão dos parâmetros de proteção do Direito do Trabalho, para que ele seja capaz de tutelar todo trabalho livre e digno, de modo que o campo dos direitos fundamentais trabalhistas seja estendido a todo e qualquer trabalhador.

Naturalmente, a lógica de ampliação dos direitos fundamentais trabalhistas, enquanto chave interpretativa do Direito do Trabalho

(403) DELGADO, Gabriela Neves. *Direito fundamental ao trabalho digno*. 2. ed. São Paulo: LTr, 2015; DELGADO, Gabriela Neves. *Direito fundamental ao trabalho digno*. 1. ed. São Paulo: LTr, 2006.

constitucionalizado, também se estende aos direitos humanos trabalhistas, na linha internacional da Agenda do Trabalho Decente.

Considera-se que o esforço para a construção de uma intelecção atualizada e abrangente no campo das relações de trabalho é também veículo para a inclusão e o reconhecimento do trabalhador em condições de cidadania, enquanto portador e destinatário do amplo rol de direitos humanos e fundamentais trabalhistas existentes. Além disso, serve como óbice às novas "morfologias do trabalho"(404) admitidas pelo ordenamento jurídico brasileiro, mediante propostas regulatórias precarizantes e que endossam uma "antiquada noção de hierarquia laboral"(405), no conjunto incompatíveis com as premissas constitucionais de proteção ao trabalho.

Conforme descrito no tópico das orientações destes Memoriais, a tese do direito fundamental ao trabalho digno tem sido fartamente referenciada nos estudos de Direito do Trabalho e nas pesquisas desenvolvidas sob minha orientação no PPGD da UnB. Diante disso, por ocasião da comemoração dos 10 anos do *Grupo de Pesquisa Trabalho, Constituição e Cidadania* (UnB/CNPq), para entrecruzar as pesquisas produzidas e buscar uma melhor compreensão das vertentes críticas da categoria trabalho, coordenei a obra coletiva "Direito Fundamental ao Trabalho Digno no Século XXI", em três volumes, num conjunto de 72 artigos e quase uma centena de autores(406).

---

(404) A expressão é de Ricardo Antunes.

(405) DELGADO, Gabriela Neves; CARVALHO, Bruna Vasconcelos de. Direitos fundamentais trabalhistas para quem? Reflexões sobre o trabalho plataformizado na perspectiva do direito constitucional do trabalho. *In*: Noemia Porto; Ricardo Lourenço Filho; Luciana Paula Conforti (Org.). *Plataformas digitais de trabalho:* aspectos materiais e processuais. 1. ed. Brasília: ANAMATRA – ENAMATRA, 2021. p. 113.

(406) DELGADO, Gabriela Neves (Coord.). *Direito fundamental ao trabalho digno no século XXI:* principiologia, dimensões e interfaces no Estado Democrático de Direito. Coleção Trabalho, Constituição e Cidadania, v. I. São Paulo: LTr, 2020; DELGADO, Gabriela Neves (Coord.). *Direito fundamental ao trabalho digno no século XXI:* desafios e reinterpretações para as relações de trabalho rurais, urbanas e de serviços. Coleção Trabalho, Constituição e Cidadania. v. II. São Paulo: LTr, 2020; DELGADO, Gabriela Neves (Coord.). *Direito fundamental ao trabalho digno no século XXI:*

O primeiro volume foi estruturado de modo a apresentar a *principiologia, dimensões constitutivas e interfaces do direito fundamental ao trabalho digno, no contexto do Estado Democrático de Direito.* Também se ocupou de analisar as interfaces de acesso à justiça e de regulação judicial, destacada a atuação do STF quanto à interpretação e aplicação do princípio da dignidade da pessoa humana e dos direitos fundamentais trabalhistas.

O segundo volume introduziu o tema da regulação pública do trabalho, a partir de interações da Economia do Trabalho com o Direito do Trabalho, para em seguida apresentar um variado cenário de relações de trabalho dos segmentos rural, industrial e de serviços, com o propósito de se pensar a dinâmica e a medida de articulação da referência constitucionalizada do direito fundamental ao trabalho digno nessas relações.

O terceiro volume foi direcionado à análise das relações de trabalho situadas no universo da indústria 4.0, dos algoritmos e das plataformas digitais, com uma tentativa de intelecção sobre os possíveis caminhos de proteção justrabalhista.

Nesta parte da Coleção, para refinar a abordagem sobre o direito fundamental ao trabalho digno, foi preciso reforçar seu atributo de *atemporalidade,* mediante a reivindicação de que os direitos humanos e fundamentais trabalhistas naturalmente se estendem no tempo para toda e qualquer relação de trabalho, inclusive em favor dos trabalhadores digitais e plataformizados do século XXI. Essa é a lógica prevalecente da Constituição de 1988, que "deve ser compreendida como uma conquista evolutiva", capaz de "regular o presente de forma aberta para o futuro"[(407)].

---

desafios e ressignificações para as relações de trabalho da era digital. Coleção Trabalho, Constituição e Cidadania. Volume III. São Paulo: LTr, 2020.

(407) Conforme lições de Menelick de Carvalho Netto. A respeito, consultar: CARVALHO NETTO, Menelick de. Temporalidade, constitucionalismo e democracia. *In*: *Revista Humanidades. Presente Tempo Presente. Op. cit.,* p. 37.

Em 2023, publiquei o artigo autoral "Direito Fundamental ao Trabalho Digno em Dimensões: uma revisitação dos seus pressupostos constitutivos"[(408)], num percurso reflexivo voltado à apresentação das premissas clássicas da tese, mas sobretudo focado nas suas dimensões constitucionais imanentes: o valor social do trabalho, a pessoa humana do trabalhador e o meio ambiente do trabalho.

O propósito do texto foi o de apresentar outras leituras do direito fundamental ao trabalho digno e seus contributos para a expansão da tese originária, destacadas as pesquisas em Direito do Trabalho desenvolvidas no âmbito do PPGD da UnB sob minha orientação, na linha "Internacionalização, Trabalho e Sustentabilidade".

Também no domínio das pesquisas em Direito Constitucional do Trabalho, publiquei a obra dual "Constituição da República e Direitos Fundamentais: dignidade da pessoa humana, justiça social e Direito do Trabalho", em parceria com *Mauricio Godinho Delgado*, em 2012. A segunda edição da obra foi publicada em 2013 e a terceira em 2015[(409)].

Este livro apresenta elaborações teóricas, individuais e duais, sobre o Direito do Trabalho na matriz constitucional de 1988, em quatro partes organicamente inter-relacionadas. A primeira parte trata de conceitos cardeais da normativa constitucional, estreitamente vinculados à base principiológica constitutiva do Direito do Trabalho, como democracia, justiça social, direitos fundamentais e dignidade da pessoa humana. A segunda parte discorre sobre as funções do Direito

---

(408) DELGADO, Gabriela Neves. Direito fundamental ao trabalho digno em dimensões: uma revisitação dos seus pressupostos constitutivos. *Revista Síntese Trabalhista e Previdenciária*, v. 33, p. 36-57, 2023.

(409) DELGADO, Mauricio Godinho; DELGADO, Gabriela Neves. *Constituição da República e Direitos Fundamentais:* dignidade da pessoa humana, justiça social e direito do trabalho. São Paulo: LTr, 2012; DELGADO, Mauricio Godinho; DELGADO, Gabriela Neves. *Constituição da República e Direitos Fundamentais:* dignidade da pessoa humana, justiça social e direito do trabalho. 2. ed. São Paulo: LTr, 2013; DELGADO, Mauricio Godinho; DELGADO, Gabriela Neves. *Constituição da República e Direitos Fundamentais:* dignidade da pessoa humana, justiça social e direito do trabalho. 3. ed. São Paulo: LTr, 2015.

do Trabalho e o processo de constitucionalização dos direitos sociais e trabalhistas no Brasil. A terceira parte trata da estruturação, desenvolvimento e papel da Justiça do Trabalho, em sua missão de justiça social. Finalmente, a quarta parte traz a convergência da matriz constitucional de 1988 de proteção ao trabalho com o arcabouço protetivo internacional dos direitos humanos trabalhistas, sobretudo o da OIT.

Ainda no percurso das pesquisas, fui desafiada a pensar e a articular categorias do Direito Constitucional do Trabalho sob o prisma da *regulação judicial dos Tribunais Superiores*, com destaque para o STF e o TST. *O propósito sempre foi o de contribuir, em profundidade e amplitude, para a densificação e o aperfeiçoamento do padrão argumentativo das decisões judiciais, com subsídio nas pesquisas desenvolvidas na Academia em torno do intercâmbio entre doutrina e jurisprudência.*

A coletânea "Tratado Jurisprudencial de Direito Constitucional do Trabalho", elaborada e coordenada em parceria com *Mauricio Godinho Delgado*, apresenta reflexão autoral sobre temas do Direito Constitucional do Trabalho, reforçada por criteriosa seleção, organização e ordenação de acórdãos do TST e dos Tribunais Regionais do Trabalho brasileiros em diálogo com a matriz constitucional de 1988[(410)].

Os três volumes da coletânea trazem análises temáticas sintetizadas da perspectiva constitucional indicada na jurisprudência, por meio do que se denominou de "acórdão paradigma". O primeiro volume trata dos conceitos e princípios constitucionais fundamentais estruturantes do trabalho, além dos princípios de Direito Individual e Coletivo do Trabalho incorporados pela Constituição Federal de 1988. O segundo volume apresenta a estruturação das diretrizes constitucionais para o Direito Individual e Coletivo do Trabalho, destacados os direitos fundamentais trabalhistas. O terceiro volume percorre as diretrizes

(410) DELGADO, Mauricio Godinho; DELGADO, Gabriela Neves. *Tratado jurisprudencial de direito constitucional do trabalho*. Volumes I, II e III. São Paulo: Thomson Reuters Revista dos Tribunais, 2013.

constitucionais para as relações trabalhistas em entidades estatais, as diretrizes internacionais constitucionalizadas para o Direito do Trabalho e para o Direito Processual do Trabalho.

Também com o direcionamento de estudar a jurisdição constitucional do TST, em 2012 coordenei o livro coletivo "Direito Constitucional do Trabalho: princípios e jurisdição constitucional do TST", em parceria com o *Ministro José Roberto Freire Pimenta* e o *Ministro Luiz Philippe Vieira de Mello Filho,* ambos do TST, e com o Professor da Faculdade de Direito da UnB e caro amigo, *Othon de Azevedo Lopes*(411).

Na mesma direção temática, coordenei o livro "Constitucionalismo Humanista e Social na Jurisprudência do TST – O Direito do Trabalho no Legado de Mauricio Godinho Delgado em seus 70 anos", em parceria com as pesquisadoras e amigas *Maria Cecília de Almeida Monteiro Lemos* e *Valéria de Oliveira Dias,* em 2023(412).

Ao fim e ao cabo, o que se almeja é que os Tribunais Superiores sedimentem uma jurisprudência coerente com a normativa constitucional de proteção ao trabalho humano.

B) A Dimensão das Pesquisas em Direitos Humanos Trabalhistas

Na dimensão da pesquisa em Direitos Humanos Trabalhistas, relembro que minha primeira produção científica como Professora de Direito do Trabalho da UnB foi o artigo autoral "Princípios Internacionais do Direito do Trabalho e do Direito Previdenciário", com a compilação dos resultados apresentados na prova didática do concurso

---

(411) DELGADO, Gabriela Neves; PIMENTA, José Roberto Freire; MELLO FILHO, Luiz Philippe Vieira de; LOPES, Othon de Azevedo (Org.). *Direito Constitucional do Trabalho:* princípios e jurisdição constitucional do TST. São Paulo: LTr, 2015.

(412) DELGADO, Gabriela Neves; LEMOS, Maria Cecília de Almeida Monteiro; DIAS, Valéria de Oliveira (Org.). *Constitucionalismo humanista e social na jurisprudência do TST:* o direito do trabalho no legado de Mauricio Godinho Delgado em seus 70 anos. São Paulo: Mizuno, 2023.

público de provas e títulos para Professora Adjunta, em dedicação exclusiva, da área de Direito do Trabalho, Direito Previdenciário, Legislação Social ou áreas afins, da Faculdade de Direito(413).

Dali em diante avancei com as pesquisas na área, sobretudo a partir de minha integração à linha de pesquisa "Internacionalização, Trabalho e Sustentabilidade", do PPGD da UnB, que repercutiu numa exigência de maior interconexão entre o direito interno e o internacional nas reflexões empreendidas sobre os Direitos Humanos Trabalhistas e o Direito Internacional do Trabalho. Para tanto, retomei as leituras sobre direitos humanos, com objetivo de encadeá-las às relações sociais trabalhistas(414), agregadas aos estudos clássicos e contemporâneos em Direito Internacional do Trabalho(415).

As pesquisas específicas sobre a OIT também motivaram novas leituras, especialmente sobre o paradigma do trabalho decente. Nesse caso, as referências do *Professor Dr. Silvio Beltramelli Neto* serviram de

(413) DELGADO, Gabriela Neves. Princípios internacionais do direito do trabalho e do direito previdenciário. *In*: SENA, Adriana Goulart de; DELGADO, Gabriela Neves; NUNES, Raquel Portugal. (Org.). *Dignidade humana e inclusão social:* caminhos para a efetividade do Direito do Trabalho no Brasil. São Paulo: LTr, 2010. p. 451-463.

(414) Alguns destaques: TRINDADE, Antônio Augusto Cançado. *Desafios e conquistas do direito internacional dos direitos humanos no início do século XXI.* Organization of American States – OAS, More Rights for More People, p. 407-490, ago. 2006. Disponível em: https://bit.ly/3wSWRr4. Acesso em: 25 maio 2022; TRINDADE, Antônio Augusto Cançado. *A proteção internacional dos direitos humanos:* fundamentos jurídicos e instrumentos básicos. São Paulo: Saraiva, 1991; SUPIOT, Alain. *O espírito de Filadélfia:* a justiça social diante do mercado total. Porto Alegre: Sulina, 2015; PIOVESAN, Flávia. *Direitos humanos e o direito constitucional internacional.* 12. ed. São Paulo: Saraiva, 2011; FLORES, Joaquín Herrera. *A (re)invenção dos direitos humanos.* Trad.: Carlos Roberto Diogo Garcia *et al.* Florianópolis: Boiteux, 2009.

(415) Alguns destaques: SÜSSEKIND, Arnaldo. *Direito internacional do trabalho.* 3. ed. São Paulo: LTr, 2000; FRANCO FILHO, Georgenor de Sousa; MAZZUOLI, Valério de Oliveira. *Direito internacional do trabalho.* São Paulo: LTr, 2016; NICOLI, Pedro Augusto Gravatá. *Fundamentos de direito internacional social:* sujeito trabalhador, precariedade e proteção global às relações de trabalho. São Paulo: LTr, 2016; GUNTHER, Luiz Eduardo. *A OIT e o direito do trabalho no Brasil.* Curitiba: Juruá, 2012; JAVILLIER, Jean-Claude. *Introducción a OIT.* Derechos fundamentales en el trabajo. Madri: Ministerio de Trabajo y Asuntos Sociales, 2003; VALTICOS, Nicolas. *Derecho internacional del trabajo.* Madrid: Editorial Tecnos, 1977; RODRIGUEZ, Americo Plá. *Los convênios internacionales del trabajo.* Montevideo, 1965.

especial inspiração para uma melhor compreensão do alcance do trabalho decente, sua aplicação e os desafios que o cercam(416).

No conjunto das produções elaboradas no curso da trajetória na UnB, destaco a participação no "Dicionário de Teoria e Filosofia do Direito", coordenado pelo caro *Professor Dr. Alexandre Travessoni Gomes*, da Faculdade de Direito da UFMG, com a redação do verbete "Direitos Humanos", em respeito à linguagem filosófica contemporânea, enfatizada a significação histórica dos direitos humanos, sua dimensão universalizante, mas sem descurar dos particularismos sociais e do multiculturalismo(417).

No campo das parcerias intelectuais, além das publicações com *Ana Carolina Paranhos de Campos Ribeiro* sobre os direitos humanos trabalhistas, indicadas anteriormente, no Tópico 4.6.4, ressalto a honrosa pesquisa acadêmica desenvolvida em coautoria com o *Professor Dr. Mauricio Godinho Delgado*, com quem alavanquei farta produção na área do Direito Internacional do Trabalho, sobretudo intensificada à época do centenário da OIT, em 2019(418). Neste livro serão destacadas

(416) BELTRAMELLI NETO, Silvio. *Curso de direitos humanos*. 6. ed. São Paulo: Atlas, 2021. BELTRAMELLI NETO, Silvio; MENACHO, Bianca Braga. A concepção de trabalho decente é suscetível à apropriação decolonial? Reflexões a partir das críticas ao conceito moderno de desenvolvimento. *Revista Espaço Jurídico*, 2021. Disponível em: https://bit.ly/3DIzi6G. Acesso em: 13 mar. 2023; BELTRAMELLI NETO, Silvio; RODRIGUES, Mônica Nogueira. Trabalho decente: comportamento ético, política pública ou bem juridicamente tutelado? *Revista Brasileira de Políticas Públicas*, v. 11, p. 471-494, 2021; BELTRAMELLI NETO, Silvio; MELO, Maria Gabriela V. H. Trabalho decente e a cooperação internacional para o desenvolvimento humano: análise a partir dos relatórios de desenvolvimento humano globais. *Revista Jurídica – Unicuritiba*, v. 1, p. 270, 2020; BELTRAMELLI NETO, Silvio; VOLTANI, Julia de Carvalho. Investigação histórica do conteúdo da concepção de Trabalho Decente no âmbito da OIT e uma análise de sua justiciabilidade. *Revista de Direito Internacional*, v. 16, n. 1, p. 166-186, 2019.

(417) DELGADO, Gabriela Neves. Direitos humanos. *In*: Alexandre Travessoni (Org.). *Dicionário de Teoria e Filosofia do Direito*. São Paulo: LTr, 2011. p. 132-135.

(418) Nestes Memoriais, serão arroladas as primeiras publicações de cada estudo desenvolvido, a saber: DELGADO, Mauricio Godinho; DELGADO, Gabriela Neves. Documentos internacionais da OIT – Caracterização e ingresso no Direito Brasileiro. *In*: ROCHA, Cláudio Jannotti da; PORTO, Lorena Vasconcellos; ALVARENGA, Rúbia Zanotelli de; PIRES, Rosemary de Oliveira (Org.). *A Organização Internacional do Trabalho:* sua história, missão e desafios. Coleção Direito Internacional do Trabalho. Volume 1. São Paulo: Tirant Lo Blanch, 2020, v. 1, p. 35-55; DELGADO, Mauricio

duas importantes publicações resultantes dessa parceria, estando toda a produção científica registrada no *Curriculum Lattes.*

Em 2019, publicamos o artigo "A OIT e sua Missão de Justiça Social" na Revista Pensamento Jurídico, periódico A3 na classificação dos periódicos científicos da CAPES. O texto teve por objetivo analisar o papel do princípio da justiça social na atuação jurídica, política e institucional da OIT, ao longo dos seus cem primeiros anos de existência, demarcadas três grandes fases da sua história: a institucionalização; a expansão e, por fim, a diversificação e revisitação de sua atuação normativa, deflagrada na década de 1970 e que se estende aos dias atuais. A pesquisa ainda se ocupou de verificar as projeções constitucionais do princípio da justiça social, por ser ele um comando instigador ao desenvolvimento e avanço do Direito do Trabalho brasileiro(419).

Em 2021, publicamos o artigo "As Declarações de Direitos da OIT e sua Repercussão na Fundamentação e na Prática da Missão de Justiça Social do Poder Judiciário Trabalhista", como um dos resultados do projeto de pesquisa que desenvolvi no Pós-Doutorado junto à Faculdade Latino-Americana de Ciências Sociais (FLACSO)(420).

Godinho; DELGADO, Gabriela Neves. Apontamentos sobre o controle de convencionalidade de normas de direitos humanos trabalhistas no Brasil: uma análise a partir das convenções e declarações internacionais da OIT. *In*: NEMER NETO, Alberto; ROCHA, Cláudio Jannotti da; RIZK FILHO, José Carlos; PIMENTA, José Roberto Freire; PEREIRA, Ricardo José Macedo de Britto (Org.). *Coleção Direito Material e Processual do Trabalho Constitucionalizados.* Porto Alegre: LexMagister; OAB Nacional, 2020, v. 2, p. 275-318; DELGADO, Mauricio Godinho; DELGADO, Gabriela Neves. A Declaração de 1998 da OIT sobre os princípios e direitos fundamentais no trabalho: parâmetros de um marco civilizatório e regulatório para os direitos humanos dos trabalhadores. *Revista da Associação Brasileira de Advogados Trabalhistas* – ABRAT, v. VI, p. 151-172, 2019; DELGADO, Mauricio Godinho; DELGADO, Gabriela Neves. As Normas Internacionais de Direitos Humanos e a Lei da Reforma Trabalhista no Brasil. *In*: MELO, Raimundo Simão de; ROCHA, Cláudio Jannotti da (Org.). *Constitucionalismo, trabalho, seguridade social e as reformas trabalhista e previdenciária.* São Paulo: LTr, 2017, v. 1, p. 205-218.

(419) DELGADO, Mauricio Godinho; DELGADO, Gabriela Neves. A OIT e sua missão de justiça social. *Pensamento Jurídico*, v. 13, p. 424-448, 2019.

(420) DELGADO, Mauricio Godinho; DELGADO, Gabriela Neves. As declarações de direitos da OIT e sua repercussão na fundamentação e na prática da missão de justiça social do poder judiciário trabalhista. *In*: IGREJA, Rebecca Lemos; NEGRI, Camilo (Org.). *Desigualdades globais*

Com base em amostra jurisprudencial metodologicamente selecionada, a pesquisa trouxe reflexões inéditas sobre como as normas internacionais de proteção aos direitos humanos trabalhistas são manejadas pelo Poder Judiciário Trabalhista brasileiro. O texto se concentrou, precisamente, na identificação dos padrões decisórios do TST quanto ao manejo das Declarações de Direitos da OIT e de Convenções ratificadas, na fundamentação e na prática do Direito do Trabalho no País. Nesse sentido, apresentou valioso contributo para que o TST sedimente uma jurisprudência íntegra e coerente com sua missão de justiça social.

C) A Dimensão das Pesquisas em Direito Individual do Trabalho

Na trilha da UnB, desenvolvi pesquisas robustas em Direito Individual do Trabalho, cujos resultados desdobraram-se em publicações de livros duais, capítulos de livros, artigos, palestras, entre tantas outras atividades. Quatro produções científicas serão destacadas neste livro em razão de sua importância e repercussão jurídica, estando toda a produção acadêmica devidamente registrada no *Curriculum Lattes*.

Em 2016, em coautoria com o *Professor Dr. Mauricio Godinho Delgado*, publicamos o livro dual "O Novo Manual do Trabalho Doméstico", com objetivo de investigar e esclarecer o novo conteúdo jurídico do contrato de trabalho doméstico no Brasil, resultante da promulgação da Emenda Constitucional n. 72/2013 e da Lei Complementar n. 150/2015, sem deixar de problematizar a lenta e tardia inclusão da categoria doméstica no sistema de proteção justrabalhista do país, na perspectiva dos direitos de cidadania(421).

---

e justiça social: violência, discriminação e processos de exclusão na atualidade. Brasília: Faculdade Latino-Americana de Ciências Sociais, 2021, v. 2, p. 291-332.

(421) DELGADO, Mauricio Godinho; DELGADO, Gabriela Neves. *O novo manual do trabalho doméstico*. 2. ed. São Paulo: LTr, 2016; DELGADO, Mauricio Godinho; DELGADO, Gabriela Neves. *O novo manual do trabalho doméstico*. 1. ed. São Paulo: LTr, 2016.

Em 2017, publicamos o livro dual "A Reforma Trabalhista no Brasil: com os comentários à Lei n. 13.467/2017", em que analisamos a lógica basilar da reforma trabalhista e as principais mudanças promovidas pela nova legislação na CLT e em diplomas normativos correlatos, no conjunto contrárias e regressivas aos pressupostos constitucionais de 1988[(422)].

No percurso, sintetizamos as modificações legislativas vinculadas ao campo do Direito Individual do Trabalho, do Direito Coletivo do Trabalho e do Direito Processual do Trabalho em comparação com a matriz constitucional vigente e seu largo espectro normativo de proteção ao trabalho humano em condições de dignidade, conscientes de que a análise jurídica de qualquer diploma normativo deve se orientar pela Constituição de 1988 para, em seguida, reafirmá-la.

Também em parceria com o *Professor Dr. Mauricio Godinho Delgado*, publicamos o livro dual "O que nasce com a pandemia?", em 2022. Optamos por construir e experimentar uma escrita sem rótulos e não usual no campo do Direito. Assim, nos propusemos a construir um texto que se afastou da dogmática jurídica, apesar de orientado pelos fundamentos teóricos do Direito, sobretudo os da matriz constitucional[(423)].

O livro apresentou reflexões introdutórias a respeito da pandemia, especialmente sobre como as emoções de assombro, medo, tristeza, melancolia, desamparo, gratidão, tranquilidade e solidariedade foram extravasadas naquele período de crise. Ao dialogar com autores e teorias do campo da Humanidade, o texto também abordou implicações do contexto pandêmico no mundo e nas relações de trabalho, destacada a condição de desamparo na perspectiva jurídico-trabalhista.

---

(422) DELGADO, Mauricio Godinho; DELGADO, Gabriela Neves. *A Reforma Trabalhista no Brasil*: com os comentários à Lei n. 13.467/2017. 2. ed. São Paulo: LTr, 2018; DELGADO, Mauricio Godinho; DELGADO, Gabriela Neves. *A Reforma Trabalhista no Brasil*: com os comentários à Lei n. 13.467/2017. 1. ed. São Paulo: LTr, 2017.

(423) DELGADO, Gabriela Neves; DELGADO, Mauricio Godinho. *O que nasce com a pandemia?* São Paulo: Editora JusPodivm, 2022.

Em direção diametralmente oposta, desta vez com foco exclusivo na dogmática trabalhista, coordenei, em conjunto com o *Professor Dr. Mauricio Godinho Delgado* e com o *Professor Dr. Mauro Schiavi*, a "CLT Organizada" da Editora JusPodivm, em 2023 e 2024. O livro reúne em um único volume as principais legislações do Direito do Trabalho, com suporte em amplo índice temático que facilita a identificação da norma aplicável por tema jurídico[(424)]. Em direção aproximada e novamente contando com a parceria do *Professor Dr. Mauricio Godinho Delgado*, organizamos a "CLT Acadêmica e Profissional", pela Editora LTr, em 2016[(425)].

Não há dúvidas de que essas duas últimas publicações ganham particular importância na vertente da prática jurídica, apresentando-se, desse modo, como contribuições diferenciadas para os profissionais que atuam na dimensão operacional do Direito do Trabalho.

4.7.2. Um Tributo ao Prof. Dr. Mauricio Godinho Delgado

Reconheço-me na convivência universitária plena de partilha e diversidade, por isso, o percurso detalhado neste livro explicita a escolha por uma construção acadêmica pautada em interlocuções e parcerias. Sendo assim, agradeço a todos que se abriram, em gestos de confiança, para uma caminhada conjunta. Todas as parcerias foram essenciais na minha trajetória profissional e formação humana. Ao *Professor Dr. Mauricio Godinho Delgado*, em particular, manifesto meus agradecimentos na forma de tributo. *Afeto, memória e trabalho se entrecruzam nessa caminhada conjunta.*

Em sua trajetória de vida pública como Professor Universitário, Magistrado e Jurista, *Mauricio Godinho Delgado* tem contribuído inde-

---

(424) DELGADO, Mauricio Godinho; SCHIAVI, Mauro; DELGADO, Gabriela Neves (coord.). *CLT organizada*. 5. ed. São Paulo: Editora JusPodivm, 2023.

(425) DELGADO, Mauricio Godinho; DELGADO, Gabriela Neves (Org.). *CLT – Acadêmica e Profissional*. São Paulo: LTr, 2016.

levelmente para a formação de gerações de estudiosos do Direito, como um dos nomes mais destacados do Direito do Trabalho brasileiro.

Na simbiose da carreira docente, carrega a sabedoria de um Mestre que direciona, conduz e aponta caminhos. Seus livros resultam de profundas, diversificadas e extensas pesquisas jurídicas, com reflexões maturadas que apontam para uma sólida formação cultural e jurídica. Há mais de duas décadas, o livro *Curso de Direito do Trabalho* apresenta contribuições doutrinárias diferenciadas e imprescindíveis para estudantes e profissionais da área trabalhista, com mais de duas dezenas de edições[(426)].

Desde que direcionei minha formação acadêmica para o Direito do Trabalho, tenho me debruçado atentamente sobre os ensinamentos do *Professor Dr. Mauricio Godinho Delgado* e sua rede bibliográfica, seguindo e interpretando suas ideias, num caminho de ressonância do constitucionalismo humanista e social do qual é indiscutível referência na intelectualidade brasileira. No seio familiar, nutrida por uma educação de raízes mineiras, também sigo amorosamente atenta às suas lições de Pai.

Portanto, a possibilidade de entrecruzarmos as trajetórias profissionais com a construção de farta e valiosa parceria intelectual, para além do sólido e profundo vínculo familiar existente, é motivo de eterna gratidão.

4.7.3. Repercussões da Produção Acadêmica na Jurisprudência do STF e do TST

Não há dúvidas de que a produção intelectual já consolidada serve como guia e inspiração para novas pesquisas científicas. Neste livro, procurei apresentar alguns dos resultados da articulação teórica entre pesquisas científicas, a partir do percurso das orientações encaminhadas no PPGD da UnB no período de 2010 a 2023, atreladas ao compromisso

(426) DELGADO, Mauricio Godinho. *Curso de direito do trabalho*. 20. ed., rev., atual e ampl. São Paulo: JusPodivm, 2023.

de se pensar parâmetros constitucionais de proteção ao trabalho humano, sobretudo na linha do direito fundamental ao trabalho digno.

Além de alinhavar estudos teóricos e contribuir para renovações epistemológicas, a produção intelectual sedimentada tende a repercutir na jurisprudência, na direção de reforço argumentativo e densificação do padrão decisório estruturado. Diante disso, neste Tópico, procurarei demonstrar a boa aceitação da minha produção intelectual nos Tribunais Superiores, com base em breve pesquisa amostral quantitativa e sem qualquer pretensão de exaurimento.

Optou-se pela coleta de julgados no banco de dados públicos da jurisprudência do STF e do TST, nos quais houvesse a indicação explícita do meu nome completo ou de produção intelectual individual e em parceria, em acórdãos que articulam temáticas relativas ao Direito do Trabalho.

A pesquisa alcançou as decisões prolatadas até o dia 7 de julho de 2023, sendo este, portanto, seu termo final, em face dos limites temporais ínsitos à redação dos Memoriais e à publicação desta obra.

No STF, a pesquisa apontou mais de duas dezenas de acórdãos que acolheram textos de minha autoria individual e em parceria intelectual. Desse conjunto, 18 acórdãos(427) referenciaram o artigo "Terceirização. Aspectos Gerais. A Última Decisão do STF e a Súmula 331 do TST. Novos Enfoques", redigido por mim, em honrosa coautoria com *Márcio Túlio Viana* e *Helder Santos Amorim*; 4 acórdãos(428) indicaram funda-

(427) A título exemplificativo: RCL 13901 AgR. Órgão julgador: Tribunal Pleno. Relator(a): Min. Celso de Mello. Julgamento: 21.02.2013. Publicação: 12.04.2013; RCL 14821 AgR. Órgão julgador: Primeira Turma. Relator(a): Min. Rosa Weber. Julgamento: 07.10.2014. Publicação: 24.11.2014; RCL 20905 AgR. Órgão julgador: Segunda Turma. Relator(a): Min. Celso de Mello. Redator(a) do acórdão: Min. Teori Zavascki. Julgamento: 30.06.2015. Publicação: 10.08.2015; RCL 26819 AgR. Órgão julgador: Primeira Turma. Relator(a): Min. Roberto Barroso. Julgamento: 08.06.2020. Publicação: 23.06.2020; RCL 13310 AgR. Órgão julgador: Primeira Turma. Relator(a): Min. Rosa Weber. Redator(a) do acórdão: Min. Alexandre de Moraes. Julgamento: 05.11.2019. Publicação: 07.02.2020.

(428) RE 958252. Órgão julgador: Tribunal Pleno. Relator(a): Min. Luiz Fux. Julgamento: 30.08.2018. Publicação: 13.09.2019; RCL 26819 AgR. Órgão julgador: Primeira Turma. Relator(a):

mentos construídos na parceria com *Helder Santos Amorim*, no livro "Os Limites Constitucionais da Terceirização", sendo que dois deles também referenciaram reflexões do meu livro autoral "Terceirização: paradoxo do direito do trabalho contemporâneo"; 1 acórdão(429) citou o livro "A Reforma Trabalhista no Brasil" e 1 acórdão(430) citou o livro "Constituição da República e Direitos Fundamentais: dignidade da pessoa humana, justiça social e direito do trabalho", ambos em coautoria com *Mauricio Godinho Delgado;* por fim, 1 acórdão(431) me referenciou individualmente, quando da análise dos princípios internacionais do Direito do Trabalho e do Direito Previdenciário.

A pesquisa no site do TST resultou em 332 acórdãos(432) que citaram o livro dual "A Reforma Trabalhista no Brasil", em parceria com *Mauricio Godinho Delgado*.

Sobre o tema da terceirização, há também dezenas de julgados que se reportam ao artigo "Terceirização. Aspectos Gerais. A Última Decisão do STF e a Súmula 331 do TST. Novos Enfoques", redigido por mim, em parceria com *Márcio Túlio Viana* e *Helder Santos Amorim* e/ou ao livro "Os Limites Constitucionais da Terceirização", em coautoria com *Helder Santos Amorim* (433).

Min. Roberto Barroso. Julgamento: 08.06.2020. Publicação: 23.06.2020; ADI 5685. Órgão julgador: Tribunal Pleno. Relator(a): Min. Gilmar Mendes. Julgamento: 16.06.2020. Publicação: 21.08.2020; ADPF 324. Órgão julgador: Tribunal Pleno. Relator(a): Min. Roberto Barroso. Julgamento: 30.08.2018. Publicação: 06.09.2019.

(429) ADI 5938. Órgão julgador: Tribunal Pleno. Relator(a): Min. Alexandre de Moraes. Julgamento: 29.05.2019. Publicação: 23.09.2019.

(430) ADI 5766. Órgão julgador: Tribunal Pleno. Relator(a): Min. Roberto Barroso. Redator(a) do acórdão: Min. Alexandre de Moares. Julgamento: 20.10.2021. Publicação: 03.05.2022.

(431) RE 661256. Órgão julgador: Tribunal Pleno. Relator(a): Min. Roberto Barroso. Redator(a) do acórdão: Min. Dias Toffoli. Julgamento: 27.10.2016. Publicação: 28.09.2017.

(432) A título exemplificativo: AIRR-302-21.2021.5.23.0101, 6ª Turma, Ministro Augusto Cesar Leite de Carvalho, DEJT 30.06.2023; AgAIRR-20703-62.2016.5.04.0451, 7ª Turma, Ministro Claudio Mascarenhas Brandao, DEJT 30.06.2023; RR-599-42.2016.5.07.0006, 2ª Turma, Ministra Maria Helena Mallmann, DEJT 02.06.2023; RR-11561-51.2015.5.15.0002, 2ª Turma, Ministra Liana Chaib, DEJT 19.05.2023.

(433) A título exemplificativo: E-EDRR-117400-47.2005.5.14.0001, Tribunal Pleno, Ministro Claudio Mascarenhas Brandao, DEJT 19.12.2016; AIRR-1473-19.2010.5.01.0066, 4ª Turma, Ministro João

No conjunto, percebe-se que o rigor das pesquisas empreendidas na Universidade tem surtido bons resultados na jurisprudência dos Tribunais Superiores.

4.7.4. Breve Adendo – A Escrita na Literatura Infantil

Para além da produção acadêmica no Direito, desde 2021, tenho feito um movimento inspirador e prazeroso de escrita para crianças.

"Chico, Bela e a Estrelinha-do-Mar" foi meu primeiro livro infantil e "O que você quer ser quando crescer?", o segundo(434). O terceiro já está no prelo, todos sob coordenação editorial de *Álvaro Modernell*, da Editora Mais Amigos, de Brasília, a quem agradeço pela receptividade e confiança. Também agradeço à ilustradora *Rosângela Grafetti*, por trazer arte, cores e delicadezas para páginas em branco.

A convite, tive a grata experiência de levar esses livros a colégios de Brasília e contar suas histórias para várias turmas de crianças como se estivéssemos numa *ciranda de leitura*. Ali, experimentei a docência em outro formato e contexto.

Por algumas horas, me fiz uma *professora brincante*, sobretudo por procurar traduzir práticas da educação numa doação profundamente amorosa, para alcançar e sensibilizar aqueles alunos com meus escritos infantis(435).

Oreste Dalazen, DEJT 12.09.2014; AIRR-198-10.2011.5.04.0521, 4ª Turma, Desembargadora Convocada Sueli Gil El Rafhi, DEJT 08.08.2014; AIRR-69-75.2010.5.04.0121, 4ª Turma, Ministro João Oreste Dalazen, DEJT 18.10.2013.

(434) DELGADO, Gabriela Neves. *Chico, Bela e a estrelinha-do-mar*; ilustrado por Rosângela Grafetti. Brasília: Mais Amigos, 2021; DELGADO, Gabriela Neves. *O que você quer ser quando crescer?* Ilustrado por Rosângela Grafetti. Brasília: Mais Amigos, 2022.

(435) Sobre o brincar, recomendo o Documentário Tarja Branca, que "investiga as memórias infantis dos adultos e reflete sobre a importância do brincar em diferentes fases da vida e os impactos dessa escolha na vida social". Consultar: *Tarja Branca*: a revolução que faltava. Direção de Cacau Rhoden. Produção Executiva de Estela Renner, Luana Lobo e Marcos Nisti. Roteiro de Cacau

A vida é muito ampla e dá lugar a muitas experiências. Por isso, para mim, *abrir canais de escrita para além do Direito traduz a crença de que todo ser humano é um universo em expansão.*

4.7.5. Conferências, Seminários e Palestras

Retomando o percurso desde uma perspectiva jurídica, registro que a apresentação de palestras em congressos, seminários e outros fóruns jurídicos é atividade de grande relevância em minha trajetória docente.

Ao longo do tempo, tive a oportunidade de palestrar para públicos diversos, em eventos de formatos distintos e nas mais variadas localidades, mas sempre na linha temática do Direito do Trabalho.

De 2009 a 2023, período correspondente à minha inserção profissional na UnB, palestrei, a convite, em 91 eventos nacionais e internacionais, devidamente documentados no *Curriculum Lattes.* Neste livro, destacarei quatro palestras que reputo de grande importância e repercussão, por diferentes motivos, a seguir justificados.

Em 2013, fui convidada pelo caro *Professor Dr. Carlos Alberto Reis de Paula,* à época Ministro Presidente do TST, para proferir a palestra de abertura da "Solenidade Comemorativa dos 70 anos da CLT", no salão nobre daquele Tribunal. Foi uma honra receber convite de tamanha envergadura.

Tomada por um forte senso de responsabilidade, empenhei-me intensamente para honrar o convite do *Professor Dr. Carlos Alberto,* que em 2009 havia me examinado no concurso público para ingresso como docente na UnB e, anos depois, renovava sua confiança em meu trabalho.

Rhoden; Estela Renner; Marcos Nisti. Intérpretes: Domingos Montagner; Wandi Doratiotto; Antônio Nóbrega; José Simão. Música: André Caccia Bava. São Paulo: Maria Farinha Filmes, 2014. 1 DVD (80 min.), son., color. Documentário.

A palestra, "A CLT aos 70 Anos: rumo a um Direito do Trabalho constitucionalizado", foi direcionada à análise da sistemática, conteúdo e trajetória da CLT em distintos tempos do processo histórico-legislativo trabalhista brasileiro: o período de institucionalização do Direito do Trabalho, dos anos 1930 a 1945; o período de expansão da legislação trabalhista, de 1945 a 1988 e o período de consolidação democrática constitucional do Direito do Trabalho brasileiro, de 1988 até a atualidade.

O objetivo central da exposição foi o de demonstrar que "a CLT não cristalizou com a passagem do tempo", permanecendo na condição de principal marco legislativo do Direito do Trabalho brasileiro. Com a proposta de resgatar os pilares do paradigma de proteção ao trabalho, sobretudo face ao paradigma disruptivo neoliberal, a palestra também reforçou a importância de a CLT manter-se sob a guarida da interpretação constitucional, para assumir novos traçados, ângulos, projetos de renovação e de inserção econômico-social protegida dos trabalhadores ao longo do tempo.

A palestra foi publicada como artigo científico na Revista do TST. Com excelente repercussão, o texto foi em seguida replicado em outros veículos do Direito, devidamente indicados no *Curriculum Lattes*[436].

Em 2019, fui convidada para palestrar no "Seminário Internacional de Direito do Trabalho", em homenagem ao centenário da OIT, na Faculdade de Direito da Universidade de Lisboa, em Portugal, num evento coordenado pela Associação dos Magistrados Trabalhistas, do Tribunal Regional do Trabalho da 8ª Região (AMATRA 8). Este foi um convite particularmente importante na linha da internacionalização universitária.

Com o tema "OIT e Direitos Humanos: desafios contemporâneos", a palestra percorreu a atuação política, normativa e institucional

---

(436) DELGADO, Gabriela Neves. A CLT aos 70 anos: rumo a um direito do trabalho constitucionalizado. *Revista do Tribunal Superior do Trabalho*, v. 79, p. 268-294, 2013.

da OIT para o alcance da justiça social e a salvaguarda de direitos humanos trabalhistas. Também se ateve à análise da documentação internacional da OIT e dos principais marcos civilizatórios cunhados ao longo da sua existência centenária.

Ponto importante da explanação foi a defesa de que as Declarações Internacionais da OIT, por consistirem em conjuntos importantes de regras protetoras dos Direitos Humanos, fixando um patamar civilizatório mínimo relativamente aos direitos humanos trabalhistas, ostentam a natureza de fontes de normas jurídicas internacionais de Direitos Humanos e nessa medida incidem, necessariamente, no plano interno dos Estados signatários da OIT. Esta posição foi posteriormente retomada no artigo "Documentos Internacionais da OIT: caracterização e ingresso no direito brasileiro", publicado em parceria com o *Professor Dr. Mauricio Godinho Delgado*(437).

Experiência marcante foi palestrar no Museu do Amanhã, no Rio de Janeiro, no Congresso "Pensar Brasil: diálogo sobre trabalho, desenvolvimento e futuro", em 2022, e lá lançar a obra "Plataformas Digitais de Consumo: perspectivas e desafios de proteção justrabalhista para o divulgador digital", elaborada em coautoria com as competentes pesquisadoras *Valéria de Oliveira Dias* e *Carolina Di Assis*(438).

Fiquei especialmente mobilizada com a oportunidade de veicular os resultados oficiais da pesquisa sobre as relações de trabalho em plataformas de consumo, solicitada pela Confederação Nacional dos Trabalhadores no Comércio (CNTC), no Museu do Amanhã. Aquele

---

(437) DELGADO, Mauricio Godinho; DELGADO, Gabriela Neves. Documentos Internacionais da OIT – Caracterização e ingresso no direito brasileiro. *In*: ROCHA, Cláudio Jannotti da; PORTO, Lorena Vasconcellos; ALVARENGA, Rúbia Zanotelli de; PIRES, Rosemary de Oliveira (Org.). *Coleção Direito Internacional do Trabalho*. Volume 1: A Organização Internacional do Trabalho: sua história, missão e desafios. São Paulo: Tirant Lo Blanch, 2020, v. 1, p. 35-55.

(438) DELGADO, Gabriela Neves; DIAS, Valéria de Oliveira; DI ASSIS, Carolina. *Plataformas digitais de consumo:* perspectivas e desafios de proteção justrabalhista para o divulgador digital. São Paulo: Editora JusPodivm, 2022.

rico espaço de memória, arte e resistência criativa também se fez lugar para a disseminação de ações de pesquisa no campo do Direito do Trabalho, para mim algo tão original e valoroso.

Outra grande experiência foi palestrar, a convite, no Supremo Tribunal Federal, no Seminário Internacional "Direitos Constitucionais e Relações de Trabalho: caminhos das Cortes Superiores para a efetividade da justiça social", em 2023. O evento foi promovido pelo STF, TST e a Escola Nacional da Magistratura Trabalhista (ENAMAT), numa parceria de vanguarda.

Na palestra "O Papel da Justiça do Trabalho no Cumprimento da Agenda 2030 da ONU", apresentei alguns dos resultados da pesquisa sobre o conceito de Trabalho Decente da OIT, explicitado no Objetivo de Desenvolvimento Sustentável n. 8 da Agenda 2030 da ONU (ODS 8), além de avaliar sua incorporação na jurisprudência do STF e do TST.

Um dos pontos de maior relevância da exposição foi a defesa de que a "associação entre os processos judiciais e os Objetivos de Desenvolvimento Sustentável da ONU não pode ser meramente temática, devendo alcançar também o padrão regulatório dos Tribunais Superiores". Nessa linha de raciocínio, em busca de avanços regulatórios no campo dos direitos humanos trabalhistas, foi apontada a necessidade de que os julgamentos do STF e do TST sejam "qualitativamente coerentes com o conteúdo do Trabalho Decente"(439).

A pesquisa completa com a indicação desses apontamentos, entre tantos outros, foi publicada em artigo científico elaborado em coautoria com as pesquisadoras *Ana Luísa Gonçalves Rocha* e *Ana Carolina Paranhos de Campos Ribeiro*(440).

---

(439) DELGADO, Gabriela Neves; ROCHA, Ana Luísa Gonçalves; RIBEIRO, Ana Carolina Paranhos de Campos. O papel do Supremo Tribunal Federal no cumprimento da Agenda 2030 da ONU à luz do objetivo do trabalho decente. *Revista Jurídica Trabalho e Desenvolvimento*, v. 6, p. 1-48, 2023.
(440) *Idem*.

Enfim, no conjunto, as palestras oportunizam um somatório de experiências de linguagem e de aprendizagem, provocando o palestrante a alcançar clareza de expressão, a melhor articular as ideias, a escolher a lâmina adequada para cada público e a se preparar tecnicamente, mas com habilidade, para lidar com improvisos.

4.7.6. Coordenação de Projetos de Pesquisa, Ensino e Liderança de Grupo de Pesquisa

Coordeno o *Grupo de Pesquisa Trabalho, Constituição e Cidadania* da Faculdade de Direito da Universidade de Brasília (UnB), em parceria com o *Professor Dr. Ricardo José Macedo de Britto Pereira,* desde 2010, quando o grupo foi institucionalmente reconhecido pela Universidade, por meio do seu Decanato de Pesquisa e Pós-Graduação, e registrado no Diretório dos Grupos de Pesquisa do Brasil, na Plataforma Lattes, do CNPq[(441)].

Com uma comunidade ampla de pesquisadores de diferentes regiões e universidades do país, o *Grupo de Pesquisa Trabalho, Constituição e Cidadania* direciona-se à articulação de reflexões críticas e ações concretas para a promoção e defesa dos direitos humanos e fundamentais trabalhistas nas relações de trabalho, conectando atividades acadêmicas de ensino, pesquisa e extensão.

Sua atuação institucional engloba duas linhas de pesquisa. A primeira, "Trabalho e Direitos Fundamentais", propõe a "revisão epistemológica do Direito do Trabalho, embasada na teoria contemporânea

---

(441) Este tópico foi desenvolvido a partir dos registros da primeira década de existência do *Grupo de Pesquisa Trabalho, Constituição e Cidadania* (2010-2020), indicados no livro coletivo "*Direito fundamental ao trabalho digno no século XXI*". A respeito, consultar: DELGADO, Gabriela Neves. Memórias do *Grupo de Pesquisa Trabalho, Constituição e Cidadania*. Primeira década de existência (2010-2020): instituição e consolidação. *In*: DELGADO, Gabriela Neves (Coord.). *Direito fundamental ao trabalho digno no século XXI*. Coleção Trabalho, Constituição e Cidadania. v. I, II e III. São Paulo: LTr, 2020. p. 17-18.

dos direitos fundamentais, a partir da compreensão da Constituição Federal de 1988 como base de unidade e expressão da diversidade das relações de trabalho no Brasil". A segunda, "A configuração do Estado Democrático de Direito e o Mundo do Trabalho", analisa o vínculo entre "trabalho e Estado Democrático de Direito propondo a utilização de instrumentos jurídico-institucionais que viabilizem a afirmação do trabalho digno como elemento indispensável à emancipação do trabalhador e à realização da democracia na sociedade contemporânea"(442).

As atividades de ensino e pesquisa são desenvolvidas em reuniões periódicas, com participação expressiva de alunos do PPGD da UnB, em estrita aderência à Linha de Pesquisa "Internacionalização, Trabalho e Sustentabilidade". Alunos da graduação e profissionais do campo do Direito do Trabalho também se integram ao coletivo para encaminhamento de leituras dirigidas e análise de projetos de pesquisa, acrescida de avaliação crítica da produção legislativa e jurisprudencial trabalhista do país. Todas as reflexões são guiadas pelo Direito do Trabalho constitucionalizado, para então se projetarem em outros campos do conhecimento, em perspectiva interdisciplinar.

As atividades de extensão priorizam a participação dos membros do Grupo de Pesquisa em fóruns jurídicos e políticos, institucionalizados ou não, para defesa e promoção do trabalho humano. *Importante registrar a iniciativa pioneira do Grupo de Pesquisa Trabalho, Constituição e Cidadania, por ter sido o primeiro Grupo de Pesquisa da UnB e o primeiro Grupo de Pesquisa em Direito do Trabalho brasileiro a ser admitido na condição de Amicus Curiae para atuar no STF e no TST em ações judiciais.* Todo o detalhamento consta do Tópico 4.7.8 deste livro.

Passadas mais de duas décadas da sua instituição, o *Grupo de Pesquisa Trabalho, Constituição e Cidadania* tornou-se referência por sua

---

(442) DELGADO, Gabriela Neves (Coord.). *Direito fundamental ao trabalho digno no século XXI. Op. cit.*, p. 17.

atuação multifacetada no ensino, pesquisa e extensão, como um dos coletivos mais atuantes e expressivos da Faculdade de Direito da UnB e do circuito universitário brasileiro no campo do Direito do Trabalho. Diante disso, agradeço imensamente a todos os pesquisadores que se uniram para construírem um campo de pesquisa inovador, inclusivo e criativo, associando consistência teórica e compromisso prático com o constitucionalismo humanista e social e o Direito do Trabalho.

4.7.7. *Captação de Recursos para Pesquisa*

Entre as diversas possibilidades de captação de recursos para pesquisa, gostaria de registrar minha participação ativa nas tratativas de celebração do *Curso de Pós-Graduação Lato Sensu em Direito Constitucional do Trabalho,* numa parceria firmada entre a Faculdade de Direito da UnB e o Tribunal Superior do Trabalho, para servidores em exercício no TST, com aulas em metodologia presencial. Também assumi a coordenação pedagógica do curso em suas três edições, esta última em andamento.

Este Curso de Especialização gerou captação de recursos para a pesquisa na Universidade, mas, sobretudo, se fez espaço fértil para a revelação de grandes pesquisadores do Direito do Trabalho, conforme já ressaltando no Tópico 4.6.3 deste livro.

4.7.8. *Organização de Cursos e Eventos*

Empenhada em promover ações concretas que fortaleçam as parcerias interinstitucionais e a interlocução entre a Universidade e a sociedade, registro minha atuação na organização de uma série de cursos e eventos com o objetivo de produzir e disseminar Ciência, sobretudo à frente da coordenação do *Grupo de Pesquisa Trabalho, Constituição e Cidadania,* considerado o período de 2009 a 2023.

Com o coletivo do *Grupo de Pesquisa Trabalho, Constituição e Cidadania* promovemos um conjunto de iniciativas de enfrentamento à terceirização trabalhista, integrando, à época, a coordenação do "Fórum Permanente em Defesa dos Direitos dos Trabalhadores Ameaçados pela Terceirização". Resultaram desse projeto, por exemplo, a participação na organização do Seminário "A terceirização no Brasil: impactos, resistências e lutas", em 2014, bem como a organização e realização de "aula pública" na Rodoviária do Plano Piloto, em Brasília, numa "ação prática e pedagógica inovadora, em que se instigou e esclareceu a população brasiliense sobre seus direitos trabalhistas", em 2015[(443)].

Também pelo *Grupo de Pesquisa Trabalho, Constituição e Cidadania,* organizamos o congresso "Trabalho, Constituição e Cidadania: a dimensão coletiva dos direitos sociais trabalhistas", cujos resultados foram posteriormente publicados em livro de título idêntico, em 2014. Este foi o primeiro livro coletivo do Grupo de Pesquisa, cuja coordenação foi partilhada por mim e pelo *Professor Dr. Ricardo José Macêdo de Britto Pereira,* a quem agradeço pela amizade e parceria leal desde a minha chegada em Brasília[(444)].

Em 2020, no contexto das comemorações dos 10 anos do *Grupo de Pesquisa Trabalho, Constituição e Cidadania,* coordenei a obra coletiva "Direito Fundamental ao Trabalho Digno no Século XXI"[(445)], em três volumes, que foi posteriormente lançada em webinário de mesmo nome, organizado e promovido pelo Grupo de Pesquisa em parceria com a Associação Nacional dos Magistrados Trabalhistas (ANAMATRA).

---

(443) DELGADO, Gabriela Neves. Memórias do *Grupo de Pesquisa Trabalho, Constituição e Cidadania.* Primeira década de existência (2010-2020): instituição e consolidação. *In*: DELGADO, Gabriela Neves (Coord.). *Direito fundamental ao trabalho digno no século XXI.* Coleção Trabalho, Constituição e Cidadania. Volumes I, II e III. São Paulo: LTr, 2020. p. 18.

(444) DELGADO, Gabriela Neves; PEREIRA, Ricardo José Macêdo de Britto (Org.). *Trabalho, constituição e cidadania:* a dimensão coletiva dos direitos sociais trabalhistas. São Paulo: LTr, 2014.

(445) DELGADO, Gabriela Neves (Coord.). *Direito fundamental ao trabalho digno no século XXI. Op. cit.*

Agradeço especialmente às prezadas *Dra. Noemia Porto,* à época Presidente da ANAMATRA, e à *Dra. Luciana Conforti,* à época Diretora de Formação e Cultura, pelo trabalho conjunto de organização do webinário, que para mim também significou uma renovada afirmação do compromisso que nos é comum com a Ciência.

No âmbito das parcerias interinstitucionais, na linha de frente do *Grupo de Pesquisa Trabalho, Constituição e Cidadania,* participei da organização conjunta do "XI Congresso Latino-Americano de Direito Material e Processual do Trabalho", do Programa de Pós-Graduação em Direito da Pontifícia Universidade Católica de Minas Gerais, sob a coordenação geral da amiga e *Professora Dra. Maria Cecília Máximo Teodoro.* Os prezados *Professores Drs. Márcio Túlio Viana* (PUC Minas); *Elsa Cristine Bevian* (FURB) e *Tarcísio Alfonso Wickert* (FURB) também se uniram ao comitê científico do evento.

Este congresso foi importante palco para a internacionalização universitária, por permitir a todos que lá se integraram uma rica troca de experiências com a comunidade jurídico-trabalhista latino-americana. Além disso, também promoveu a integração interinstitucional entre a PUC Minas, a UnB e a Fundação Universidade Regional de Blumenau (FURB).

O tema central das palestras e oficinas foi a Covid-19 e o mundo do trabalho, analisado em perspectiva interseccional e transversal com a Filosofia e a Sociologia do Trabalho, considerado o contexto de uma sociedade atravessada pela pandemia. Os resultados do congresso foram publicados no livro coletivo "Covid-19 e o Mundo do Trabalho: 2020 em retrospectiva e perspectivas", que tive a honra de organizar em parceria com uma das equipes de trabalho do evento[446].

(446) TEODORO, Maria Cecília Máximo; VIANA, Márcio Túlio; DELGADO, Gabriela Neves; BEVIAN, Elsa Cristine; MACHADO, M. M. A.; VIANA, G. J. (Org.). *Covid-19 e o mundo do trabalho:* 2020 em retrospectiva e perspectivas. Porto Alegre: Editora Fi, 2021.

4.7.9. Coordenação de Projetos e Atividades de Extensão

Na Faculdade de Direito, a construção de projetos e atividades diversas de extensão intermediadas pelo *Grupo de Pesquisa Trabalho, Constituição e Cidadania,* sob minha coordenação direta, trouxe ações vivas de envolvimento em formulação de políticas públicas, com iniciativas promotoras de inclusão social e divulgação de conhecimento(447).

Desde a sua institucionalização, em meados de 2010, o Grupo de Pesquisa tem se voltado à organização de eventos científicos do campo social do Direito do Trabalho, bem como à participação e intervenção em fóruns de debates, institucionalizados ou não, em que são discutidas políticas públicas concernentes às relações de trabalho.

É importante registrar que o tema da terceirização trabalhista sempre esteve no centro dos debates travados no *Grupo de Pesquisa Trabalho, Constituição e Cidadania.* Com uma perspectiva de atuação coletiva igualitária e participativa, os pesquisadores uniram esforços em âmbito universitário e na mobilização coletiva, em espaços profícuos de engajamento e disputa por direitos trabalhistas.

As primeiras atividades de extensão formuladas foram direcionadas à articulação acadêmica e política de combate à precarização das condições de vida da classe trabalhadora, particularmente na defesa dos trabalhadores terceirizados. Como resultado do esforço de interlocução entre a Academia e a sociedade civil, em 2014 coordenamos, em ampla parceria, o "Fórum Permanente em Defesa dos Direitos dos Trabalhadores Ameaçados pela Terceirização", projeto que também

---

(447) Este tópico foi desenvolvido a partir dos registros da primeira década de existência do *Grupo de Pesquisa Trabalho, Constituição e Cidadania* (2010-2020) e da experiência extensionista do NUPAJ, ambos indicados no livro coletivo "*Direito fundamental ao trabalho digno no século XXI*". A respeito, consultar: DELGADO, Gabriela Neves. Memórias do *Grupo de Pesquisa Trabalho, Constituição e Cidadania.* Primeira década de existência (2010-2020): instituição e consolidação. *In*: DELGADO, Gabriela Neves (Coord.). *Direito fundamental ao trabalho digno no século XXI. Op. cit.*, p. 17-20.

repercutiu na organização coletiva do Seminário "A terceirização no Brasil: impactos, resistências e lutas", naquele mesmo ano, onde foi alavancado o Manifesto de repúdio ao PL 4330.

Atuei, pelo *Grupo de Pesquisa Trabalho, Constituição e Cidadania,* na Audiência Pública do Senado Federal, intitulada "Lei Áurea, Terceirização e Combate ao Trabalho Escravo", em 2015. Nosso coletivo também apresentou Carta Aberta dirigida à Presidência do Senado Federal para o combate à terceirização, que foi oficialmente incorporada aos autos do Projeto de Lei da Câmara n. 30/2015. No âmbito da sociedade civil, o Grupo de Pesquisa realizou aula pública na Rodoviária de Brasília, com o objetivo de instruir a população do Distrito Federal sobre os desafios da terceirização e os direitos trabalhistas, num horizonte humanista de proteção ao trabalho.

Esse conjunto de ações extensionistas projetou o *Grupo de Pesquisa Trabalho, Constituição e Cidadania* a figurar entre os finalistas do Prêmio ANAMATRA de Direitos Humanos, na Categoria Cidadã, sob o título "Combate à Terceirização: da Educação Universitária à Mobilização Coletiva", em 2016.

Sobretudo a partir de 2015, o Grupo de Pesquisa aprimorou sua atuação extensionista, projetando-se em audiências públicas, em instâncias políticas e judiciais. Nesse percurso, representei o Grupo de Pesquisa na Audiência Pública sobre a "homologação de acordos extrajudiciais na Justiça do Trabalho", em 2017, e na Audiência Pública sobre a "exigência de certidão de antecedentes criminais por empregador", em 2016, ambas com sustentação oral proferidas no TST. Também atuei na Audiência Pública do Ministério Público do Trabalho sobre Mediação, em 2016, e na Audiência Pública sobre "Princípios da OIT e da Constituição para o Trabalho", no Senado Federal, em 2017.

No mesmo período, o *Grupo de Pesquisa Trabalho, Constituição e Cidadania* incorporou nova dimensão extensionista, num *caminho inédito e de vanguarda*, passando a adotar postura ativa frente à judicialização de temas relevantes e sensíveis para o Direito do Trabalho, registrando *pioneirismo* entre os Grupos de Pesquisa da UnB e os Grupos de Pesquisa em Direito do Trabalho do Brasil, ao atuar judicialmente nos Tribunais Superiores na condição de *Amicus Curiae*.

Modalidade de intervenção de terceiros, os *Amici Curiae* ingressam em processos judiciais com a função de fornecer subsídios ao órgão julgador para o esclarecimento de questões relevantes ao desfecho das causas e contribuir para a pluralização dos debates, com esteio no princípio da democracia participativa e de uma "sociedade aberta dos intérpretes da Constituição"[(448)].

Assim, em 2016, o Grupo de Pesquisa foi admitido para atuar como *Amicus Curiae*, em Incidente de Recurso Repetitivo (RR–243000-58.2013.5.13.0023), no TST, no qual foi discutida a possibilidade de configuração de dano moral em face da exigência, pelo empregador, de apresentação de certidão de antecedentes criminais a candidatos a emprego. Tive a oportunidade de representar o Grupo de Pesquisa nesse caso específico. Foi a primeira vez que um Grupo de Pesquisa de Direito do Trabalho atuou como *Amicus Curiae* no TST. Feito inédito, muito comemorado, sobretudo pelos professores e alunos que juntos se mobilizaram, desde a participação na disciplina optativa "Jurisdição Trabalhista e Previdenciária nos Tribunais Superiores".

O acórdão com o voto do Ministro Relator João Oreste Dalazen trouxe várias citações nominais da minha atuação na sustentação oral, mediante representação do *Grupo de Pesquisa Trabalho, Constituição e Cidadania*. A tese defendida pelo Grupo de Pesquisa foi parcialmente deferida.

---

(448) HÄBERLE, Peter. *A sociedade aberta dos intérpretes da Constituição*. Trad. Gilmar Ferreira Mendes. Porto Alegre: SAFE, 2003.

Também no TST, acompanhamos o AR-4101-36.2015.5.00.0000, referente à possibilidade de dispensa imotivada de empregados de sociedade de economia mista prestadora de serviço público. Elaboramos memoriais a respeito do tema, entregues à Ministra Maria Helena Malmann, na presença dos alunos da graduação.

No STF, solicitamos a participação do *Grupo de Pesquisa Trabalho, Constituição e Cidadania,* como *Amicus Curiae,* na ADI 5326, referente à fixação de competência para expedição de autorização para trabalho artístico e desportivo de crianças e adolescentes. O relator foi o Ministro Marco Aurélio, que indeferiu todos os pedidos de *Amicus Curie,* inclusive o nosso. Ainda assim, preparamos memorais sobre o tema da ação, com a oportunidade de entregá-los diretamente à Ministra Rosa Weber, em audiência agendada para tanto, contando com a participação de alunos da graduação.

Em 2018, o *Grupo de Pesquisa Trabalho, Constituição e Cidadania* foi admitido, como *Amicus Curiae,* na Ação Direta de Inconstitucionalidade 5826 (ADI 5826), sob a relatoria do Ministro Edson Fachin, do STF, para discutir o conjunto normativo que institui e disciplina o contrato intermitente no Brasil. Foi a primeira vez que um Grupo de Pesquisa em Direito do Trabalho atuou como *Amicus Curiae* no STF. Assumimos papel de vanguarda.

Nesse caso específico, em sessão do dia 02.12.2020, representei o Grupo de Pesquisa na fase das sustentações orais, para defender a inconstitucionalidade do contrato de trabalho intermitente, tipificado na Lei n. 13.467/2017, em razão de sua incompatibilidade com a arquitetura de proteção ao trabalho da Constituição de 1988. O STF ainda não chegou a um veredito sobre o tema.

A partir de então, nossa atuação tornou-se exemplo, inclusive do ponto de vista jurídico como precedente, para que outros Grupos de Pesquisa em Direito do Trabalho se habilitassem a atuar como *Amicus*

Curiae nos Tribunais Superiores. A abertura do STF para ouvir a Universidade Pública e seus Grupos de Pesquisa também reverberou na UnB, que divulgou o feito amplamente(449).

Na sequência da atuação extensionista nos Tribunais Superiores, em 2022 solicitamos a admissão do *Grupo de Pesquisa Trabalho, Constituição e Cidadania,* na qualidade de *Amicus Curiae,* para atuar na Ação Direta de Inconstitucionalidade 1625 (ADI 1625), para todos os fins legais admitidos em Direito. O pedido ainda não foi apreciado pela Corte.

Também pleiteamos a admissão do *Grupo de Pesquisa Trabalho, Constituição e Cidadania,* na qualidade de *Amicus Curiae,* na Ação Declaratória de Constitucionalidade 39 do Distrito Federal (ADC 39), que tramita em paralelo à ADI 1625, tendo como objeto o Decreto n. 2.100, de 20 de dezembro de 1996, que denunciou a Convenção n. 158 da OIT.

Atendidos os requisitos de relevância da matéria debatida e de representatividade, o *Grupo de Pesquisa Trabalho, Constituição e Cidadania* foi admitido na qualidade de *Amicus Curiae* pelo Ministro Dias Toffoli, relator da ação.

Agradeço a todo o coletivo de professores, advogados e estudantes que, com empenho, pesquisaram e trouxeram insumos para a atuação qualificada do *Grupo de Pesquisa Trabalho, Constituição e Cidadania* nos Tribunais Superiores. Agradeço, ainda, a todos que também atuaram na redação das peças jurídicas das ações aqui destacadas. Meu especial agradecimento ao advogado *Rodrigo Leonardo de Melo Santos,* que há alguns anos foi meu orientando de mestrado no PPGD da UnB e hoje é amigo, por seguir firme junto ao Grupo de Pesquisa na prática trabalhista nos Tribunais Superiores, desde a instituição desse projeto de extensão.

---

(449) Ineditismo – Grupo de pesquisa da Faculdade de Direito atua como 'amigo da corte' em sessão no STF. 2020. *UnBNotícias.* Publicação de 11.12.2020. Disponível em: https://www.noticias.unb.br/112-extensao-e-comunidade/4642-grupo-de-pesquisa-da-faculdade-de-direito-atua-como-amigo-da-corte-em-sessao-no-stf. Acesso em: 29 ago. 2023.

Ainda no plano extensionista, voltado à atuação prática em primeiro grau de jurisdição, coordeno, pela Faculdade de Direito da UnB e seu *Grupo de Pesquisa Trabalho, Constituição e Cidadania*, o *Núcleo de Pesquisa e Assistência Judicial Trabalhista (NUPAJ)*, projeto interinstitucional formalizado entre a Universidade de Brasília (UnB), a Escola Judicial do Tribunal Regional do Trabalho da 10ª Região (EJUD-10) e a Defensoria Pública da União (DPU), com objetivo de desenvolver "cooperação acadêmica e prestação de atendimento de demandas trabalhistas e práticas de atos processuais pertinentes no Fórum do TRT da 10ª Região, em Brasília".

A experiência do NUPAJ foi idealizada em 2016. Desde a sua fundação, estima-se que mais de uma centena de alunos da Faculdade de Direito já prestou atendimento supervisionado ao público assistido pela DPU, no Fórum do TRT da 10ª Região[(450)]. Agradeço à amiga *Ana Paula Villas Boas*, coordenadora do projeto pela Defensora Pública da União, e ao Desembargador do Trabalho *Brasilino Santos Ramos*, da 10ª Região, por compartilharem esforços para concretizar este importante projeto de extensão.

Enfim, com a transposição dos bancos acadêmicos, nosso coletivo universitário tem sido capaz de projetar todo o cabedal teórico do Direito do Trabalho desenvolvido na Faculdade de Direito da UnB em ações e projetos de extensão imbuídos de sentido e impacto social.

4.7.10. Participação em Bancas Acadêmicas

Já a atuação em bancas demanda habilidade, atenção e sobretudo abertura para escutar o outro, na literalidade do que é dito, nos vazios

(450) Dados oficiais referentes ao período de 2017 a 2019. A respeito, consultar: DELGADO, Gabriela Neves. A experiência extensionista do NUPAJ (Núcleo de Pesquisa e Assistência Judicial Trabalhista). *In*: DELGADO, Gabriela Neves (Coord.). *Direito fundamental ao trabalho digno no século XXI*. Coleção Trabalho, Constituição e Cidadania. v. I, II e III. São Paulo: LTr, 2020. p. 19.

do não dito e com o corpo que fala. É também atividade que exige receptividade e não juízos reativos ou defensivos[451].

Sobretudo nas bancas acadêmicas, acredito que a melhor interlocução é aquela que pergunta, provoca e impulsiona o pesquisador a fazer uso da palavra para refletir, pontuar, argumentar e assim transmitir sua experiência de pesquisa.

Ao longo da trajetória acadêmica nos Programas de Pós-Graduação em Direito da UFMG e da UnB, participei, como orientadora ou examinadora, de 73 bancas de mestrado, de 19 bancas de doutorado e 16 bancas de qualificação de doutorado. Se considerado o período específico de atuação docente nos quadros da UnB (2009 a 2023), foram 66 participações em bancas de mestrado, 5 bancas de qualificação de mestrado, 17 bancas de doutorado e 15 bancas de qualificação de doutorado.

Como convidada externa, já participei de bancas nas mais variadas instituições de ensino superior, em experiências de rico intercâmbio institucional/acadêmico, sobretudo na área do Direito do Trabalho. De toda forma, também tive a fortuna de ampliar o espectro das arguições e atuar em bancas de Programas de Pós-Graduação fora do Direito. Por exemplo, na UnB participei de bancas de mestrado, exames de qualificação de mestrado e de doutorado no Programa de Pós-Graduação em Política Social; no Programa de Pós-Graduação em Ciência Política; no Programa de Pós-Graduação em Ciências Sociais – Estudos Comparados sobre as Américas; e no Programa de Pós-Graduação em Psicologia Social, do Trabalho e das Organizações.

Em outros estados, participei de bancas de mestrado e/ou doutorado no Programa de Pós-Graduação em Psicologia, da Universidade Federal de Minas Gerais; no Programa de Pós-Graduação em Políticas Públicas, da Universidade Federal do Maranhão; no Programa

(451) Mais uma vez é importante retomar a leitura de DUNKER, Christian; THEBAS, Cláudio. *O palhaço e o psicanalista:* como escutar os outros pode transformar vidas. *Op. cit.*

de Pós-Graduação em Ciências Sociais, da Universidade Estadual de Campinas; e no Programa de Pós-Graduação em Psicologia, da Universidade Federal de Santa Catarina. A relação completa segue devidamente registrada no *Curriculum Lattes*.

Também participei quase que sequencialmente das bancas examinadoras para o PPGD da UnB entre os anos 2010 a 2019, apenas não integrando o processo seletivo do referido programa em 2012.

Na graduação em Direito, participei ativamente de bancas de trabalho de conclusão de curso, tanto na condição de orientadora, como examinadora. Foram 191 bancas no total, se considerada minha atuação como Professora da PUC Minas, da Faculdade de Direito Milton Campos, da UFMG e da UnB, até o ano de 2023. Como Professora da UnB, no período de 2010 a 2023, participei de 75 bancas.

Na graduação em Direito da UnB, também integrei várias bancas examinadoras em processo de seleção pública simplificada para professor substituto da área de Direito do Trabalho (em 2021, 2015 e 2013); da área de Direito Administrativo (em 2013); da área de Legislação Social e Teoria do Direito (em 2013, 2012 e 2011); da área de Direito Privado (em 2012); da área de Direito Público (em 2011 e 2010); e da área de Teoria e Filosofia do Direito (em 2010).

Ainda participei de duas bancas examinadoras de concurso público para a carreira do magistério superior, na classe de Professor Adjunto, da área de Direito do Trabalho, Direito Previdenciário, Legislação Social, Prática Jurídica e áreas afins, nos anos 2013 e 2011.

4.7.11. Recebimento de Comendas e Premiações Advindas do Exercício de Atividades Acadêmicas

Receber prêmios e honrarias acadêmicas pelo caminho percorrido é um retorno simbólico e de legitimação do trabalho realizado para elevar a docência ao mais alto nível.

Ser homenageada pelos alunos, nas colações de grau, é uma emoção à parte para quem, como eu, acredita e se compromete com a educação pública universitária de qualidade. Ao longo de toda a minha trajetória docente, desde a inserção profissional em Minas Gerais, fui 29 vezes agraciada com o título de paraninfa ou de professora homenageada pelas turmas de formandos, sendo 16 vezes na UnB.

Vale registrar que fui homenageada pelos alunos formandos da Faculdade de Direito da UnB, sequencialmente, dos anos 2011 a 2023, à exceção de 2020, quando estávamos no auge da pandemia. Todos os registros constam do *Curriculum Lattes.*

No rito de passagem que simboliza a colação de grau, ao entregar o diploma para os formandos, vislumbro o tempo que passou com gratidão por ter, de alguma forma, inspirado suas vidas. Naquele momento de festividade, também sempre projeto o tempo futuro, renovando e acentuando o desejo e o compromisso de educar novas gerações.

No plano institucional, fui homenageada pela Secretaria de Comunicação da UnB, com o "Prêmio Pesquisador Parceiro da Imprensa", em 2015. Em 2019, na categoria iniciação científica, as pesquisas de *Nathalia Guimarães Ohofugi* e de *Ana Letícia Rodrigues da Costa Bezerra,* por mim orientadas, receberam menção honrosa, no 25º Congresso de Iniciação Científica da UnB e 16º Congresso de Iniciação Científica do DF. Em 2021, também na categoria iniciação científica, a pesquisa de *Giovanni Castiglioni Castilho,* sob minha orientação, foi indicada ao Prêmio Destaque, no 27º Congresso de Iniciação Científica da UnB e 18º Congresso de Iniciação Científica do DF.

Em 2022, pelo Decanato de Pós-Graduação da Universidade (DGP), recebi o "Prêmio UnB de melhor dissertação da grande área das Ciências Sociais Aplicadas, dos Programas de Pós-Graduação da UnB", pela orientação da pesquisa de *Raquel Santana,* também laureada.

Em 2016, recebi uma homenagem inesquecível. O *Professor Dr. Márcio Túlio Viana*, que foi meu orientador de mestrado, e o *Professor Dr. Cláudio Jannotti da Rocha*, que havia sido meu aluno num curso de especialização em Minas Gerais, coordenaram e reuniram 61 articulistas (entre grandes pesquisadores, colegas professores e orientandos), na obra coletiva "Como Aplicar a CLT à Luz da Constituição: alternativas para os que militam no foro trabalhista", em minha homenagem[(452)].

O prefácio do *Professor Márcio Túlio Viana* foi uma homenagem à parte, para mim importantíssima pelo que ele representa em minha vida. Tomo a liberdade de transcrever parte do seu texto, inclusive para esclarecer a escolha dos coordenadores de homenagearem uma professora tão jovem, já que à época tinha menos de 40 anos.

> "(...). Se o Direito, como dizíamos, está em tantos lugares do mundo, ele também se esconde em cada um de nós, e de modo especial em certos corações e mentes mais sensíveis e inteligentes. E é nesse ponto, exatamente, que entra em cena a nossa querida Gabriela.
>
> Sabemos que, tradicionalmente, os livros são dedicados apenas aos velhos mestres. E ela é jovem ainda, embora já tenha deixado sua marca em grandes Escolas de Direito – como as da UFMG, da PUC-Minas e Milton Campos – e venha ocupando posição de destaque na Universidade de Brasília – UnB.
>
> Na verdade, a iniciativa partiu de um de nós (Cláudio), que convidou o outro (Márcio Túlio) a participar. Mas a própria Gabriela, quando finalmente ficou sabendo, mostrou-se resistente à ideia, exatamente por se sentir distante, ainda, daqueles velhos mestres.

---

(452) VIANA, Márcio Túlio; ROCHA, Cláudio Jannotti da (Coord.). *Como aplicar a CLT à luz da Constituição:* alternativas para os que militam no foro trabalhista. Obra em homenagem à Profa. Gabriela Neves Delgado. São Paulo: LTr, 2016.

No entanto, ponderamos que, ao homenageá-la, estaríamos também louvando todos os jovens defensores do Direito do Trabalho, que hoje começam a substituir os velhos mestres, tomando de suas mãos o fogo que por tanto tempo iluminou suas vidas. De certo modo, ela os representa, com o brilho de seu espírito e de seu coração, mesmo sem procuração para isso ..."(453).

No plano institucional da Justiça do Trabalho, registro o recebimento, em 2023, da "Comenda da Ordem do Mérito do Trabalho, Grau Oficial" do TST, sob a indicação do *Ministro José Roberto Freire Pimenta*, a quem tanto admiro.

Também no TST, recebi, em 2022, a "Medalha Comemorativa dos 80 Anos da Justiça do Trabalho", das mãos do prezado *Ministro Emmanoel Pereira*, à época Presidente do Tribunal, em reconhecimento à "relevante contribuição dada à Justiça do Trabalho" e "para a formação e informação no campo do Direito do Trabalho no Brasil", segundo consta da certificação nominal correspondente.

No Tribunal Regional do Trabalho da 10ª Região, em Brasília, fui agraciada com a "Comenda da Ordem do Mérito de Dom Bosco, Grau Comendador", em 2017, sob a indicação do caro *Desembargador Brasilino Santos Ramos*.

Para mim, as homenagens recebidas no âmbito do Judiciário reforçam a importância das frentes de pesquisa realizadas na UnB sobre o padrão regulatório da Justiça do Trabalho e a construção sistemática de arcabouços teóricos sobre as relações de trabalho no Brasil.

---

(453) VIANA, Márcio Túlio. Prefácio. *In*: VIANA, Márcio Túlio; ROCHA, Cláudio Jannotti da (Coord.). *Como aplicar a CLT à luz da Constituição:* alternativas para os que militam no foro trabalhista. Obra em homenagem à Profa. Gabriela Neves Delgado. São Paulo: LTr, 2016. p. 13.

4.7.12. *Participação em Atividades Editoriais e/ou Arbitragem de Produção Intelectual e/ou Artística*

A participação em conselhos editoriais e científicos traz a valorosa oportunidade de se reforçar o compromisso com a formação do pensamento crítico, com a qualidade da publicação acadêmica, com a divulgação e democratização do conhecimento, além de ser importante canal para o diálogo com autores e teorias diversas.

Sou membro titular do *Conselho Editorial da Editora Universidade de Brasília* desde 2002. Quando recebi o convite da *Professora Dra. Márcia Abrahão,* Reitora da UnB, para integrar o Conselho da Editora da Universidade, fui tomada de emoção. O fascínio pelos livros, inaugurado na minha infância; a dimensão inventiva dos textos literários; o universo para mim inexplorado da produção científica das Exatas; as entrelinhas de cada obra; a possibilidade de independência editorial, enfim, tudo tornava aquele convite irrecusável. Permaneço, honrada, atuando neste espaço coletivo editorial da Universidade.

Em 2002, também no âmbito da Universidade, integrei comissão específica do Decanato de Ensino de Graduação (DEG) para análise das propostas de professores do quadro permanente da UnB, com pedido de apoio à publicação de livros didáticos autorais.

Além disso, sou membro do corpo editorial de uma série de periódicos do Direito e do Direito do Trabalho – todos devidamente indicados no *Curriculum Lattes.* Também atuo como revisora de periódicos, com experiência na avaliação de artigos científicos de Direito do Trabalho, do Brasil e do exterior.

4.7.13. *Assessoria, Consultoria ou Participação em Órgãos de Fomento à Pesquisa, ao Ensino ou à Extensão*

A capacidade de gerar conhecimento e inovações amplifica quando o docente também atua em assessorias e consultorias da estrutura acadêmico-administrativa ou participa de órgãos de fomento à pesquisa, ao ensino e à extensão. Neste tipo de tarefa, além de representar a UnB, tenho o compromisso de trabalhar por pautas de valorização da educação pública superior.

Na assessoria a pautas internas da Administração Central da UnB, atuei, ao longo do tempo, como membro titular da Faculdade de Direito no CEPE (Conselho de Ensino, Pesquisa e Extensão) e na Câmara de Ensino de Graduação (CEG) e como membro suplente do Conselho Universitário (CONSUNI), do Conselho de Administração (CAD) e da Câmara de Ensino de Graduação (CEG).

Também atuei em comissões específicas do Decanato de Ensino de Graduação (DEG), com destaque para a comissão instituída para elaborar o projeto político, pedagógico e institucional da UnB; a comissão formada para analisar as propostas encaminhadas ao DEG de apoio à publicação de livros didáticos para o ensino de graduação, e a comissão de assessoramento do DEG para análise dos exames de seleção primária (PAS e vestibular) para os cursos de graduação da Universidade e seus resultados em relação às metas pretendidas, propondo, se fosse o caso, alterações pertinentes. No *Curriculum Lattes* registro o detalhamento do percurso temporal em cada cargo de representação e comissão específica.

A atuação intensa junto ao Decanato de Ensino de Graduação ocorreu à época em que atuei como Coordenadora de Graduação do Curso de Direito, sob a direção da querida *Professora Dra. Ana Frazão* e coordenação do prezado *Professor Dr. José Geraldo de Souza Júnior.*

Além da experiência notável de trabalhar de forma coordenada na construção de ações sólidas para o alcance de um ensino universitário de excelência, democrático e inclusivo, tive a grata oportunidade de conviver e aprender com duas mulheres que são grandes referências na educação e gestão universitárias: a *Professora Dra. Márcia Abrahão Moura,* à época Decana de Graduação e hoje Reitora da UnB, e a *Professora Dra. Denise*

Imbroisi, à época Diretora Técnica de Graduação e hoje Decana de Planejamento, Orçamento e Avaliação Institucional da Universidade.

Na atuação em órgãos de fomento à pesquisa, ao ensino e à extensão fora da Universidade, registro minha participação como membro titular da *Comissão Assessora da Área de Direito, do Exame Nacional de Desempenho dos Estudantes* (ENADE), do Instituto Nacional de Estudos e Pesquisas Educacionais Anísio Teixeira (INEP), do Ministério da Educação, em 2012. Nesta assessoria, mediante planejamento e realinhamentos estratégicos, esforços foram empreendidos para aperfeiçoar o ciclo de avaliação do Curso de Direito e assim melhor avaliar o processo de aprendizagem dos estudantes da graduação.

Em 2021, tornei-me membro suplente do *Conselho Superior da Fundação de Apoio à Pesquisa do Distrito Federal*, da Secretaria de Estado de Ciência, Tecnologia e Inovação do Distrito Federal (FAPDF) e membro titular da Comissão de Legislação e Normas do seu Conselho Superior. Na FAPDF, onde sigo representando institucionalmente a UnB, permaneço vigilante e comprometida na elaboração de políticas educacionais para o DF e para o fortalecimento do sistema de ciência, tecnologia e inovação.

Em adendo, gostaria de registrar a participação, como associada fundadora, da *Academia Brasiliense de Direito do Trabalho* (ABRADT) e do *Instituto de Ciências Jurídicas e Sociais* (ICJS), ambas entidades não governamentais de caráter educacional, sem fins lucrativos, voltadas à promoção de estudos e pesquisas em Direito do Trabalho.

4.8. Atividades de Gestão Acadêmica

Na trilha universitária na UnB, no período de 2009 a 2023, assumi uma série de atividades de gestão acadêmica e de representação institucional, num percurso tão engrandecedor, como desafiador.

Em 2009, poucos meses após minha posse na UnB, a *Professora Dra. Ana Frazão*, Diretora da Faculdade de Direito à época, convidou-me para assumir a *Coordenação da Graduação do Curso de Direito* do período noturno. Ao meu lado estiveram a *Professora Dra. Eneá de Stutz e Almeida*, seguida do caro amigo, *Professor Dr. Othon de Azevedo Lopes*. Ambos se responsabilizaram pela coordenação do curso diurno.

Foram quase cinco anos como Coordenadora de Graduação, no período de 12/2009 a 08/2014, numa fase intensa que me permitiu atuar de pronto na gestão acadêmica da Faculdade de Direito e em várias instâncias da Administração Superior. Sempre agradecerei aos colegas professores e aos servidores técnico-administrativos da Faculdade de Direito pelo apoio diário para a realização de um trabalho de qualidade na Coordenação de Graduação, em meio aos desafios que a mudança recente para Brasília infligia. O apoio de todos foi decisivo nesse processo.

Participo ativamente dos órgãos colegiados da Faculdade de Direito. Sou membro efetivo do *Conselho da Faculdade*, desde o meu ingresso na UnB. Também atuei como membro titular do *Colegiado de Graduação*, com a incumbência de presidi-lo por alguns anos (07/2011 a 08/2014). Atualmente, participo como membro titular da comissão avaliadora dos processos de promoção e progressão funcional na carreira docente, no âmbito da Faculdade de Direito (desde 09/2019).

No período em que assumi a Coordenação de Graduação, também participei, como membro titular, de *comissões específicas da Faculdade de Direito*, integrando a Coordenação Geral do seu Programa de Memória Institucional (07/2010 a 12/2012) e a Comissão instituída para elaborar o novo projeto político, pedagógico e institucional do Curso de Direito (12/2009 a 09/2013). Na linha de frente dessa última comissão esteve a querida *Professora Dra. Loussia Penha Musse Felix*, a quem sou grata pelas lições partilhadas sobre Direito e Educação Superior.

Na Pós-Graduação, integro o *Colegiado do Programa,* desde 02/2010. Já atuei como membro titular da comissão interna do programa de bolsas de pós-doutorado para o exterior (09/2022) e da comissão de revalidação de diplomas obtidos no exterior (11/2014 a 11/2016).

Em 2012, também assumi a Coordenação Pedagógica da Pós-Graduação *Lato Sensu* em Direito Constitucional do Trabalho, promovida pela Faculdade de Direito da UnB em parceria com o TST. A segunda edição do curso ocorreu a partir de 2015 e a terceira teve início em 2023, todas sob minha coordenação direta. Esta atividade foi detalhada nos Tópicos 4.6.3 e 4.7.6.

Também assumi a coordenação de projetos de extensão na Faculdade de Direito da UnB, todos descritos no Tópico 4.7.8.

No período em que atuei como Coordenadora de Graduação da Faculdade de Direito, avancei em consideráveis frentes de trabalho na Administração Central universitária, mais precisamente junto ao Decanato de Ensino de Graduação (DEG), com a *Professora Dra. Márcia Abrahão Moura* como Decana de Graduação e a *Professora Dra. Denise Imbroisi,* como Diretora Técnica de Graduação, no contexto da Reitoria do *Professor Dr. José Geraldo de Sousa Júnior.*

Nesse rumo, participei como membro suplente da *Câmara de Ensino de Graduação* (CEG), na condição de representante da Faculdade de Direito da UnB (12/2009 a 06/2011) e posteriormente como representante titular daquele mesmo órgão colegiado central (07/2011 a 08/2013).

Àquela época, ainda atuei como membro titular de várias *Comissões de Assessoria do Decanato de Ensino de Graduação,* com destaque para a Comissão de elaboração do projeto político, pedagógico e institucional da UnB (08/2010 a 06/2012); a Comissão assessora para análise dos exames de seleção primária (PAS e vestibular) aos cursos de graduação da UnB e seus resultados em relação às metas pretendidas, propondo ao DEG alterações, quando pertinentes (10/2010 – 06/2012); e a Comissão de avaliação das propostas encaminhadas ao DEG de apoio à publicação de livros didáticos para o ensino de graduação, inéditos, em língua portuguesa, de autoria de professores do quadro permanente da UnB (de 07/2010 a 12/2010 e, posteriormente, de 05/2011 a 06/2012). Desde 2022, também atuo como membro titular do Conselho Editorial da Editora Universidade de Brasília.

Em 2016, o *Professor Dr. Mamede Said Maia Filho* e eu fomos eleitos, pela comunidade acadêmica, para ocupar os cargos de Diretor e Vice-Diretora da Faculdade de Direito da UnB. Fomos empossados pelo então Reitor, *Professor Dr. Ivan Camargo*.

A Vice-Direção da Faculdade de Direito me permitiu o trabalho com atribuições de gestão não praticadas na coordenação da graduação, além de novas experiências em cargos institucionais de cunho acadêmico na Administração Central Universitária. Fiquei no cargo até dezembro de 2018, período em que atuei como membro do *Núcleo Docente Estruturante* (NDE) da Faculdade de Direito, como membro titular da Faculdade de Direito no *Conselho de Ensino, Pesquisa e Extensão* (CEPE), e como membro suplente do *Conselho Universitário* (CONSUNI) e do *Conselho de Administração* (CAD) da UnB.

Agradeço a todos que conosco trabalharam diretamente nesse período, em especial à *Professora Dra. Daniela Marques de Morais* e ao *Professor Dr. Wilson Roberto Theodoro Filho,* à época Coordenadores de Graduação e hoje Diretora e Vice-Diretor da Faculdade de Direito, com os quais construí sincera amizade.

Quanto à atuação em *cargos de representação institucional de cunho acadêmico fora da UnB,* registro a participação como membro titular da *Comissão Assessora da Área de Direito, do Exame Nacional de Desempenho dos Estudantes* (ENADE), do Instituto Nacional de Estudos e Pesquisas Educacionais Anísio Teixeira (INEP), do Ministério da Educação, em 2012. Em 2021, também passei a representar a UnB como membro suplente do *Conselho Superior da Fundação de Apoio à Pesquisa do Distrito Federal* (FAPDF) e membro titular da Comissão de Legislação e Normas daquele mesmo Conselho, onde permaneço a serviço da Universidade.

CONSIDERAÇÕES FINAIS

"Existirmos a que será que se destina?"[(454)]

Por vezes, somos tocados e mobilizados por grandes momentos e conquistas, mas a fineza da vida está na caminhada pelas horas inteiras do dia a dia, no chão cotidiano, com pequenos passos que representam tanto.

Com este texto que se pretende autobiográfico, recuperei um tempo de vida não necessariamente cronológico, numa caminhada prenhe de memórias, ressignificada com trechos, sentimentos e impressões da minha trajetória docente.

A escrita foi realizada no tempo presente, a partir de quem sou hoje. Para compor essas memórias, inspirei-me em Manoel de Barros, que de poesia em prosa escreveu as fases da vida em suas "Memórias Inventadas", indicando três personagens como fontes guia: a criança, os passarinhos e os andarilhos[(455)].

Para ele, "(...) escrever memórias interessava apenas na medida em que essas lhe trouxessem de volta a infância, real e imaginária – pois a infância renasce em cada idade do homem"[(456)].

Refazer o caminho de volta e reencontrar a minha menina foi fundamental para escrever minhas memórias como Professora Universitária. *Docência é tempo*. É um construído que não começa num evento preciso e demarcado. *Não se estreia professor, trata-se de um movimento vivo, fruto de um percurso de permanente e complexa formação.*

---

(454) VELOSO, Caetano. *Cajuína*. Álbum: Cinema Transcendental. Ano de Lançamento: 1979.
(455) BARROS, Manoel de. *Memórias inventadas*. Rio de Janeiro: Alfaguara, 2018. p. 57.
(456) *Idem*. Quarta-capa.

Tenho pais-professores como herança. Por isso, nasci professora ainda semente. A poesia de Mia Couto bem anuncia o "momento anterior ao fruto, no qual tudo o que temos é um conjunto indefinido, mas potente, de possibilidades". Ao voltar ao tempo das origens, seus versos acompanham a "germinação" da história de vida e de formação da identidade humana(457):

> "No início,
> eu queria um instante.
> A flor.
>
> Depois,
> nem a eternidade me bastava.
> E desejava a vertigem
> do incêndio partilhado.
> O fruto.
>
> Agora,
> quero apenas
> o que havia antes de haver vida.
> A semente."

Na infância, ao me imaginar uma *professora brincante*, já intuía o destino que vive dentro de mim. E fui capaz de adensar este desejo no curso da vida, o que me levou à docência universitária mesmo tão jovem. Ainda hoje amanheço broto, de dentro para fora, no tempo de cada dia.

Além de revolver as heranças, nos seus versos o poeta diz que aprendeu a liberdade com os passarinhos, que dominam "o mais leve sem precisar ter motor nas costas. E são livres para pousar em qualquer

---

(457) CASTELLO, José. Apresentação. A palavra e a semente. *In*: COUTO, Mia. *Poemas escolhidos*. São Paulo: Companhia das Letras, 2016. p. 11.

tempo nos lírios ou nas pedras – sem se machucarem". Também com eles aprendeu a "ser disponível para sonhar"[458].

O sonho de ser professora avançou nas diferentes idades e hoje retrata quem sou. Não foi um movimento em linha reta, mas da ordem do humano, com voos altos e rasantes, curvas, obstáculos, avanços e recuos. No conjunto, essa dinâmica trouxe as balizas para a construção da minha identidade como Professora Universitária, a partir das práticas de uma *educação orquestrada*, no sentido de atuar como uma educadora que "confecciona asas. E voa junto"[459]. Capaz de elevar, apostar e estender as mãos ao outro em seu processo de formação. Construir futuros pela educação, para filhos e alunos. Carregá-los de potência e vê-los crescer, para assim transmitir, à frente, minha "centelha de vida"[460].

Manoel de Barros ainda lembra os andarilhos na composição das suas memórias, aqueles que representam a "linguagem de chão", que "não afundavam estradas, mas inventavam caminhos"[461].

Parece-me que a utilização da alegoria dos andarilhos faz sentido se pensarmos no ato da caminhada em si, não sem rumo ou direção, mas como uma *ação viva do adubar caminhos*, num movimento de *andança* dos que, na *vida vivida*, jamais terminam seu caminhar, como tão bem eternizou Beth Carvalho em uma das mais belas canções da Música Popular Brasileira[462]. Além disso, penso que *a educação é terra firme, onde podemos aterrar os pés e ganhar mundos.*

Neste livro, com o objetivo de demonstrar como a educação me constitui enquanto pessoa e à forma como me coloco e me projeto no mundo, apresentei memórias da minha caminhada como Professora

---

(458) BARROS, Manoel de. *Memórias inventadas. Op. cit.*, p. 57.
(459) VAZ, Sérgio. *Literatura, pão e poesia.* Rio de Janeiro: Global Editora, 2011.
(460) MONTENEGRO, Fernanda. *Prólogo, ato, epílogo:* memórias. Com a colaboração de Marta Góes. São Paulo: Companhia das Letras, 2019. p. 158.
(461) BARROS, Manoel de. *Memórias inventadas. Op. cit.*, p. 57.
(462) CAYMMI, Danilo; SOUTO, Edmundo; TAPAJÓS, Paulinho. *Andança.* 1968.

Universitária. Pretendi, sobretudo, resgatar minha atuação e integração como *Professora de Direito do Trabalho da Faculdade de Direito da Universidade de Brasília*. Por isso, as trilhas universitárias em Minas Gerais foram descritas com maior brevidade, num ritual de passagem rumo à Brasília. Já o percurso na UnB foi rigorosamente direcionado e detalhado com base nos indicadores da própria Universidade.

Considero que algumas evidências demonstram a fortuna crítica de minha atuação como Professora de Direito do Trabalho na Faculdade de Direito da UnB.

Em 2009, ao ingressar na Universidade de Brasília como Professora Adjunta da Faculdade de Direito, me deparei com a restrita estruturação da área do Direito do Trabalho. Os professores da cadeira se ocupavam das disciplinas correspondentes na Graduação, mas não havia, à época, planejamento e atuação permanente para se firmar um conjunto diversificado de práticas de ensino, pesquisa e extensão no campo justrabalhista. Tampouco havia grupos de pesquisa específicos em Direito do Trabalho, nem linha de pesquisa própria na Pós-Graduação.

Inspirada no que se pode chamar de "Escola Mineira de Direito do Trabalho", com seus tantos e vocacionados pesquisadores, me mobilizei pessoalmente para que a Faculdade de Direito da UnB se tornasse espaço fértil de produção acadêmica em Direito do Trabalho. Desejei e contribuí de forma ativa para a *construção democrática de uma Escola de Direito do Trabalho que despontasse do Centro-Oeste para o Brasil*, legitimada a produzir conhecimento sobre o mundo e as relações de trabalho, a partir da problematização da realidade brasileira e de suas contradições, e com projeto de transformá-la, na linha idealizada por Darcy Ribeiro e Anísio Teixeira[(463)].

Na Graduação, alavanquei os campos do ensino e da pesquisa, passando a orientar dezenas de alunos em monitorias, pesquisas de iniciação

(463) RIBEIRO, Darcy. *O povo brasileiro:* a formação e o sentido do Brasil. *Op. cit.*

científica e trabalhos de conclusão de curso. O preparo intelectual cuidadoso no letramento trabalhista e para uma consciência de pesquisa no campo dos direitos humanos e fundamentais trabalhistas perpetuou-se como fator positivo entre os alunos, que generosamente me retribuíram com inúmeras homenagens nas formaturas e colações de grau.

Na Pós-Graduação, com o credenciamento como professora orientadora em 2010, passei a orientar pesquisas na área do Direito do Trabalho, em nível de mestrado e doutorado. Precisei me integrar originalmente às linhas "Constituição e Democracia: Teoria, História, Direitos Fundamentais e Jurisdição Constitucional" e "Globalização, Transformações do Direito e Ordem Econômica", diante da então ausência de espaço institucional para orientações sistemáticas na área do Direito do Trabalho e da falta de uma linha de pesquisa objetivamente estruturada para tanto.

Em 2014, com o objetivo maior de colocar o PPGD da UnB no mapa como uma grande referência de pesquisa em Direito Constitucional do Trabalho, participei ativamente da criação, redação e institucionalização da linha de pesquisa "Internacionalização, Trabalho e Sustentabilidade", inédita no programa, com a apresentação de uma sublinha específica para o Direito do Trabalho, intitulada "Mundo do Trabalho, Constituição e Transformações na Ordem Social".

Por cerca de 10 anos, fui a única professora especializada em Direito do Trabalho dessa linha e sublinha de pesquisa, o que me demandou intensa atuação nas bancas dos processos seletivos e nas atividades de ensino e de orientação, no mestrado e doutorado, na tentativa de suprir as inúmeras demandas de pesquisa em Direito do Trabalho da Pós-Graduação. Hoje, a UnB reúne quantitativo considerável de docentes em Direito do Trabalho, com atuação nas diversas frentes universitárias, inclusive no PPGD. Foi então possível experimentar um *sentimento de comunidade* entre os que lecionam e se integram à área trabalhista na Faculdade de Direito, com espaço para a construção de memórias coletivas.

No conjunto, tive o privilégio de orientar e inspirar gerações de alunos, inclusive com a honra de formar colegas professores, num percurso "de transferência na aprendizagem que nos liga através dos tempos"(464). Este alicerce também reverberou em supervisões de pós-doutorado, na elaboração de prefácios e apresentações de livros de orientandos e na produção acadêmica em coautoria, sobretudo com o objetivo de sobrelevar a tese do direito fundamental ao trabalho digno, pela expansão do seu conceito originário ao alcance de suas dimensões constitucionais imanentes: o valor social do trabalho, a pessoa humana do trabalhador e o meio ambiente do trabalho.

Ainda para firmar as bases de estruturação da área trabalhista na Faculdade de Direito da UnB, em 2010, na companhia de colegas que se tornaram amigos, criamos o *Grupo de Pesquisa Trabalho, Constituição e Cidadania* (UnB/CNPq), reconhecido nacionalmente pela construção de novas formas de pesquisar a proteção social trabalhista, protagonizando papel de vanguarda para além das fronteiras universitárias.

Com responsabilidade política e jurídica, direcionado a contribuir para o aperfeiçoamento das decisões no âmbito do Poder Judiciário, o *Grupo de Pesquisa Trabalho, Constituição e Cidadania* foi o primeiro Grupo de Pesquisa em Direito do Trabalho do Brasil e o primeiro Grupo de Pesquisa da UnB a ser admitido na condição de *Amicus Curiae* para atuar no Supremo Tribunal Federal e no Tribunal Superior do Trabalho, exteriorizando seu compromisso de ampliação dos debates jurídicos em torno do *Direito do Trabalho constitucionalizado*, um coletivo ativo contra a precarização do trabalho.

Na linha extensionista, destaco o Projeto de Extensão de Prática Trabalhista nos Tribunais Superiores, com a atuação qualificada e de elevado grau de maturidade do *Grupo de Pesquisa Trabalho, Constituição e Cidadania*, conforme já referenciado.

---

(464) MONTENEGRO, Fernanda. *Prólogo, ato, epílogo:* memórias. *Op. cit.*, p. 270.

Outro importante programa de extensão que coordeno na Universidade é o *Núcleo de Pesquisa e Assistência Judicial Trabalhista (NUPAJ)*, projeto interinstitucional formalizado entre a UnB, a Escola Judicial do Tribunal Regional do Trabalho da 10ª Região (EJUD-10) e a Defensoria Pública da União (DPU), desta vez voltado à atuação prática trabalhista em primeiro grau de jurisdição.

Também assumi uma série de atividades de gestão de cunho acadêmico, na UnB e em órgãos institucionais de representação externa à Universidade, num percurso de intenso trabalho para garantir incentivos, alinhamentos, inovações estratégicas e ações concretas com vistas ao alcance de uma educação universitária pública inclusiva, plural e democraticamente construída.

A vida me levou ao encontro da minha identidade, num *percurso autoral* enquanto professora, pesquisadora e escritora do Direito do Trabalho. Optei por uma formação interdisciplinar, interseccional e não linearmente jurídica para prospectar o trabalho em seus sentidos filosófico, social, político e jurídico, bem como para me haver com a complexidade do real do trabalho, situado sob a ingerência do discurso colonial capitalista e dos modelos de gestão empresarial em que predominam a quantificação e as lógicas de mercantilização e invisibilidade obreiras.

Desse modo, transitei permanentemente entre o Direito e outras áreas das Ciências Humanas, o que fica claro no percurso da minha formação universitária, para além da Graduação em Direito. *Segui e aprofundei* os estudos jurídicos com o Mestrado em Direito do Trabalho, na Pontifícia Universidade Católica de Minas Gerais (PUC Minas) e o Doutorado em Filosofia do Direito, na Universidade Federal de Minas Gerais (UFMG).

Na linha do tempo, também expandi a formação no campo das humanidades, com o Pós-Doutorado em Sociologia do Trabalho, pelo

Instituto de Filosofia e Ciências Humanas da Universidade Estadual de Campinas (IFCH-UNICAMP) e o Pós-Doutorado internacional em Desigualdades Globais e Justiça Social, pela Faculdade Latino-Americana de Ciências Sociais e seu Colégio Latino-Americano de Estudos Mundiais (FLACSO). Em acréscimo, e mesmo que de forma incipiente, também avancei no estudo de algumas categorias-chaves da Psicanálise do Trabalho, para melhor compreender o sistema de colonização da subjetividade obreira nas relações de trabalho.

Diante do meu compromisso inarredável com a centralidade do trabalho e o ser humano trabalhador, *no todo sigo alinhada ao constitucionalismo humanista e social*, aos *direitos humanos trabalhistas* e à *noção expandida de direito fundamental ao trabalho digno*. Nesse contexto, foi possível situar minha produção intelectual a partir de três *dimensões de pesquisa* a que tenho me dedicado prioritariamente ao longo dos anos, muitas vezes em projetos simultâneos e estruturalmente vinculados: a dimensão das pesquisas em Direito Constitucional do Trabalho; a dimensão das pesquisas em Direitos Humanos Trabalhistas e a dimensão das pesquisas em Direito Individual do Trabalho.

Os estudos em *Direito Constitucional do Trabalho* explicitam o comprometimento com a base principiológica constitutiva do Direito do Trabalho, como democracia, justiça social, direitos fundamentais e dignidade da pessoa humana. A pesquisa do direito fundamental ao trabalho digno assume *pretensão de universalidade* ao reverberar a tese de que todos os trabalhadores devem ser destinatários de relações de trabalho constitucionalmente protegidas, num *patamar de cidadania irrestrita.*

Importante ressaltar que não há propósito de se identificar um arquétipo de trabalhador universal. Pelo contrário, *a demanda é pela universalidade do acesso e efetivação dos direitos humanos e fundamentais trabalhistas*, a partir de uma "concepção material e concreta de dignidade", em repúdio a um "universalismo abstrato". Por isso a defesa de um "universalismo pluralista e não etnocêntrico, de contrastes, de mesclas, de entrecruzamentos"(465).

Esta linha de pesquisa também envereda sobre as funções do Direito do Trabalho e o processo de constitucionalização dos direitos sociais e trabalhistas no Brasil, a par da estruturação, desenvolvimento e papel da Justiça do Trabalho em sua missão de justiça social. Ainda no percurso das pesquisas, procuro articular categorias-chaves do Direito Constitucional do Trabalho sob o prisma da regulação judicial dos Tribunais Superiores, com destaque para o STF e o TST, numa perspectiva sempre presente de que *Direito é disputa*.

Nesse ponto, José Geraldo de Sousa Júnior bem explica que o "significado político da realização constitucional" se dá na "*disputa por posições interpretativas*" movidas na arena social, com abertura para o exercício de uma "cidadania protagonista, ativa, insurgente, achada na rua, o núcleo de uma subjetividade coletiva (sujeitos coletivos de direito), em movimento (movimentos sociais emancipatórios), a razão legitimadora do processo político"(466).

É exatamente no palco de "disputa narrativa de realização da Constituição" que será possível assegurar a "afirmação de direitos já conquistados e de criação de novos direitos", não como "promessas vazias"(467), tão frágeis quanto inalcançáveis. Por essa via também se antevê alternativas para se avançar em direitos humanos e fundamentais, na jurisdição constitucional trabalhista brasileira.

---

(465) PIOVESAN, Flávia. Prefácio. *In*: HERRERA FLORES, Joaquín. *A reinvenção dos direitos humanos*. *Op. cit.*, p. 13.

(466) SOUSA JÚNIOR, José Geraldo de. A constituição da democracia em seus 35 anos. *Jornal Estado de Direito*. Publicado em 28 de setembro de 2023. Disponível em: http://estadodedireito.com.br/a-constituicao-da-democracia-em-seus-35-anos. Acesso em: 28 set. 2023. (Grifos nos originais); SOUSA JÚNIOR, José Geraldo de. Constituição 30 anos: uma promessa vazia? *In*: *Revista Humanidades*, n. 62, Dossiê 30 Anos da Constituição Cidadã. Brasília: Editora UnB, dezembro 2018.

(467) SOUSA JÚNIOR, José Geraldo de. A constituição da democracia em seus 35 anos. *Op. cit.*

Os estudos dos *Direitos Humanos Trabalhistas* apontam para a possibilidade de indicação dos direitos humanos e fundamentais trabalhistas como *patrimônio imaterial da humanidade*. Também trazem a convergência da matriz constitucional de 1988 de proteção ao trabalho com o arcabouço protetivo internacional, sobretudo da OIT e seu conceito de trabalho decente.

Nesta linha de pesquisa, as reflexões inéditas sobre como as normas internacionais de proteção aos direitos humanos trabalhistas são manejadas pelo Poder Judiciário Trabalhista brasileiro, particularmente as Declarações de Direitos da OIT, apresentam importantes resultados para que a Justiça do Trabalho sedimente uma jurisprudência coerente com sua missão de justiça social.

Os estudos em *Direito Individual do Trabalho*, de cunho analítico e normativo, procuram projetar os conceitos cardeais do Direito do Trabalho e trazer o princípio da proteção para o centro da interpretação justrabalhista como valor de realidade. As pesquisas nessa linha exploram temas diversos entremeados às relações de trabalho situadas no contexto de um capitalismo periférico, do sul do mundo, com profundas transformações, num cenário neoliberal prevalecente de exploração, empobrecimento e miserabilidade de parcela importante da classe trabalhadora, cuja condição de vulnerabilidade é intensificada com as tecnologias digitais.

Particularmente em relação às metamorfoses da era digital e seus impactos sobre o mundo do trabalho, tenho empenhado esforços de pesquisa para destacar a exigência de efetivação e alinhamento dos direitos fundamentais trabalhistas em favor dos trabalhadores que se ativam nas mais variadas modalidades de trabalhos digitais e em plataformas, na direção de uma *efetiva validação material do direito fundamental ao trabalho digno*, com substrato na normativa de proteção ao trabalho inserida no art. 7º, *caput*, da Constituição de 1988.

Na medida do possível, à vertente dos escritos jurídicos em Direito Individual do Trabalho são também acrescidas pesquisas empíricas subsidiadas por parâmetros metodológicos rigorosos, com propósito de contribuir para a densificação e o aperfeiçoamento do padrão argumentativo das decisões judiciais, a partir do necessário intercâmbio entre doutrina e jurisprudência.

No conjunto do percurso, também me identifico com a docência em sala de aula, nas palestras, organização de eventos, participação em conselhos e comissões universitárias. Sei que ainda há muito o que construir e aperfeiçoar, o que faz parte da vida.

Ao olhar o tempo de perto, sigo segura de que *a educação é caminho da maior grandeza para uma existência com sentido*. Nessa mirada, reconheço todas as trilhas universitárias, de Minas Gerais a Brasília. Elas me pertencem e prenunciam a vocação para a docência como algo real e constitutivo da minha existência. Mais do que isso, compõem um trajeto que me torna responsável pelo *legado* construído e por isso dizem sobre quem sou.

Foram essas trilhas que me levaram a alcançar a *promoção à cadeira de Professora Titular de Direito do Trabalho da Faculdade de Direito da UnB*.

Além da realização pessoal e profissional, compreendo que o alcance da titularidade se tornou via concreta para a abertura de novos caminhos de afirmação e pertencimento de mulheres em meio aos desafios da carreira universitária.

Enfim, concluir esta etapa é também encerrar um ciclo e assim procurar morada no tempo em aberto, para muitos chamado de *futuro*. Lá, no amanhã, ainda me vejo nas asas da minha menina, que mesmo antes de nascer sonhou com a docência e já sabia de si.

REFERÊNCIAS

ADICHE, Chimamanda Ngozi. *Para educar crianças feministas:* um manifesto. Tradução Denise Bottmann. São Paulo: Companhia das Letras, 2017.

_________. *Sejamos todos feministas.* Tradução Christina Baum. São Paulo: Companhia das Letras, 2015.

ADORNO, Theodor W. *À guisa de introdução*: Adorno e a experiência formativa. *In*: *Educação e emancipação.* Rio de Janeiro: Paz e Terra, 1995.

_________. *Educação e emancipação.* Rio de Janeiro: Paz e Terra, 1995.

AFONSO, Elza Maria Miranda. O direito e os valores (reflexões inspiradas em Franz Brentano, Max Scheler e Hans Kelsen). *Revista do Centro Acadêmico Afonso Pena (CAAP) – Nova Fase,* Belo Horizonte, ano IV, n. 07, p. 15-62, 1999.

AKOTIRENE, Carla. *O que é interseccionalidade?* Coordenação Djamila Ribeiro. Belo Horizonte: Letramento, 2018.

ALEXY, Robert. *Teoria de los derechos fundamentales.* Madrid: Centro de Estudios Constitucionales, 1993.

_________. *Teoria de la argumentación jurídica.* Trad. Manuel Atienza e Isabel Espejo. Madrid: Centro de Estudios Constitucionales, 1989.

ALLENDE, Isabel. *Paula.* Tradução de Irene Moutinho. 20. ed. Rio de Janeiro: Bertrand Brasil, 2021.

_________. *Mulheres de minha alma:* sobre o amor impaciente, a vida longa e as bruxas. Tradução de Ivone Benedetti. Rio de Janeiro: Bertrand Brasil, 2020.

_________. *A casa dos espíritos.* Tradução de Carlos Martins Pereira. Rio de Janeiro: Bertrand Brasil, 1995.

ALVARENGA, Rúbia Zanotelli de. *O direito do trabalho como dimensão dos direitos humanos.* São Paulo: LTr, 2009.

ALVES, Giovanni. "Modelo Uber", autoempreendedorismo e as misérias do trabalho vivo no século XXI: breves notas sobre alienação e autoalienação no capitalismo flexível. *In*: MORETTO, Amilton José. *As transformações no mundo do trabalho e o sistema público de emprego como instrumento de inclusão social*. Fortaleza: Instituto de Desenvolvimento do Trabalho, Id, 2018.

_________. *Trabalho e cinema*: o mundo do trabalho através do cinema. v. 3. Londrina: Praxis; Bauru: Canal 6, 2010.

_________. *Trabalho e cinema*: o mundo do trabalho através do cinema. v. 2. Londrina: Praxis; Bauru: Canal 6, 2008.

_________. *Trabalho e cinema*: o mundo do trabalho através do cinema. v. 1. Londrina: Praxis; Bauru: Canal 6, 2006.

_________. *O novo (e precário) mundo do trabalho:* reestruturação produtiva e crise do sindicalismo. São Paulo: Editora Boitempo, 2005 (Coleção Mundo do Trabalho).

_________. *O novo (e precário) mundo do trabalho:* reestruturação produtiva e crise do sindicalismo. São Paulo: Boitempo, 2000.

ALVES, Raissa Roussenq. A quem pertence o direito fundamental ao trabalho digno no Brasil? Em busca de um direito do trabalho para trabalhadoras e trabalhadores negros. *In*: DELGADO, Gabriela Neves (Coord.). *Direito fundamental ao trabalho digno no século XXI:* principiologia, dimensões e interfaces no Estado Democrático de Direito. Coleção Trabalho, Constituição e Cidadania. Volume I. São Paulo: LTr, 2020.

_________. *Entre o silêncio e a negação:* trabalho escravo contemporâneo sob a ótica da população negra. Belo Horizonte: Letramento, 2019.

_________. *Entre o silêncio e a negação*: uma análise da CPI do trabalho escravo sob a ótica do trabalho "livre" da população negra. 2017. Dissertação (Mestrado em Programa de Pós-Graduação em Direito) – Universidade de Brasília. Orientadora: Gabriela Neves Delgado.

ALVES, Rubem. *Aprendiz de mim:* um bairro que virou escola. Campinas, São Paulo: Papirus, 2004.

_________. *A alegria de ensinar*. Campinas, São Paulo: Papirus, 2000.

__________. *Conversas com quem gosta de ensinar*. Campinas, São Paulo: Papirus, 2000.

AMADO, João Leal. *Trabalhar e amar:* poderes patronais, relações amorosas e direitos de personalidade dos trabalhadores. Coimbra: GESTLEGAL, 2019.

AMADO, Jorge. *Capitães da areia*. Ilustrações de Poty, capa de Aldemir Martins. 57. ed. Rio de Janeiro: Record, 1983.

__________. *A morte e a morte de Quincas Berro D'água*. Ilustrações de Floriano Teixeira. 52. ed. Rio de Janeiro: Record, 1983.

__________. *Gabriela, cravo e canela:* crônica de uma cidade do interior. Ilustrações de Di Cavalcanti, retrato do autor por Jordão de Oliveira. 65. ed. Rio, São Paulo: Record, 1983.

AMORIM, Helder Santos. *Terceirização externa:* a responsabilidade da cadeia produtiva pelo direito fundamental ao trabalho digno. São Paulo: LTr, 2023.

__________. *Terceirização externa:* responsabilidade da cadeia produtiva empresarial descentralizada pelo direito fundamental ao trabalho digno. 2022. Tese (Doutorado em Programa de Pós-Graduação em Direito) – Universidade de Brasília. Orientadora: Gabriela Neves Delgado.

ANABUKI, Luísa de Castro. *Transversalidade de gênero na Agenda da Política Pública de Erradicação ao Trabalho Escravo no Brasil.* 2022. Dissertação (Mestrado em Programa de Pós-Graduação em Direito) – Universidade de Brasília. Orientadora: Gabriela Neves Delgado.

ANDERSON, Perry. Balanço do neoliberalismo. *In*: SADER, Emir; GENTILI, Pablo (Org.) *Pós-neoliberalismo:* as políticas sociais e o Estado democrático. 4. ed. Rio de Janeiro: Paz e Terra, 1995.

ANTUNES, Ricardo (org.). *Icebergs à deriva:* o trabalho nas plataformas digitais. São Paulo: Boitempo, 2023.

__________. *Capitalismo pandêmico*. São Paulo: Boitempo, 2022.

__________. *Coronavírus:* o trabalho sob fogo cruzado. São Paulo: Boitempo, 2020.

__________. *O privilégio da servidão:* o novo proletariado de serviços na era digital. São Paulo: Boitempo, 2018.

__________. *O continente do labor*. São Paulo: Boitempo, 2011.

__________. Século XXI: nova era da precarização estrutural do trabalho? *In:* ANTUNES, Ricardo; BRAGA, Ruy (Org.). *Infoproletários:* degradação real do trabalho virtual. São Paulo: Boitempo, 2009.

__________. Dimensões da precarização estrutural do trabalho. *In*: DRUCK, Graça; FRANCO, Tânia (Org.). *A perda da razão social do trabalho*: terceirização e precarização. São Paulo: Boitempo, 2007.

__________. *Os sentidos do trabalho:* ensaio sobre a afirmação e a negação do trabalho. 4. ed. São Paulo: Boitempo, 2001.

__________. A questão do emprego no contexto da reestruturação do trabalho no século XX. *In:* HORTA, Carlos Roberto; CARVALHO, Ricardo Augusto Alves de (Org.). *Globalização, trabalho e desemprego:* processos de inserção, desinserção e reinserção: um enfoque internacional. Belo Horizonte: C/Arte, 2001.

__________. *Os sentidos do trabalho:* ensaio sobre a afirmação e a negação do trabalho. 4. ed. São Paulo: Boitempo, 1999.

__________. *Adeus ao Trabalho?* Ensaio sobre as metamorfoses e a centralidade do mundo do trabalho. 4. ed. São Paulo: Cortez; Campinas, SP: Editora da Universidade Estadual de Campinas, 1997.

ARANTES, Delaíde Alves Miranda. *Trabalho decente:* uma análise na perspectiva dos direitos humanos trabalhistas a partir do padrão decisório do Tribunal Superior do Trabalho. 2022. Dissertação (Mestrado em Programa de Pós-Graduação em Direito) – Universidade de Brasília. Orientadora: Gabriela Neves Delgado.

__________. *Trabalho decente:* uma análise na perspectiva dos direitos humanos trabalhistas a partir do padrão decisório do Tribunal Superior do Trabalho. São Paulo: LTr, 2023.

ARNHEIM, Rudolf. *Arte y percepción visual*. Buenos Aires: Eudeba, 1962.

ARIAS, Patricio Guerrero. Corazonar el sentido de las epistemologías dominantes desde las sabidurías insurgentes, para construir sentidos otros de la existencia (primera parte). *In*: *Calle14: revista de investigación en el campo del arte*. 4 (Julio-Diciembre), 2010.

__________. *Corazonar:* uma antropologia comprometida com la vida. Quito, Ecuador; Abya Yala, 2010.

ARRUDA, Kátia Magalhães; DELGADO, Gabriela Neves. A importância da proteção do trabalho de cuidado par ao futuro do trabalho decente, na perspectiva da OIT. *Revista LTr*. Legislação do Trabalho, ano 87, p. 236-243, 2023.

AZAMBUJA, Darcy. *Teoria geral do estado*. 36. ed. São Paulo: Globo, 1997.

AZEVEDO, Francisco Ferreira dos Santos. *Dicionário analógico da língua portuguesa:* ideias afins/thesaurus. 3. ed. Rio de Janeiro: Lexikon, 2016.

BARACHO, José Alfredo de Oliveira. *Teoria geral da cidadania:* a plenitude da cidadania e as garantias constitucionais e processuais. São Paulo: Saraiva, 1995.

BARROS, Manoel de. *Memórias inventadas*. Rio de Janeiro: Alfaguara, 2018.

BATAGLIA, Felice. *Filosofia do trabalho*. Trad. Luiz Washington Vita e Antônio D`Élia. São Paulo: Saraiva, 1958.

BAUMAN, Zygmunt. *Amor líquido:* sobre a fragilidade dos laços humanos. Rio de Janeiro: Jorge Zahar Editor, 2004.

__________. *O mal-estar da pós-modernidade*. Rio de Janeiro: Jorge Zahar Editor, 1999.

BEHR, Nicolas. *Rasília*. Brasília, 2020.

__________. *O menino do mato que engoliu Brasília*. Cuiabá, MT: Entrelinhas, 2019.

__________. *Brasília-z:* cidade palavra. Brasília: Teixeira Gráfica e Editora, 2014.

BELTRAMELLI NETO, Silvio; MENACHO, Bianca Braga. A concepção de trabalho decente é suscetível à apropriação decolonial? Reflexões a partir das críticas ao conceito moderno de desenvolvimento. *Revista Espaço Jurídico*, 2021. Disponível em: https://bit.ly/3DIzi6G. Acesso em: 13 mar. 2023.

__________; RODRIGUES, Mônica Nogueira. Trabalho decente: comportamento ético, política pública ou bem juridicamente tutelado? *Revista Brasileira de Políticas Públicas*, v. 11, p. 471-494, 2021.

__________. *Curso de direitos humanos*. 6. ed. São Paulo: Atlas, 2021.

__________; MELO, Maria Gabriela V. H. Trabalho decente e a cooperação internacional para o desenvolvimento humano: análise a partir dos relatórios de desenvolvimento humano globais. *Revista Jurídica – Unicuritiba*, v. 1, p. 270, 2020.

__________; VOLTANI, Julia de Carvalho. Investigação histórica do conteúdo da concepção de trabalho decente no âmbito da OIT e uma análise de sua justiciabilidade. *Revista de Direito Internacional*, v. 16, n. 1, p. 166-186, 2019.

BIAVASCHI, Magda Barros; DROPPA, Alisson. A história da Súmula 331 do Tribunal Superior do Trabalho: a alteração na forma de compreender a terceirização. *Revista Mediações*, Londrina, v. 16, n. 1, p. 124-141, jan./jun. 2011.

__________; BALTAR, Paulo Eduardo de A. *Relatório científico final da pesquisa A Terceirização e a Justiça do Trabalho*. Campinas/SP: Programa Cesit/IE, Fapesp, 2009. Disponível em: https://bit.ly/2Yma2DG. Acesso em: 5 mar. 2023.

BOBBIO, Norberto; MATTEUCCI, Nicola; PASQUINO, Gianfranco. *Dicionário de política*. Tradução de João Ferreira; revisão geral João Ferreira e Luís Guerreiro Pinto Cascais. 5. ed. Brasília: Editora Universidade de Brasília; São Paulo: Imprensa Oficial do Estado, 2000.

BOBBIO, Norberto. *Teoria geral da política:* a filosofia política e as lições dos clássicos. Trad. Daniela Beccaccia Versiani e org. Michelangelo Bovero. Rio de Janeiro: Campus, 2000.

__________. *Teoria do ordenamento jurídico*. Tradução de Maria Celeste C. J. Santos. 10. ed. 1999.

__________. *O positivismo jurídico:* lições de filosofia do direito. Tradução e notas de Márcio Pugliesi, Edson Bini e Carlos E. Rodrigues. 1999.

__________. *A era dos direitos*. Tradução de Carlos Nelson Coutinho. Rio de Janeiro: Campus, 1992.

BOFF, Leonardo. *Covid-19:* a Mãe Terra contra-ataca a humanidade: advertências da pandemia. Petrópolis, RJ: Vozes, 2020.

BONAVIDES, Paulo. *Curso de direito constitucional.* 10. ed. São Paulo: Malheiros, 2000.

BORGES, Caio Afonso. *O dano existencial no trabalho sem pausas dos influenciadores digitais.* São Paulo: Editora Dialética, 2022.

BORGES, Jorge Luis. *Borges, oral & sete noites.* Tradução Heloisa Jahn. São Paulo: Companhia das Letras, 2011.

BORGES, Lara Parreira de Farias. *Espiando por trás da persiana:* um olhar sobre a discriminação traduzida em assédio moral organizacional contra mulheres. São Paulo: LTr, 2015.

_________. *Espiando por trás da persiana*: um olhar sobre a discriminação traduzida em assédio moral organizacional contra mulheres. 2015. Dissertação (Mestrado em Programa de Pós-Graduação em Direito) – Universidade de Brasília. Orientadora: Gabriela Neves Delgado.

BOSI, Ecléa. *O tempo vivo da memória. Ensaios de psicologia social.* São Paulo: Ateliê Editorial, 2003.

BOSI, Ecléa. *Memória e sociedade:* lembranças de velhos. São Paulo: T. A. Queiroz, 1979.

BOTTAMEDI, Ana Lúcia Francisco dos Santos. *Educação:* direito do trabalhador? Possibilidade e desafios da educação corporativa na perspectiva do direito do trabalho. São Paulo: LTr, 2017.

_________. *Educação corporativa:* possibilidades e desafios na perspectiva do direito do trabalho. 2016. Dissertação (Mestrado em Programa de Pós-Graduação em Direito) – Universidade de Brasília. Orientadora: Gabriela Neves Delgado.

BOWDEN, Burt. *The maestro myth:* great conductors in pursuit of power. Oxford: Oxford University Press, 2020.

BRACHER, Carlos. *Bracher Brasília:* 50 anos de pintura de Bracher/50 anos da construção de Brasília. Carlos Bracher; instalações, obras de Fani Bracher; fotografia Sérgio Silva Pereira, Cristiano Quintino. Belo Horizonte: Rona, 2007.

BRAGA, Ruy. *A política do precariado:* do populismo à hegemonia lulista. São Paulo: Boitempo: USP, Programa de Pós-Graduação em Sociologia, 2012.

BRITO FILHO, José Cláudio Monteiro de. *Trabalho decente:* análise jurídica da exploração do trabalho, trabalho forçado e outras formas de trabalho indigno. São Paulo: LTr, 2004.

CALIL, Léa Elisa Silingowschi. *Direito do trabalho da mulher*: a questão da igualdade jurídica ante a desigualdade fática. São Paulo: LTr, 2007.

CALIXTO, Clarice Costa. *Direito e mídia:* linguagem e poder no mercado de discursos públicos. *In*: Congresso Internacional de Direito e Contemporaneidade, 2012, Santa Maria – RS. Anais do Congresso Internacional Direito e Contemporaneidade: mídias e direitos da sociedade em rede, 2012. p. 1-13. Disponível em: http://www.ufsm.br/app/uploads/sites/563/2019/09/18.pdf. Acesso em: 8 ago. 2023.

__________. A fábula do dinossauro trabalhista: discursos midiáticos sobre direitos e lutas coletivas. *In*: DELGADO, Gabriela Neves; PEREIRA, Ricardo José Macêdo de Britto (Org.). *Trabalho, Constituição e cidadania:* a dimensão coletiva dos direitos sociais trabalhistas. São Paulo: Editora LTr, 2014.

__________. *A narrativa jornalística e o ocultamento do trabalho como direito fundamental.* 2013. Dissertação (Mestrado em Programa de Pós-Graduação em Direito) – Universidade de Brasília, 2013. Orientadora: Gabriela Neves Delgado; Coorientador: Luiz Gonzaga Motta.

CANOTILHO, José Joaquim Gomes. *Direito constitucional.* Coimbra: Almedina, 1992.

CARELLI, Rodrigo de Lacerda. *Terceirização como intermediação de mão de obra.* E-book. Rio de Janeiro, edição do autor, 2014. Disponível em: https://bit.ly/3d338aT. Acesso em: 22 jun. 2021.

__________. Terceirização e direitos trabalhistas no Brasil. *In*: DRUCK, Graça; FRANCO, Tânia (Org.). *A perda da razão social do trabalho:* terceirização e precarização. São Paulo: Boitempo, 2007.

CARVALHO, Helena Martins de. *Varrendo para cima do tapete:* da invisibilidade social à regulamentação jurídica do trabalho na limpeza urbana. Belo Horizonte: D'Plácido, 2022.

__________. *A dimensão da saúde no direito fundamental ao trabalho digno:* uma análise justrabalhista do trabalho na limpeza urbana do Distrito Federal. 2020. Dissertação (Mestrado em Programa de Pós-Graduação em Direito) – Universidade de Brasília. Orientadora: Gabriela Neves Delgado.

CARVALHO, José Murilo de. *Cidadania no Brasil:* o longo caminho. Rio de Janeiro: Ed. Civilização Brasileira, 2004.

CARVALHO NETTO, Menelick de. Temporalidade, constitucionalismo e democracia. *In*: *Revista Humanidades. Presente Tempo Presente.* Universidade de Brasília, n. 58, jun. 2011.

__________. O requisito essencial da imparcialidade para a decisão constitucionalmente adequada de um caso concreto no paradigma constitucional do Estado Democrático de Direito. *Direito Público.* Belo Horizonte, Procuradoria Geral do Estado de Minas Gerais, v. 1, n. 1, jan./jun. 1999.

__________. Da responsabilidade da administração pela situação falimentar de empresa privada economicamente viável por inadimplência ou retardo indevido da satisfação dos valores contratados como contraprestação por obras realizadas – ilícito do Estado – igualdade de todos diante dos encargos públicos – princípio da continuidade da empresa – Estado democrático de direito. 1996. *Revista da Ordem dos Advogados do Brasil,* Brasília, p. 123-152, jul./dez. 1986.

__________; SCOTTI, Guilherme. O direito do trabalho e o Estado Democrático de Direito: o individual e o coletivo no exercício da autonomia do trabalhador. *In*: DELGADO, Gabriela Neves; PEREIRA, Ricardo Macêdo de Britto (Coord.). *Trabalho, Constituição e cidadania.* São Paulo: LTr, 2014.

__________; __________. *Os direitos fundamentais e a (in)certeza do direito:* a produtividade das tensões principiológicas e a superação do sistema de regras. Belo Horizonte: Fórum, 2011.

CASTELLO, José. Apresentação. A palavra e a semente. *In*: COUTO, Mia. *Poemas escolhidos.* São Paulo: Companhia das Letras, 2016.

CASTELLS, Manuel. *O poder da identidade.* Trad. Klauss Brandini Gerhardt. 3. ed. São Paulo: Paz e Terra, 2001.

CATHARINO, José Martins. *Compêndio de Direito do Trabalho.* v. 1 e 2. 3. ed. São Paulo: Saraiva, 1982.

CATROGA, Fernando. *Memória, história e historiografia*. Coimbra: Quarteto Editora, 2001.

CÉZAR, Frederico Gonçalves. O desenvolvimento da indústria nacional de informática e a constitucionalização da proteção do trabalho digno em face da automação. *In*: DELGADO, Gabriela Neves (Coord.). *Direito fundamental ao trabalho digno no século XXI:* desafios e reinterpretações para as relações de trabalho rurais, urbanas e de serviços. Coleção Trabalho, Constituição e Cidadania. Volume II. São Paulo: LTr, 2020.

__________. *Valores constitucionais de proteção do trabalhador em face da automação:* análise tópica dos argumentos na Assembleia Constituinte de 1987-1988. 2019. Tese (Doutorado em Programa de Pós-Graduação em Direito) – Universidade de Brasília. Orientadora: Gabriela Neves Delgado; Coorientadora: Cláudia Rosane Roesler.

CHAUÍ, Marilena. *Convite à filosofia*. 13. ed. São Paulo: Ática, 2004.

COLLINS, Patricia Hill; BILGE, Sirma. *Interseccionalidade*. Tradução Rane Souza. São Paulo: Boitempo, 2021.

COMTE-SPONVILLE, André. *Pequeno tratado das grandes virtudes*. Trad. Eduardo Brandão. São Paulo: Martins Fontes, 1995.

CONFORTI, Luciana Paula. *Direito fundamental de não ser escravizado no Brasil*. Belo Horizonte: RTM, 2022.

__________. *Interpretações do conceito de trabalho análogo à de escravo*: a luta pelo direito ao trabalho digno e pelo direito fundamental de não ser escravizado no Brasil. 2019. Tese (Doutorado em Programa de Pós-Graduação em Direito) – Universidade de Brasília. Orientadora: Gabriela Neves Delgado.

COSTA, Antônio Carlos Gomes da. *O Estatuto da Criança e do Adolescente e o trabalho infantil no Brasil*: trajetória, situação social e perspectivas. Brasília, DF: OIT; São Paulo: LTr, 1994.

COSTA, António Firmino da. Desigualdades globais. *In*: *Revista Sociologia, Problemas e Práticas*. N. 68. CIES – Centro de Investigação e Estudos de Sociologia. Editora Mundos Sociais, 2012.

COSTA, Cléria Botelho; ALÈSSIO, Nançy. *Contar história, fazer história. História, cultura e memória*. Brasília: Paralelo 15, 2001.

COUTINHO, Raianne Liberal. *A subordinação algorítmica no arquétipo Uber*: desafios para a incorporação de um sistema constitucional trabalhista. 2021. Dissertação (Mestrado em Programa de Pós-Graduação em Direito) – Universidade de Brasília. Orientadora: Gabriela Neves Delgado.

_________. *Subordinação algorítmica:* há autonomia na uberização do trabalho? São Paulo: Editora Dialética, 2021.

COUTO, Mia. *Poemas escolhidos.* São Paulo: Companhia das Letras, 2016.

CRENSHAW, Kimberlé. Documento para o encontro de especialistas em aspectos da discriminação racial relativos ao gênero. *Revista Estudos Feministas,* Florianópolis, v. 10, n. 1, p. 171-188, jan. 2002. Disponível em: https://doi.org/10.1590/s0104-026x2002000100011. Acesso em: 5 mar. 2022.

CRUZ, Virna Rebouças. *Trabalho terceirizado, identidades fragilizadas e dano existencial.* 2017. Dissertação (Mestrado em Programa de Pós-Graduação em Direito) – Universidade de Brasília. Orientadora: Gabriela Neves Delgado.

DALLARI, Dalmo de Abreu. *Elementos de teoria geral de estado.* 22. ed. São Paulo: Saraiva, 2001.

DARDOT, Pierre; LAVAL, Christian. *A nova razão do mundo:* ensaio sobre a sociedade neoliberal. Tradução Mariana Echalar. São Paulo: Boitempo, 2016.

DAVIS, Angela. *Mulheres, raça e classe.* São Paulo: Boitempo, 2016.

DAVINI, Silvia. *Vocalidade e cena:* tecnologia de treinamento e controle de ensaio. Folhetim, Teatro do Pequeno Gesto, p. 58-73. Rio de Janeiro: Rioarte, n. 15, out./dez. 2002.

DEBORD, Guy. *A sociedade do espetáculo.* Rio de Janeiro: Contraponto, 1997.

DELGADO, Gabriela Neves. Direito fundamental ao trabalho digno em dimensões: uma revisitação dos seus pressupostos constitutivos. *Revista Síntese Trabalhista e Previdenciária.* v. 33. n. 407, maio 2023.

_________. Aspectos da responsabilidade empresarial em cadeias produtivas estruturadas via terceirização externa na perspectiva do direito fundamental ao trabalho digno. *Revista LTr,* ano 87, mar. 2023, p. 294-299. Este mesmo artigo foi publicado na *Revista Eletrônica – Tribunal Regional do Trabalho do Paraná,* v. 12, p. 89-101, 2023.

_________; DIAS, Valéria de Oliveira; DI ASSIS, Carolina. Sindicalismo e negociação coletiva trabalhista nas plataformas digitais de consumo: uma análise da situação fática e jurídica dos divulgadores digitais. *In*: ANTUNES, Ricardo (Org.). *Icebergs à deriva:* o trabalho nas plataformas digitais. São Paulo: Boitempo, 2023.

_________; LEMOS, Maria Cecília de Almeida Lemos; DIAS, Valéria de Oliveira (Org.). *Constitucionalismo humanista e social na jurisprudência do TST:* o Direito do Trabalho no legado de Mauricio Godinho Delgado em seus 70 anos. São Paulo: Mizuno, 2023.

_________. *O que você quer ser quando crescer?* Ilustrado por Rosângela Grafetti. Brasília: Mais Amigos, 2022.

_________. *Chico, Bela e a estrelinha-do-mar.* Ilustrado por Rosângela Grafetti. Brasília: Mais Amigos, 2021.

_________ (Coord.). *Direito fundamental ao trabalho digno no século XXI:* principiologia, dimensões e interfaces no Estado Democrático de Direito. Coleção Trabalho, Constituição e Cidadania. Volume I. São Paulo: LTr, 2020.

_________ (Coord.). *Direito fundamental ao trabalho digno no século XXI:* desafios e reinterpretações para as relações de trabalho rurais, urbanas e de serviços. Coleção Trabalho, Constituição e Cidadania. Volume II. São Paulo: LTr, 2020.

_________ (Coord.). *Direito fundamental ao trabalho digno no século XXI:* desafios e ressignificações para as relações de trabalho da era digital. Coleção Trabalho, Constituição e Cidadania. Volume III. São Paulo: LTr, 2020.

_________. Memórias do *Grupo de Pesquisa Trabalho, Constituição e Cidadania*. Primeira década de existência (2010-2020): instituição e consolidação. *In*: DELGADO, Gabriela Neves (Coord.). *Direito fundamental ao trabalho digno no século XXI*. Coleção Trabalho, Constituição e Cidadania. v. I, II e III. São Paulo: LTr, 2020.

_________. A experiência extensionista do NUPAJ (Núcleo de Pesquisa e Assistência Judicial Trabalhista). *In*: DELGADO, Gabriela Neves (Coord.). *Direito fundamental ao trabalho digno no século XXI*. Coleção Trabalho, Constituição e Cidadania. v. I, II e III. São Paulo: LTr, 2020.

_________. *Apresentação da Revista LTr*. n. 84. São Paulo, 2020.

_________. *Como eu escrevo*. 2018. (Programa de rádio ou TV/Entrevista). Acesso em: https://comoeuescrevo.com.

_________. *Apresentação*. *In*: DELGADO, Gabriela Neves (Org.). *A reforma trabalhista no Brasil:* reflexões de estudantes da graduação do curso de Direito da Universidade de Brasília. Brasília: Universidade de Brasília, Faculdade de Direito, 2018. Livro disponível online: https://tinyurl.com/y9kn5gjf. ISBN 978-85-87999-08-5.

_________. *Direito fundamental ao trabalho digno*. 2. ed. São Paulo: LTr, 2015.

_________. A CLT aos 70 anos: rumo a um direito do trabalho constitucionalizado. *Revista do Tribunal Superior do Trabalho*, v. 79, p. 268-294, 2013.

_________. Direitos humanos. *In:* TRAVESSONI, Alexandre (coord. geral). *Dicionário de Teoria e Filosofia do Direito*. São Paulo: LTr, 2011.

_________. Princípios Internacionais do Direito do Trabalho e do Direito Previdenciário. *In*: SENA, Adriana Goulart de; DELGADO, Gabriela Neves; NUNES, Raquel Portugal. (Org.). *Dignidade humana e inclusão social:* caminhos para a efetividade do Direito do Trabalho no Brasil. São Paulo: LTr, 2010.

_________. Princípios Internacionais do Direito do Trabalho e do Direito Previdenciário. *Revista LTr*. *Legislação do Trabalho*, v. 74, p. 337-342, 2010.

_________. Princípios Internacionais do Direito do Trabalho e do Direito Previdenciário. *Revista Magister de Direito Trabalhista e Previdenciário*, v. 35, p. 35-48, 2010.

_________. *Direito fundamental ao trabalho digno*. São Paulo: LTr, 2006.

_________. *Terceirização:* paradoxo do direito do trabalho contemporâneo. São Paulo: LTr, 2003.

_________; CARVALHO, Bruna V. de. *Breque dos Apps:* direito de resistência na era digital. Disponível em: https://diplomatique.org.br/breque-dos-apps-direito-de-resistencia-na-era-digital/. Acesso em: 4 ago. 2020; Projeto de Pesquisa Trabalho Digital UnB. *Lutas dxs entregadorxs por App:* desafios, balanços e perspectivas, [s.d.]. Disponível em: https://www.youtube.com/

watch?v=2iFmtF-ivpw&t=5882s. Acesso em: 14 ago. 2023; Grupo Mundo do Trabalho na Era Digital. *Trabalho em plataforma*. Disponível em: https://www.trabalhoemplataforma.org/. Acesso em: 14 ago. 2023.

__________; LEMOS, Maria Cecília de Almeida Monteiro; DIAS, Valéria de Oliveira (Org.). *Constitucionalismo humanista e social na jurisprudência do TST:* O Direito do Trabalho no legado de Mauricio Godinho Delgado em seus 70 anos. São Paulo: Mizuno, 2023.

__________; ROCHA, Ana Luísa Gonçalves; RIBEIRO, Ana Carolina Paranhos Campos. O papel do Supremo Tribunal Federal no cumprimento da Agenda 2030 da ONU à luz do objetivo do trabalho decente. *Revista Jurídica Trabalho e Desenvolvimento*, v. 6, p. 1-48, 2023.

__________; DIAS, Valéria de Oliveira; DI ASSIS, Carolina. *Plataformas digitais de consumo:* perspectivas e desafios de proteção justrabalhista para o divulgador digital. São Paulo: JusPodivm, 2022.

__________; DELGADO, Mauricio Godinho. *O que nasce com a pandemia?* São Paulo: JusPodivm, 2022.

__________; BORGES, Caio Afonso. O trabalho dos influenciadores digitais: reflexões introdutórias sobre as dinâmicas de mercadorização do sujeito e do espaço-tempo de trabalho. *In*: Cristiano Siqueira de Abreu e Lima; Natália Queiroz Cabral; Ricardo Lourenço Filho (Org.). *Direitos fundamentais trabalhistas:* análise crítica da teoria e da jurisprudência. 1. ed. Brasília: Venturoli, 2022.

__________; MIRAGLIA, Lívia Mendes Moreira; ANABUKI, Luísa Nunes de Castro. Quando ficar em casa não é seguro: um retrato do trabalho escravo doméstico em tempos de pandemia. *Abya-yala:* Revista sobre Acesso à Justiça e Direitos nas Américas, Brasília, v. 5, n. 2, p. 7-33, jul./dez. 2021. Disponível em: https://periodicos.unb.br/index.php/abya/article/view/35920/31601. Acesso em: 14 jan. 2022.

__________; CARVALHO, Bruna Vasconcelos de. Direitos fundamentais trabalhistas para quem? Reflexões sobre o trabalho plataformizado na perspectiva do direito constitucional do trabalho. *In*: Noemia Porto; Ricardo Lourenço Filho; Luciana Paula Conforti (Org.). *Plataformas digitais de trabalho:* aspectos materiais e processuais. 1. ed. Brasília: ANAMATRA – ENAMATRA, 2021.

_________; COUTINHO, Raianne Liberal; DI ASSIS, Carolina. Flexibilizações à regra da alteridade trabalhista na era digital: a equivocada transferência de riscos e custos do empreendimento ao obreiro no teletrabalho e na uberização. *Revista LTr*. Legislação do Trabalho, v. 1, p. 81-91, 2021.

_________; _________; _________. A competência da Justiça do Trabalho nas relações de trabalho digitais uberizadas: apontamentos sobre a decisão do Superior Tribunal de Justiça no Conflito de Competência n. 164.554-MG. *Revista LTr*. Legislação do Trabalho, v. 5, p. 588-595, 2021.

_________; DUTRA, Renata Queiroz. *O que vem depois da crise?* O Estado Social nos lembra o seu papel. *In*: Jota – Opinião & Análise. Disponível em: https://www.jota.info/opiniao-e-analise/artigos/o-que-vem-depois-da-crise-o-estado-social-nos-lembra-o-seu-papel-08042020. Acesso em: 14 abr. 2021.

_________; MIRAGLIA, Lívia Mendes Moreira. Casulos de vidro das trabalhadoras em *home office*. *In*: *Revista da Faculdade Mineira de Direito*. Dossiê "O desafio do trabalho feminino e sua relação como o Direito: entre o trabalho de cuidado, emocional e de (re)produção". v. 24, n. 47, p. 21-34, Belo Horizonte: 2021.

_________; PESSANHA, Vanessa Vieira; ROCHA, Ana Luísa Gonçalves. Desafios do trabalho docente universitário privado no contexto pandêmico. *Revista de Direito do Trabalho* (São Paulo), v. 216, p. 161-183, 2021; DELGADO, Gabriela Neves; MIRAGLIA, Lívia Mendes Moreira. Casulos de vidro das trabalhadoras em *home office*. *Revista da Faculdade Mineira de Direito*, v. 24, p. 21-34, 2021.

_________; _________; _________. Desafios do trabalho docente universitário privado no contexto pandêmico. *Revista de Direito do Trabalho* (São Paulo), v. 216, p. 161-183, 2021.

_________; DI ASSIS, Carolina; ROCHA, Ana Luísa Gonçalves. A melancolia no teletrabalho em tempos de coronavírus. *In*: *Revista do Tribunal Regional do Trabalho da 3ª Região*. Edição Especial: Covid-19 e a efetivação dos direitos inerentes ao trabalho humano. Tomo I. jul. 2020.

_________; DUTRA, Renata Queiroz. O que vem depois da crise? O Estado Social nos lembra o seu papel. *In*: Alberto Nemer Neto; Cláudio Jannotti da

Rocha; José Carlos Rizk Filho (Org.). *Coleção Direito do Trabalho e o Coronavírus*. Porto Alegre: OAB Nacional/LexMagister, 2020.

_________; _________; SANTANA, Raquel. *Racismo institucional:* o que é essencial em tempos de pandemia? *Jota,* 18 jun. 2020.

_________; _________; CARVALHO, Helena Martins de. *O trabalho na limpeza urbana na pandemia:* o vírus como ameaça invisível a sujeitos invisíveis. JOTA, 23 maio 2020.

_________; _________. O que vem depois da crise? O Estado Social nos lembra o seu papel. *Jota,* 08 abr. 2020.

_________; LEMOS, Maria Cecilia de Almeida Monteiro; ROCHA, Ana Luísa Gonçalves. *O dano existencial decorrente do excesso de jornada de trabalho do motorista profissional empregado:* a limitação de jornada como condição para o trabalho digno. *In*: DELGADO, Gabriela Neves (Coord.). *Direito fundamental ao trabalho digno no século XXI:* desafios e reinterpretações para as relações de trabalho rurais, urbanas e de serviços. Volume II. São Paulo: LTr, 2020.

_________; ROCHA, Ana Luísa Gonçalves. Trabalhadoras e trabalhadores em salões de beleza: desafios de concretização do direito fundamental ao trabalho digno em tempos de parceria. *In*: DELGADO, Gabriela Neves (Coord.). *Direito fundamental ao trabalho digno no século XXI:* desafios e reinterpretações para as relações de trabalho rurais, urbanas e de serviços. v. II. São Paulo: LTr, 2020.

_________; _________. Um retrato do mundo do trabalho na pandemia em cinco paradoxos. *Direito.UnB,* v. 4, p. 16-34, 2020.

_________; _________. *Desafios à saúde global e à proteção social trabalhista. In*: Ciclo de Debates Virtuais O Futuro em Tempos de Pandemia: vida, sociedade e ciência, 2020, Brasília. O futuro em tempos de pandemia: vida, sociedade e ciência. Brasília: Universidade de Brasília, 2020.

__________; PINHEIRO, Milena. A regência normativa da terceirização trabalhista no Brasil à luz da Lei n. 13.429/2017 e da Lei n. 13.467/2017. *In*: PIRES, Rosemary de Oliveira; LORENTZ, Lutiana Nacur; BARBOSA,

Arnaldo Afonso (Org.). *A Reforma Trabalhista na visão dos Magistrados do Trabalho, Procuradores do Trabalho e Advogados Trabalhistas*. Belo Horizonte: RTM, 2019.

_________; RIBEIRO, Ana Carolina Paranhos Campos. Os 70 anos da Declaração Universal dos Direitos Humanos: ecos do direito internacional dos direitos humanos na dinâmica de reconhecimento de direitos sociotrabalhistas na Constituição Federal de 1988. *Revista LTr*. Legislação do Trabalho, v. 83, p. 272-280, 2019.

_________; DUTRA, Renata Queiroz. Terceirização sem limites: crônica de uma tragédia social anunciada. *Revista Magister de Direito do Trabalho*. v. 87, p. 94-98, 2018.

_________; RIBEIRO, Ana Carolina Paranhos Campos. Os 70 anos da Declaração Universal dos Direitos Humanos: ecos do direito internacional dos direitos humanos na dinâmica de reconhecimento de direitos sociotrabalhistas na Constituição Federal de 1988. *Revista dos Estudantes de Direito da UnB*. v. 1, p. 15-33, 2018.

_________; AMORIM, Helder Santos. *Os limites constitucionais da terceirização*. 2. ed. São Paulo: LTr, 2015.

_________; BORGES, Lara Parreira de Faria. A revisitação do princípio da proteção pelo discurso constitucional trabalhista no Tribunal Superior do Trabalho. *In*: DELGADO, Gabriela Neves; PIMENTA, José Roberto Freire; MELLO FILHO, Luiz Philippe Vieira de; LOPES, Othon de Azevedo (Coord.). *Direito constitucional do trabalho:* princípios e jurisdição constitucional do TST. São Paulo: LTr, 2015.

_________; DUTRA, Renata Queiroz. Obrigações constitucionais extrapatrimoniais das empresas prestadoras e tomadoras de serviços nas relações de trabalho terceirizadas. *In*: GARCIA, Gustavo Filipe Barbosa; ALVARENGA, Rúbia Zanotelli (Org.). *Direito do trabalho e direito empresarial sob o enfoque dos direitos fundamentais*. São Paulo: LTr, 2015.

_________; PIMENTA, José Roberto Freire; MELLO FILHO, Luiz Philippe Vieira de; LOPES, Othon de Azevedo (Org.). *Direito constitucional do trabalho:* princípios e jurisdição constitucional do TST. São Paulo: LTr, 2015.

_________; AMORIM, Helder Santos. *Os limites constitucionais da terceirização*. São Paulo: LTr, 2014.

_________; PEREIRA, Ricardo José Macêdo de Britto (Org.). *Trabalho, Constituição e cidadania:* a dimensão coletiva dos direitos sociais trabalhistas. São Paulo: LTr, 2014.

_________; RIBEIRO, Ana Carolina Paranhos Campos. Os direitos sociotrabalhistas como dimensão dos direitos humanos. *Revista Brasileira de Direitos Humanos*, v. 5, p. 5-24, 2013.

_________; DUTRA, Renata Queiroz. Obrigações constitucionais extrapatrimoniais das empresas prestadoras e tomadoras de serviços nas relações de trabalho. *Revista Síntese Trabalhista e Previdenciária*, v. 1, p. 74-99, 2013.

_________; CAVALCANTI, M. J. F. Do operário em construção ao desconstruído: de Marx à globalização. *In*: Miracy Barbosa de Sousa Gustin; Jacqueline Passos da Silveira; Carolline Scofield Amaral (Org.). *História do direito:* novos caminhos e novas versões. 1. ed. Belo Horizonte: Mandamentos, 2007.

_________; HENRIQUE, Carlos Augusto Junqueira (Org.). *Terceirização no direito do trabalho*. Belo Horizonte: Mandamentos, 2004.

DELGADO, Lucilia Neves; VALE, Chico do. *Minas Gerais:* memórias afetivas. Brasília: Outubro Edições, 2022.

DELGADO, Lucilia de Almeida Neves. *Deslocamentos*. Brasília: Outubro Edições, 2019.

_________. *Noites solares*. Rio de Janeiro: 7Letras, 2013.

_________. *História oral:* memória, tempo, identidades. 2. ed. Belo Horizonte: Autêntica Editora, 2010.

_________. *PTB:* do getulismo ao reformismo (1945-1964). 2. ed. São Paulo: LTr, 2010.

_________. *Amor e asas*. Belo Horizonte: Gutemberg, 2004.

_________. *O comando geral dos trabalhadores no Brasil (1961-1964)*. 2. ed. Petrópolis: Vozes, 1986.

_________; FERREIRA, Marieta de Moraes (Org.). *História do tempo presente*. Rio de Janeiro: Editora FGV, 2014.

_________; SILVA, Vera Alice Cardoso. *Tancredo Neves:* a trajetória de um liberal. Petrópolis: Vozes; Belo Horizonte: Universidade Federal de Minas Gerais, 1985.

DELGADO, Maria do Carmo Godinho. *Queira-me sempre bem*. Belo Horizonte, 2005.

DELGADO, Mauricio Godinho. *Curso de direito do trabalho*. 20. ed. São Paulo: JusPodivm, 2023.

_________. *Curso de direito do trabalho*. 19. ed. São Paulo: LTr, 2020.

_________. Constituição da República, Estado Democrático de Direito e Direito do Trabalho. *In*: DELGADO, Mauricio Godinho; DELGADO, Gabriela Neves. *Constituição da República e direitos fundamentais*: dignidade da pessoa humana, justiça social e direito do trabalho. 4. ed. São Paulo: LTr, 2017.

_________. *Princípios constitucionais do trabalho e princípios de direito individual e direito coletivo do trabalho*. 5. ed. São Paulo: LTr, 2017.

_________. *Curso de direito do trabalho*. 14. ed. São Paulo: LTr, 2015.

_________. *Curso de direito do trabalho*. 13. ed. São Paulo: LTr, 2014.

_________. *Princípios de direito individual e coletivo do trabalho*. 3. ed. São Paulo: LTr, 2010.

_________. *Princípios de direito individual e coletivo do trabalho*. 3. ed. São Paulo: LTr, 2001.

_________. *Direito do trabalho e modernização jurídica*. Brasília: Consulex, 1992.

_________; DELGADO, Gabriela Neves. As Declarações de Direitos da OIT e sua repercussão na fundamentação e na prática da missão de justiça social do poder judiciário trabalhista. *In*: IGREJA, Rebecca Lemos; NEGRI, Camilo (Org.). *Desigualdades globais e justiça social:* violência, discriminação e processos de exclusão na atualidade. Brasília: Faculdade Latino-Americana de Ciências Sociais, 2021.

________; ________. O Estado Democrático de Direito e a centralidade e dignidade da pessoa humana: reflexões a partir da multidimensionalidade do direito fundamental ao trabalho digno. *In*: DELGADO, Gabriela Neves (Coord.). *Direito fundamental ao trabalho digno no século XXI*. Coleção Trabalho, Constituição e Cidadania. v. I. São Paulo: LTr, 2020.

________; ________. Documentos Internacionais da OIT – Caracterização e ingresso no direito brasileiro. *In*: ROCHA, Cláudio Jannotti da; PORTO, Lorena Vasconcellos; ALVARENGA, Rúbia Zanotelli de; PIRES, Rosemary de Oliveira (Org.). *Coleção Direito Internacional do Trabalho*. Volume 1: A Organização Internacional do Trabalho: sua história, missão e desafios. São Paulo: Tirant Lo Blanch, 2020.

________; ________. Apontamentos sobre o controle de convencionalidade de normas de direitos humanos trabalhistas no Brasil: uma análise a partir das convenções e declarações internacionais da OIT. *In*: NEMER NETO, Alberto; ROCHA, Cláudio Jannotti da; RIZK FILHO, José Carlos; PIMENTA, José Roberto Freire; PEREIRA, Ricardo José Macedo de Britto (Org.). *Coleção Direito Material e Processual do Trabalho Constitucionalizados*. Porto Alegre: LexMagister; OAB Nacional, 2020.

________; ________. A Declaração de 1998 da OIT sobre os princípios e direitos fundamentais no trabalho: parâmetros de um marco civilizatório e regulatório para os direitos humanos dos trabalhadores. *Revista da Associação Brasileira de Advogados Trabalhistas* – ABRAT, v. VI, p. 151-172, 2019.

________; ________. A OIT e sua missão de justiça social. *In*: *Revista Pensamento Jurídico*. São Paulo. v. 13, n. 2, jul./dez. p. 424-448, 2019.

________; ________. *A Reforma Trabalhista no Brasil:* com os comentários à Lei n. 13.467/2017. 2. ed. São Paulo: LTr, 2018.

________; ________. As Normas Internacionais de Direitos Humanos e a Lei da Reforma Trabalhista no Brasil. *In*: MELO, Raimundo Simão de; ROCHA, Cláudio Jannotti da (Org.). *Constitucionalismo, trabalho, seguridade social e as reformas trabalhista e previdenciária*. São Paulo: LTr, 2017, v. 1, p. 205-218.

________; ________. *A Reforma Trabalhista no Brasil:* com os comentários à Lei n. 13.467/2017. 1. ed. São Paulo: LTr, 2017.

______; ______. O papel da justiça do trabalho no Brasil. *In*: DELGADO, Mauricio Godinho; DELGADO, Gabriela Neves. *Constituição da República e direitos fundamentais*: dignidade da pessoa humana, justiça social e direito do trabalho. 4. ed. São Paulo: LTr, 2017.

______; ______ (Org.). *CLT – Acadêmica e Profissional*. São Paulo: LTr, 2016.

______; ______. *O novo manual do trabalho doméstico*. 2. ed. São Paulo: LTr, 2016

______; ______. *O novo manual do trabalho doméstico*. 1. ed. São Paulo: LTr, 2016.

______; ______. *Constituição da República e direitos fundamentais:* dignidade da pessoa humana, justiça social e direito do trabalho. 3. ed. São Paulo: LTr, 2015.

______.; ______. *Tratado jurisprudencial de direito constitucional do trabalho*. Coleção Tratado Jurisprudencial de Direito do Trabalho. v. I, II e III. São Paulo: Thomson Reuters Revista dos Tribunais, 2013.

______; ______. *Constituição da República e direitos fundamentais:* dignidade da pessoa humana, justiça social e direito do trabalho. 2. ed. São Paulo: LTr, 2013.

______; ______. *Constituição da República e direitos fundamentais:* dignidade da pessoa humana, justiça social e direito do trabalho. São Paulo: LTr, 2012.

______; PORTO, Lorena Vasconcelos (Org.). *Welfare State* – os grandes desafios do Estado de Bem-Estar Social. São Paulo: LTr, 2019.

______; ______. *O Estado de Bem-Estar Social no século XXI*. 2. ed. São Paulo: LTr, 2018.

______; SCHIAVI, Mauro; DELGADO, Gabriela Neves (coord.). *CLT Organizada*. 5. ed. São Paulo: JusPodivm, 2023.

DIAS, Valéria de Oliveria. *A dimensão socioambiental do direito fundamental ao trabalho digno:* uma análise a partir do assédio organizacional nos bancos do Distrito Federal. São Paulo: LTr, 2020.

__________. *A dimensão socioambiental do direito fundamental ao trabalho digno:* uma análise a partir do assédio organizacional nos bancos do Distrito Federal. 2019. Dissertação (Mestrado em Programa de Pós-Graduação em Direito) – Universidade de Brasília. Orientadora: Gabriela Neves Delgado.

DI ASSIS, Carolina. *Teletrabalho nas agências digitais do setor bancário:* os desafios de concretização do direito à saúde sob a perspectiva do direito fundamental ao trabalho digno. São Paulo: Editora Dialética, 2022.

__________. *Teletrabalho nas agências digitais do setor bancário:* os desafios de concretização do direito à saúde sob a perspectiva do direito fundamental ao trabalho digno. 2021. Dissertação (Mestrado em Programa de Pós-Graduação em Direito) – Universidade de Brasília. Orientadora: Gabriela Neves Delgado.

DINIZ, Débora. *Carta de uma orientadora:* o primeiro projeto de pesquisa. Ilustrações de Valentina Fraiz. 2. ed. Brasília: Letras Livres, 2015.

DRUCK, Maria da Graça. Precarização e informalidade: algumas especificidades do caso brasileiro. *In:* OLIVEIRA, Roberto Véras de; GOMES, Darcilene; TARGINO, Ivan (Org.) *Marchas e contramarchas da informalidade do trabalho.* João Pessoa: Editora Universitária, 2011.

__________. *Terceirização:* (des)fordizando a fábrica: um estudo do complexo petroquímico. São Paulo: Boitempo, 2001.

__________. *Terceirização*: (des)fordizando a fábrica. São Paulo: Boitempo, 1999.

__________; FRANCO, Tânia. Terceirização e precarização: o binômio antissocial em indústrias. *In: A perda da razão social do trabalho:* terceirização e precarização. São Paulo: Boitempo, 2007.

__________; THÉBAUD-MONY, Annie. Terceirização: a erosão dos direitos dos trabalhadores na França e no Brasil. *In:* DRUCK, Graça; FRANCO, Tânia (Org.). *A perda da razão social do trabalho:* terceirização e precarização. São Paulo: Boitempo, 2007.

DUNKER, Christian; THEBAS, Cláudio. *O palhaço e o psicanalista:* como escutar os outros pode transformar vidas. 2. ed. São Paulo: Planeta, 2021.

DUSSEL, Enrique D. *Filosofia na América Latina:* filosofia da libertação. São Paulo: Loyola, 1977.

DUTRA, Renata Queiroz Dutra. *Do outro lado da linha:* poder judiciário, regulação e adoecimento dos trabalhadores em *call centers*. 2017. Dissertação (Mestrado em Programa de Pós-Graduação em Direito) – Universidade de Brasília. Orientadora: Gabriela Neves Delgado.

_________. *Do outro lado da linha:* poder judiciário, regulação e adoecimento dos trabalhadores em *call centers*. São Paulo: LTr, 2014.

_________. *Trabalho, regulação e cidadania:* a dialética da regulação social do trabalho em *call centers* na Região Metropolitana de Salvador. 2014. Tese (Doutorado em Programa de Pós-Graduação em Direito) – Universidade de Brasília. Orientadora: Gabriela Neves Delgado.

DWORKIN, Ronald. *Los derechos en serio*. Traducción castellana de M. Guastavino, con un estudio preliminar de A. Calsamiglia. Barcelona: Ariel, 1984.

ESCRIVÃO FILHO, Antônio Sérgio; SOUSA JÚNIOR, José Geraldo de. Para um debate teórico-conceitual e político sobre os direitos humanos. 2ª reimp. Belo Horizonte: Editora D'Plácido, 2019.

ESTÉS, Clarissa Pinkola. *A ciranda das mulheres sábias:* ser jovem enquanto velha, velha enquanto jovem. Tradução de Waldéa Barcellos. Rio de Janeiro: Rocco, 2007.

FACHIN, Luiz Edson. *Elementos críticos do direito de família*. Rio de Janeiro: Renovar, 1999.

FANON, Frantz. *Pele negra, máscaras brancas*. Traduzido por Sebastião Nascimento e colaboração de Raquel Camargo. São Paulo: Ubu Editora, 2020.

FAZENDA, Ivani Catarina Arantes. *Interdisciplinaridade:* história, teoria e pesquisa. Campinas: Papirus, 1994.

FELICIANO, Guilherme Guimarães; EBERT, Paulo Roberto Lemgruber (Coord.). *Direito ambiental do trabalho:* apontamentos para uma teoria geral. São Paulo: LTr, 2018.

FENSTERSEIFER, Tiago. *Direitos fundamentais e proteção do ambiente:* a dimensão ecológica da dignidade humana no marco jurídico-constitucional do Estado Socioambiental de Direito. Porto Alegre: Livraria do Advogado, 2008.

FERNANDES, Aliana; GUIMARÃES, Flávio Romero; BRASILEIRO, Maria do Carmo Eulálio (Org.). *O fio que une as pedras:* a pesquisa interdisciplinar na pós-graduação. São Paulo: Editora Biruta, 2002.

FERREIRA, Aurélio Buarque de. *Novo Dicionário da Língua Portuguesa.* 2. ed. Rio de Janeiro: Editora Nova Fronteira, 1986.

FIUZA, Ricardo Arnaldo Malheiros; COSTA, Mônica Aragão Martiniano Ferreira e. *Aulas de teoria do Estado.* Belo Horizonte: DelRey, 2006.

FLORES, Joaquín Herrera. *A (re)invenção dos direitos humanos.* Trad.: Carlos Roberto Diogo Garcia *et al.* Florianópolis: Boiteux, 2009.

FLÓREZ-VALDÉZ, Joaquin Arce y. *Los principios generales del derecho y su formulación constitucional.* Madrid: Civitas, 1990.

FONSECA, Vicente José Malheiros da. *O direito e a música.* Artigo revisto e ampliado, com publicação no site Uruá-Tapera, edição de 25 de março de 2023. Disponível em: https://uruatapera.com/o-direito-e-a-musica/. Acesso em: 21 jul. 2023.

__________. A música e o direito. *Jornal Uruá-Tapera – Gazeta do Oeste.* Belém-PA. Ano XVII. Edição n. 168. Agosto/2009.

FRANÇA, Mary; FRANÇA, Eliardo. *Histórias da Coleção Gato e Rato.* São Paulo: Ática, 1988.

FRANCO FILHO, Georgenor de Sousa; MAZZUOLI, Valério de Oliveira. *Direito internacional do trabalho.* São Paulo: LTr, 2016.

FREIRE, Paulo. *Pedagogia da autonomia.* 1. ed. Rio de Janeiro: Paz e Terra, 2021.

__________. *Pedagogia do oprimido.* 58. ed. Rio de Janeiro: Paz e Terra, 2014.

__________. *Pedagogia da autonomia:* saberes necessários à prática pedagógica. 49. ed. São Paulo: Paz e Terra, 2014.

__________. *Pedagogia do oprimido.* 58. ed. ver. e atual. Rio de Janeiro: Paz e Terra, 2014.

__________. *Pedagogia da esperança.* 17. ed. São Paulo: Paz e Terra, 2011.

_________. *A educação como prática da liberdade*. 24. ed. Rio de Janeiro: Paz e Terra, 2000.

GALLINO, Luciano. *Dicionário de sociologia*. Tradução de José Maria de Almeida. São Paulo: Paulus, 2005.

GARCÍA MÁRQUEZ, Gabriel. A solidão da América Latina. *In*: GARCÍA MÁRQUEZ, Gabriel. *Cem anos de solidão*. Tradução de Eric Nepomuceno. 83. ed. Rio de Janeiro: Record, 2014.

GIORDANO, Paolo. *No contágio*. Tradução de Davi Pessoa. Belo Horizonte: Editora Âyiné, 2020.

GOMES, Alexandre Travessoni. *O fundamento de validade do direito – Kant e Kelsen*. Belo Horizonte: Mandamentos, 2000.

GOMES, Orlando; GOTTSCHALK, Elson. *Curso de direito do trabalho*. 15. ed. Forense, 1999.

GONÇALVES, Aroldo Plínio. *Técnica processual e teoria do processo*. Rio de Janeiro: AIDE, 2001.

GONZALEZ, Lélia. Racismo e sexismo na cultura brasileira. *Revista Ciências Sociais Hoje*. Brasília, p. 223-243, 1984.

GRIMM, Jacob. *Chapeuzinho Vermelho e outros contos de Grimm*. Seleção e tradução de Ana Maria Machado. Rio de Janeiro: Nova Fronteira, 1986.

GROS, Frédéric. "Andar nos ensina a desobedecer", diz filósofo francês. Entrevista publicada em 19.09.2015. Disponível em: 'Andar nos ensina a desobedecer' diz filósofo francês – São Paulo São (saopaulosao.com.br). Acesso em: 27 abr. 2021.

_________. *Caminhar, uma filosofia*. Tradução de Lília Ledon da Silva. São Paulo: Editora É Realizações, 2011.

GUNTHER, Luiz Eduardo. *A OIT e o direito do trabalho no Brasil*. Curitiba: Juruá, 2012.

GUSTIN, Miracy Barbosa de Sousa. *Uma pedagogia da emancipação:* desafios e perspectivas para o ensino das ciências sociais aplicadas no século XXI. Belo Horizonte: Fórum, 2010.

________; DIAS, Maria Tereza Fonseca. *(Re)pensando a pesquisa jurídica.* 2. ed. Belo Horizonte: Del Rey, 2006.

HENRIQUE, Carlos Augusto Junqueira; DELGADO, Gabriela Neves; VIANA, Márcio Túlio; RIBEIRO, Patrícia Henrique (Org.). *Trabalho e movimentos sociais.* Belo Horizonte: Del Rey, 2008.

HÄBERLE, Peter. *A sociedade aberta dos intérpretes da Constituição.* Trad. Gilmar Ferreira Mendes. Porto Alegre: SAFE, 2003.

HARARI, Yuval Noah. *Notas sobre a pandemia:* e breves lições para o mundo pós-coronavírus. São Paulo: Companhia das Letras, 2020.

HAYDEN, Patrick. *The Philosophy of Human Rights.* Paragon House: St. Paul, 1965. XV.

HERRERA FLORES, Joaquín. *A reinvenção dos direitos humanos.* Tradução de Carlos Roberto Diogo Garcia; Antônio Henrique Graciano Suxberger; Jefferson Aparecido Dias. Florianópolis: Fundação Boiteux, 2009.

HESSEN, Johannes. *Filosofia dos valores.* Prefácio e trad. L. Cabral de Moncada. 5. ed. Coimbra: Armênio Amado, 1980.

HIRATA, Helena. Subjetividade e sexualidade no trabalho de cuidado. *Cadernos Pagu.* Campinas, n. 46, p. 151-163, 2016.

________; KERGOAT, Danièle. *Novas configurações da divisão sexual do trabalho.* Cadernos de Pesquisa – Fundação Carlos Chagas, São Paulo, v. 37, n. 132, p. 595-609, set./dez. 2007.

HOBBES, Thomas. *Leviatã ou matéria, forma e poder de um estado eclesiástico e civil.* Trad. João Paulo Monteiro e Maria Beatriz Nizza da Silva. 3. ed. São Paulo: Abril Cultural, 1983. (Coleção Os Pensadores.).

HOLANDA, Ana. *Como se encontrar na escrita:* o caminho para encontrar a escrita afetuosa em você. Rio de Janeiro: Bicicleta Amarela, 2018.

HONNETH, Axel. *Luta por reconhecimento:* a gramática moral dos conflitos sociais. Tradução: Luiz Repa; apresentação: Marcos Nobre. 2. ed. São Paulo: Editora 34, 2009.

JAMES, Burnett. *Conductors and orchestral leadership:* an exploration of conductor-orchestra relationships. Ashgate, 2012.

JANTSCH, Ari Paulo; BIANCHETTI, Lucídio (Org.). *Interdisciplinaridade:* para além da filosofia do sujeito. Petrópolis: Vozes, 2008.

JARDIM, Sílvia. O trabalho e a construção do sujeito. *In*: SILVA FILHO, João Ferreira da; JARDIM, Sílvia (Org.). *A danação do trabalho:* organização do trabalho e sofrimento psíquico. Rio de Janeiro: Te Cora, 1997.

JAVILLIER, Jean-Claude. *Introducción a OIT*. Derechos fundamentales en el trabajo. Madri: Ministerio de Trabajo y Asuntos Sociales, 2003.

KANT, Immanuel. *Fundamentação da metafísica dos costumes.* Tradução de Paulo Quintela. Lisboa: Edições 70, 1995.

KLEIN, Julie Thompson. *Crossing Boundaries:* Knowledge, Disciplinarities, and Interdisciplinarities. Virginia: University Press of Virginia, 1996.

KREIN, José Dari; PRONI, Marcelo W. *Economia informal:* aspectos conceituais e teóricos. Brasília: OIT, 2010.

KRENAK, Ailton. *Ideias para adiar o fim do mundo*. 2. ed. São Paulo: Companhia das Letras, 2020.

LALANDE, André. *Vocabulário técnico e crítico da filosofia*. 3. ed. São Paulo: Martins Fontes, 1999.

Latino-americana: enciclopédia contemporânea da América Latina e do Caribe. Coordenador Geral Emir Sader; coordenadora executiva Ivana Jinkings; coordenadores Carlos Eduardo Martins e Rodrigo Nobile. São Paulo: Boitempo; Rio de Janeiro: Laboratório de Políticas Públicas da UERJ, 2006.

LEÃO, Ângela Vaz. Prefácio. *In*: TEIXEIRA, Geraldo Magela. *Compromisso com a educação:* humanismo, paixão e êxito. Belo Horizonte: Veredas & Cenários, 2008.

LE GOFF, Jacques. *História e memória*. Campinas: Editora UNICAMP, 1990.

LEMOS, Maria Cecília de Almeida Monteiro. *O dano existencial nas relações de trabalho intermitentes:* reflexões na perspectiva do direito fundamental ao trabalho digno. São Paulo: LTr, 2020.

__________. *O dano existencial nas relações de trabalho intermitentes:* reflexões na perspectiva do direito fundamental ao trabalho digno. 2018. Tese (Doutorado em Programa de Pós-Graduação em Direito) – Universidade de Brasília. Orientadora: Gabriela Neves Delgado.

LIBERATI, Wilson Donizeti. *O Estatuto da Criança e do Adolescente*: comentários. Brasília: Instituto Brasileiro de Pedagogia Social (IBPS), 1991.

LIÉBERT, Georges. *L'Art du chef d'Orchestre*. Paris: Fayard, 2013.

LIGNELLI, César. *Sons e(m) cenas:* parâmetros do som. Tomo 1. 2. ed. Curitiba: Appris, 2020.

LISPECTOR, Clarice. Poema. *In*: BRACHER, Carlos. *Bracher Brasília: 50 anos de pintura de Bracher/50 anos da construção de Brasília*. Carlos Bracher; instalações, obras de Fani Bracher; fotografia Sérgio Silva Pereira, Cristiano Quintino. Belo Horizonte: Rona, 2007.

LOCKE, John. *Carta acerca da tolerância. Segundo tratado sobre o governo. Ensaio acerca do entendimento humano*. Trad. Anoar Aiex e Aix. Jacy Monteiro. 2. ed. São Paulo: Abril Cultural, 1978. (Coleção os Pensadores)

LOPES, Rosalda. Introdução. *In*: DELGADO, Maria do Carmo Godinho. *Queira-me sempre bem*. Belo Horizonte, 2005.

LYRA FILHO, Roberto. Direito do capital e direito do trabalho. *In*: SOUSA JÚNIOR, José Geraldo; AGUIAR, Roberto A. R. de (Org.). *Introdução crítica ao direito do trabalho*. Série O Direito Achado na Rua. Volume 2. Brasília: Centro de Educação Aberta, Continuada, a Distância (CEAD); Núcleo de Estudos para a Paz e dos Direitos Humanos (NEP); Universidade de Brasília (UnB), 1993.

__________. Humanismo dialético. *In: Revista Direito e Avesso*. Boletim da Nova Escola Jurídica Brasileira, Brasília, n. 3, 1983.

MAGANO, Octavio Bueno. *Trabalho de crianças e adolescentes*. Consulex, ano III, v. I. n. 30, 30 de junho de 1999.

MARCONDES, Danilo. *A teoria dos atos da fala como concepção pragmática de linguagem*. Filosofia Unisinos, p. 217-203. Rio Grande do Sul: Unisinos, set. 2006.

MARSHALL, T. H. *Cidadania, classe social e status*. Rio de Janeiro: Zahar, 1967.

MARTINEZ, Wladimir Novaes. *A seguridade social na Constituição Federal*. 2. ed. São Paulo: LTr, 1992.

MARTINS, Milena Pinheiro. Do lar à luta: a reforma trabalhista misógina. *In*: RAMOS, Gustavo Teixeira; MELO FILHO, Hugo Cavalcanti; LOGUERCIO, José Eymard; RAMOS FILHO, Wilson; GIORGI, Fernanda; LOPES, João Gabriel; AGUSTINHO, Thiago; ERTLE, Valeir (Org.). *O golpe de 2016 e a reforma trabalhista*: narrativas de resistência. Bauru: Canal 6, 2017.

__________. *Negociação coletiva, teleatendimento e gênero:* um estudo das convenções coletivas de trabalho do SINTTEL-DF de 2009 a 2018. 2019. Dissertação (Mestrado em Programa de Pós-Graduação em Direito) – Universidade de Brasília. Orientadora: Gabriela Neves Delgado.

MELO, Raimundo Simão de. *Direito ambiental do trabalho e a saúde do trabalhador:* responsabilidades legais, dano material, dano moral, dano estético, indenização pela perda de uma chance, prescrição. 5. ed. São Paulo: LTr, 2013.

MENDES, Ana Magnólia. *As galinhas que lutem! O trabalho na clínica lacaniana*. Brasília, DF: Circuitos Edições, 2022.

__________. *Desejar, falar, trabalhar*. Porto Alegre, RS: Editora Fi, 2018.

__________; VIVÈS, Jean-Michel. Voz do supereu e melancolização no trabalho que adoece. *In*: COELHO, Rosana; MOTTA, Diego Airoso da (Org). *Psicanálise & trabalho*: retratos do contemporâneo. Memorial da Justiça do Trabalho no Rio Grande do Sul. Porto Alegre: Tribunal Regional do Trabalho da 4ª Região, 2020.

MIRAGLIA, Lívia Mendes Moreira; TEODORO, Maria Cecília Máximo; SOARES, Maria Clara Persilva (Org.). *Feminismo, trabalho e literatura:* reflexões sobre o papel da mulher na sociedade contemporânea. [recurso eletrônico]. Porto Alegre, RS: Editora Fi, 2020.

MONTENEGRO, Fernanda. *Prólogo, ato, epílogo:* memórias. Com a colaboração de Marta Góes. São Paulo: Companhia das Letras, 2019.

MORAES, Antônio Carlos Flores de. *Trabalho do adolescente*: proteção e profissionalização. Belo Horizonte: Del Rey, 1995.

MORIN, Edgar. *É hora de mudarmos de via*: lições do coronavírus. Tradução Ivone Castilho Benedetti. Rio de Janeiro: Bertrand Brasil, 2020.

MOURA, Márcia Abrahão. Existir, resistir e reinventar: verbos intransitivos. *In*: *Revista Humanidades*. Existindo, resistindo e reinventando: universidades públicas no Brasil atual. Universidade de Brasília. n. 65, dez. 2021.

_________; NOGUEIRA, Mônica. As universidades e seu papel para a promoção da cidadania e a defesa dos direitos fundamentais. *In*: SOUSA JÚNIOR, José Geraldo [*et al.*] (Org.). *O direito achado na rua:* introdução crítica ao direito como liberdade. Brasília: OAB Editora; Editora Universidade de Brasília, 2021.

MÜLLER, Friedrich. *Quem é o povo?* A questão fundamental da democracia. 2. ed. Tradução de Peter Naumann. São Paulo: Max Limonad, 2000.

NASCIMENTO, Amauri Mascaro. *Curso de direito do trabalho*. 13. ed. São Paulo: Saraiva, 1997.

_________. *Direito do trabalho na Constituição de 1988*. São Paulo: Saraiva, 1989.

NASCIMENTO, Marilza Geralda do. *O trabalho como valor:* afirmação e crise em perspectiva tridimensional. 2002. 244 f. Dissertação (Mestrado em Filosofia do Direito) Faculdade de Direito – Universidade Federal de Minas Gerais, Belo Horizonte, 2002.

NEVES, Lucilia de Almeida. *Jardim do tempo*. Belo Horizonte: Del Rey, 1999.

_________. Cidadania: dilemas e perspectivas na república brasileira. *Tempo – Revista do Departamento de História da UFF*. Niterói, v. 2, n. 4, p. 80-102, dez. 1997.

NICOLI, Pedro Augusto Gravatá. *Fundamentos de direito internacional social:* sujeito trabalhador, precariedade e proteção global às relações de trabalho. São Paulo: LTr, 2016.

OLIVEIRA, Alaíde Lisboa de. *A bonequinha preta*. Belo Horizonte: Editora Lê, 2004 (1938).

_________. *O bonequinho doce*. 2. ed. Belo Horizonte: Editora Lê, 1982.

OLIVEIRA, Oris. *O trabalho da criança e do adolescente*. São Paulo: LTr; Brasília, DF: OIT, 1994.

ORGANIZAÇÃO INTERNACIONAL DO TRABALHO. *Conferencia Internacional del Trabajo. Memoria del Director-General: Trabajo decente*. Oficina Internacional del Trabajo Ginebra. Disponível em: https://www.ilo.org/public/spanish/standards/relm/ilc/ilc87/rep-i.htm. Acesso em: 26 jun. 2019.

ORTEGA, Francisco. *Lições do Brasil em saúde global em tempos de Covid-19*. Portal de Conferências da UnB. Disponível em: https://conferencias.unb.br/index.php/ftp/ftp/search/authors/view?firstName=Francisco&middleName=&lastName=Ortega&affiliation=%3Cspan%3EUniversidade%20do%20Estado%20do%20Rio%20de%20Janeiro%3C%2Fspan%3E&country=BR. Acesso em: 29 jan. 2021.

Os melhores contos de Andersen. Versão portuguesa de Ricardo Alberty. Ilustrações de Paul Durand. Lisboa: Verbo, sem registro do ano.

PADILHA, Norma Sueli. O equilíbrio do meio ambiente do trabalho: direito fundamental do trabalhador e de espaço interdisciplinar entre o direito do trabalho e o direito ambiental. *Revista do Tribunal Superior do Trabalho*, São Paulo, v. 77, n. 4, p. 231-258, out./dez. 2011.

PAGANI, Marcella; BORGES, Caio Afonso; DELGADO, Gabriela Neves. Teletrabalho: reflexões introdutórias na perspectiva da Lei n. 14.442/2022. *Revista dos Estudantes de Direito da UnB*, v. 1, 2023.

PAIXÃO, Cristiano; LOURENÇO FILHO, Ricardo Machado. Entre a indisponibilidade e a negociação: as normas coletivas como fontes do direito do trabalho. Caderno Jurídico. *Escola Judicial do TRT da 10ª Região*. Brasília, ano 3, v. 3, n. 4, jul./ago. 2009.

PAIXÃO, Cristiano. *Modernidade, tempo e direito*. Belo Horizonte: Del Rey, 2002.

PARENTE, Alexandre. *Brasília e o sonho encantado*. Ilustração de Gustavo Ramos. Brasília: Edebê Brasil, 2020.

PEREIRA, Maria Cristina Cardoso. Quando violações à dignidade humana se tornam “modelo de negócio”: o caso dos trabalhadores em frigoríficos e as respostas jurisdicionais do estado-protetor. *In*: DELGADO, Gabriela Neves (Coord.). *Direito fundamental ao trabalho digno no século XXI:* desafios e reinterpretações para as relações de trabalho rurais, urbanas e de serviços. Coleção Trabalho, Constituição e Cidadania. v. II. São Paulo: LTr, 2020.

PEREIRA, Maria Cristina Cardoso. *A carne está servida:* análise de argumentações jurisdicionais do TST sobre trabalhadores do setor frigorífico na perspectiva gramsciana. 2016. Tese (Doutorado em Programa de Pós-Graduação em Direito) – Universidade de Brasília. Orientadora: Gabriela Neves Delgado.

PEREIRA, Ricardo José Macêdo de Britto. *Dignidade humana e direitos sociais trabalhistas:* caminhos e desafios para a inclusão pelo trabalho. Belo Horizonte: RTM, 2022.

_________. Constitucionalismo, democracia e direitos sociais: uma conexão necessária. *In:* SANTA CRUZ, Felipe; SANTANA, Paulo; SOUTO, João Carlos (Org.). *Constitucionalismo, federalismo e democracia.* São Paulo: Dialética, 2021.

_________. Os direitos fundamentais nas perspectivas civilista e trabalhista. *In:* TEPEDINO, Gustavo; MELLO FILHO, Luiz Philippe; FRAZÃO, Ana; DELGADO, Gabriela Neves (Org.). *Diálogos entre o direito do trabalho e o direito civil.* São Paulo: Ed. Revista dos Tribunais, 2013.

PEREIRA, Rodrigo da Cunha. *Direito de família*: uma abordagem psicanalítica. Belo Horizonte: Del Rey, 1997.

PEREIRA, Tânia da Silva. *O melhor interesse da criança*: um debate interdisciplinar. Rio de Janeiro: Renovar, 2000.

_________. *Direito da Criança e do Adolescente*: uma proposta interdisciplinar. Rio de Janeiro: Renovar, 1996 (com nova publicação, atualizada, em 2008).

_________; DELGADO, Gabriela Neves; GONÇALVES, C. M. C. Diálogos com a doutrina – Entrevista com o Professor Caio Mário da Silva Pereira. *Revista Trimestral de Direito Civil,* Rio de Janeiro, v. 1, p. 295-318, 2000.

PESSANHA, Vanessa. A docência em instituições privadas de ensino superior no Brasil do século XXI: desafios e perspectivas para a efetivação do direito fundamental ao trabalho digno. *In*: DELGADO, Gabriela Neves (Coord.). *Direito fundamental ao trabalho digno no século XXI.* Coleção Trabalho, Constituição e Cidadania. Volume II. São Paulo: LTr, 2020.

PIOVESAN, Flávia. *Direitos humanos e o direito constitucional internacional.* 12. ed. São Paulo: Saraiva, 2011.

_________. Prefácio. *In*: HERRERA FLORES, Joaquín. *A reinvenção dos direitos humanos.* Tradução de Carlos Roberto Diogo Garcia; Antônio Henrique Graciano Suxberger; Jefferson Aparecido Dias. Florianópolis: Fundação Boiteux, 2009.

__________. Direitos sociais, econômicos e culturais e direitos civis e políticos. *SUR – Revista Internacional de Direitos Humanos*. São Paulo: Rede Universitária de Direitos Humanos. Ano 1. Número 1. 2004.

POCHMAN, Márcio. *O emprego na globalização*: a nova divisão internacional do trabalho e os caminhos que o Brasil escolheu. São Paulo: Boitempo, 2001.

PORTO, Noemia. *O trabalho como categoria constitucional de inclusão*. São Paulo: LTr, 2013.

PRADO, Adélia. *Bagagem*. 2. ed. Rio de Janeiro: Nova Fronteira, 1979.

QUEIRÓS, Bartolomeu Campos de. *Sobre ler, escrever e outros diálogos*. Júlio Abreu (organizador). Belo Horizonte: Autêntica Editora, 2012.

__________. *Foi assim* ... Ilustrações Sandra Bianchi. São Paulo: Moderna, 2008.

__________. *Para ler em silêncio*. São Paulo: Moderna, 2007.

QUIJANO, Anibal. Colonialidade do poder, eurocentrismo e América Latina. *In*: LAENDER, Edgardo (Org.). *A colonialidade do saber. Eurocentrismo e ciências sociais. Perspectivas Latino-americanas*. Colección Sur, CLACSO. Buenos Aires: CLACSO, 2005.

QUINTANA, Mário. *Apontamentos de história sobrenatural*. Rio de Janeiro: Globo, 2005.

QUIRINO, Célia Galvão; MONTES, Maria Lúcia. *Constituições brasileiras e cidadania*. São Paulo: Ática, 1987.

REDINHA, Maria Regina. Os direitos de personalidade no Código do Trabalho: actualidade e oportunidade da sua inclusão. *In*: *A Reforma do Código do Trabalho*, CEJ-IGT, Coimbra Editora, 2004.

REYGADAS, Luis. *La apropiación:* destejiendo las redes de la desigualdad. Rubí (Barcelona): Anthropos Editorial; México: Universidad Autónoma Metropolitana – Iztapalapa, 2008.

RIBEIRO, Ana Carolina Paranhos Campos. *A doutrina da proteção integral nas dinâmicas internacional e brasileira:* uma proposta quadrangular a partir do estudo das piores formas de trabalho infantil. 2014. Dissertação (Mestrado em Programa de Pós-Graduação em Direito) – Universidade de Brasília,

Coordenação de Aperfeiçoamento de Pessoal de Nível Superior. Orientadora: Gabriela Neves Delgado.

RIBEIRO, Darcy. *O povo brasileiro:* a formação e o sentido do Brasil. 4. ed. São Paulo: Global Editora, 2022.

RIBEIRO, Djamila. *Cartas para minha avó*. São Paulo: Companhia das Letras, 2021.

_________. *Pequeno manual antirracista*. São Paulo: Companhia das Letras, 2019.

_________. *Lugar de fala*. São Paulo: Sueli Carneiro; Pólen, 2019.

_________. *Quem tem medo do feminismo negro?* São Paulo: Companhia das Letras, 2018.

ROCHA, Ana Luísa Gonçalves. *A inseparabilidade dos direitos fundamentais à saúde e à limitação da jornada de trabalho:* uma análise a partir do trabalho dos motoristas profissionais de transporte de cargas. 2022. Dissertação (Mestrado em Programa de Pós-Graduação em Direito) – Universidade de Brasília. Orientadora: Gabriela Neves Delgado.

ROCHA, Cármen Lúcia Antunes. *República e federação no Brasil:* traços constitucionais da organização política brasileira. Belo Horizonte: Del Rey, 1996.

ROCHA, Zeferino. Esperança não é esperar, é caminhar: reflexões filosóficas sobre a esperança e suas ressonâncias na teoria e clínica psicanalítica. *Revista Latinoamericana de Psicopatologia Fundamental*. São Paulo, ano X, n. 2, p. 255-273, jun. 2007. Disponível em: http://www.psicopatologiafundamental.org.br/uploads/files/revistas/volume10/n2/esperanca_nao_e_esperar,_e_caminhar.pdf. Acesso em: 27 abr. 2021.

RODRIGUEZ, Américo Plá. *Princípios de direito do trabalho*. São Paulo: LTr, 1993.

_________. *Los convênios internacionales del trabajo*. Montevideo, 1965.

ROSA, Guimarães João. *Grande sertão:* veredas. Rio de Janeiro: Nova Fronteira, 1986.

ROSENFELD, Michel. *A identidade do sujeito constitucional*. Tradução: Menelick de Carvalho Netto. Belo Horizonte: Mandamentos Editora, 2003.

ROUSSEAU, Jean-Jacques. *Contrato social*. São Paulo: Abril Cultural, 1983. (Coleção Os Pensadores).

RUPRECHT, Alfredo J. *Os princípios do direito do trabalho*. São Paulo: LTr, 1995.

SAINT EXUPÉRY, Antoine de. *O pequeno príncipe*. Traduzido por Carlos Nougué. 2. ed. Rio de Janeiro: Nova Fronteira, 2023.

SALGADO, Joaquim Carlos. Estado ético e Estado poiético. *Revista do Tribunal de Contas do Estado de Minas Gerais,* Belo Horizonte, v. 27, n. 2, p. 37-68, abr./jun. 1998.

__________. Os direitos fundamentais. *Revista Brasileira de Estudos Políticos.* Belo Horizonte, Universidade Federal de Minas Gerais, n. 82, p. 15-69, jan. 1996.

__________. *A ideia de justiça em Kant:* seu fundamento na liberdade e na igualdade. Belo Horizonte: UFMG, 1986.

SANTANA, Raquel Leite da Silva. *As cuidadoras na sala de visita:* regulamentação jurídica do trabalho de cuidado à luz da trilogia de Carolina Maria de Jesus. São Paulo: Dialética, 2022.

__________. Desafios à garantia do trabalho digno de cuidado remunerado, a partir de uma perspectiva de raça e gênero. *In*: DELGADO, Gabriela Neves (Coord.). *Direito fundamental ao trabalho digno no século XXI:* desafios e reinterpretações para as relações de trabalho rurais, urbanas e de serviços. Coleção Trabalho, Constituição e Cidadania. Volume II. São Paulo: LTr, 2020.

__________. O trabalho de cuidado remunerado em domicílio como espécie jurídica do trabalho doméstico no Brasil: uma abordagem justrabalhista à luz da trilogia literária de Carolina Maria de Jesus. 2020. Dissertação (Mestrado em Programa de Pós-Graduação em Direito) – Universidade de Brasília. Orientadora: Gabriela Neves Delgado.

SANT'ANNA, Afonso Romano de. *Tempo de delicadeza*. Porto Alegre: L&PM, 2009.

SANTOS, Boaventura de Sousa. *O futuro começa agora:* da pandemia à utopia. São Paulo: Boitempo, 2021.

__________. *A cruel pedagogia do vírus*. São Paulo: Boitempo, 2020.

__________. *Epistemologias do Sul*. São Paulo: Cortez, 2010.

__________. *Para além do pensamento abissal:* das linhas globais a uma ecologia de saberes. São Paulo: Cortez, 2000.

SANTOS, Rodrigo Leonardo. *A discriminação de homens gays na dinâmica das relações de emprego*. São Paulo: LTr, 2017.

__________. *A discriminação de homens gays na dinâmica das relações de emprego:* reflexões sob a perspectiva do direito fundamental ao trabalho digno. 2016. Dissertação (Mestrado em Programa de Pós-Graduação em Direito) – Universidade de Brasília. Orientadora: Gabriela Neves Delgado.

SARLET, Ingo Wolfgang. *A eficácia dos direitos fundamentais*. 4. ed. Porto Alegre: Livraria do Advogado, 2004.

__________. *Dignidade da pessoa humana e direitos fundamentais na Constituição Federal de 1988*. 3. ed. Porto Alegre: Livraria do Advogado, 2004.

SENA, Adriana Goulart; DELGADO, Gabriela Neves; NUNES, Raquel Portugal (Org.). *Dignidade humana e inclusão social:* caminhos para a efetividade do Direito do Trabalho no Brasil. 1. ed. São Paulo: LTr, 2010.

SILVA, Benedicto; MIRANDA NETTO, Antônio Garcia de. *Dicionário de ciências sociais*. Rio de Janeiro: Fundação Getúlio Vargas, Instituto de Documentação, 1986.

SILVA, José Afonso da. *Curso de direito constitucional positivo*. 18. ed. São Paulo: Malheiros, 2000.

SILVA, Marcos Fabrício Lopes da. O historiador poético. *In*: BEHR, Nicolas. *Brasília-z*: cidade palavra. Brasília: Teixeira Gráfica e Editora, 2014.

SILVA, Sayonara Grillo Coutinho Leonardo da. Mudanças normativas e sindicalismo: transformações recentes. *Revista LTr*. Legislação do Trabalho. v. 09, set. p. 1041-1052, 2011.

__________. O princípio da proteção: fundamento da regulação não-mercantil das relações de trabalho. *Revista OABRJ*, v. 26, p. 81-112, 2011.

__________. *Relações coletivas de trabalho:* configurações institucionais no Brasil contemporâneo. São Paulo: LTr, 2008.

__________. Duas notas sobre novas tutelas laborais no multifacetado desenho do mundo do trabalho contemporâneo. *Revista do Tribunal Superior do Trabalho*. v. 74, p. 121-148, 2008.

__________; HORN, Carlos Henrique. O princípio da proteção e a regulação não-mercantil do mercado e das relações de trabalho. *In*: *Revista de Direito do Trabalho* (RDT), Editora Revista dos Tribunais, ano 34, vol. 32, out./dez. de 2008.

SINHA, Chris; BERNÁRDEZ, Enrique. Espaço, tempo e espaço-tempo: metáforas, mapas e fusões. Tradução de Wany Bernardete de Araújo Sampaio. *Revista Brasileira de Linguística Antropológica*, v. 7, n. 1, jul. 2015. p. 53-54.

SOARES, Flávia Rampazzo. Interlocuções entre direitos humanos e direito do trabalho e a necessária proteção à dignidade da pessoa do trabalhador. *In*: ALVARENGA, Rúbia Zanotelli (Org.). *Direitos humanos dos trabalhadores*. São Paulo: LTr, 2016.

SOARES, Mário Lúcio Quintão. *Teoria do Estado:* o substrato clássico e os novos paradigmas como pré-compreensão para o direito constitucional. Belo Horizonte: Del Rey, 2001.

SOUSA, Fernanda Brabo. Corazonar o pensar e o fazer pesquisa em educação como proposta para metodologias outras: esboços germinais. *In*: *Revista COCAR*. Programa de Pós-Graduação em Educação da Universidade do Estado do Pará (UEPA). Belém. v. 11. n. 22, p. 248 a 266, jul./dez. 2017. Disponível em: http://páginas.uepa.br/seer/index.php/cocar. Acesso em: 21 jul. 2023.

SOUSA JÚNIOR, José Geraldo de. A constituição da democracia em seus 35 anos. *Jornal Estado de Direito*. Publicado em 28 de setembro de 2023. Disponível em: http://estadodedireito.com.br/a-constituicao-da-democracia-em--seus-35-anos. Acesso em: 28 set. 2023.

__________. Varrendo para cima do tapete: da invisibilidade social à regulamentação jurídica do trabalho na limpeza urbana. *Jornal Estado de Direito*. Publicado em 30 de março de 2023. Disponível em: http://estadodedireito.com.br/varrendo-para-cima-do-tapete-da-invisibilidade-social-a-regulamentacao-juridica-do-trabalho-na-limpeza-urbana/. Acesso em: 30 mar. 2023.

_________. Máscaras no varal: a revolução é preta, feminista e imparável. *Jornal Estado de Direito*. Publicado em 13 de julho de 2022. Disponível em: http://estadodedireito.com.br/,ascaras-no-vaal-a-revolucao-e-preta-feminista-e-imparavel/. Acesso em: 27 mar. 2023.

_________. *Direito com que Direito*. Memorial para Progressão ao Cargo de Professor Titular. Faculdade de Direito da UnB. Brasília, 2022.

_________. Territórios de conhecimentos e de intersubjetividades: um lugar social para a Universidade. *In*: *Revista Humanidades*. Existindo, resistindo e reinventando: universidades públicas no Brasil atual. Universidade de Brasília. n. 65, dez. 2021.

_________ [*et al.*]. Introdução: O direito achado na rua 30 Anos. *In*: SOUSA JÚNIOR, José Geraldo [*et al.*] (Org.). *O direito achado na rua:* introdução crítica ao direito como liberdade. Brasília: OAB Editora; Editora Universidade de Brasília, 2021.

_________. Constituição 30 anos: uma promessa vazia? *In*: *Revista Humanidades*, n. 62, Dossiê 30 Anos da Constituição Cidadã. Brasília: Editora UnB, dezembro 2018.

SOUZA, Jessé. (Não) Reconhecimento e subcidadania, ou o que é "ser gente"? *Lua Nova: Revista de Cultura e Política*, [S. l.], n. 59, p. 51-73, 2003.

STANDING, Guy. *O precariado:* a nova classe perigosa. Tradução de Cristina Antunes. Belo Horizonte: Autêntica Editora, 2014.

SUPIOT, Alain. *O espírito de Filadélfia*: a justiça social diante do mercado total. Porto Alegre: Sulina, 2015.

SÜSSEKIND, Arnaldo; TEIXEIRA FILHO, João de Lima. *Instituições de direito do trabalho*. v. I e II. 20. ed. São Paulo: LTr, 2002.

SÜSSEKIND, Arnaldo. *Direito internacional do trabalho*. 3. ed. São Paulo: LTr, 2000.

TABUCCHI, Antonio. *O tempo envelhece depressa*. Tradução Nilson Moulin. São Paulo: Cosac Naify, 2010.

TEIXEIRA, Geraldo Magela. *Compromisso com a educação:* humanismo, paixão e êxito. Belo Horizonte: Veredas & Cenários, 2008.

TEODORO, Maria Cecília Máximo. Quem é a mulher para o direito do trabalho? Responsabilidades de cuidados disfarçadas de direitos. *In*: *Revista LTr*. v. 86, n. 09, setembro 2022.

__________; DELGADO, Gabriela Neves. A discriminação algorítmica de gênero: a reprodução do real no virtual. *Revista LTr*. Legislação do Trabalho, v. 2, p. 236-243, 2023.

__________; VIANA, Márcio Túlio; DELGADO, Gabriela Neves; BEVIAN, Elsa Cristine; MACHADO, M. M. A.; VIANA, G. J. (Org.). *Covid-19 e o mundo do trabalho:* 2020 em retrospectiva e perspectivas. Porto Alegre: Editora Fi, 2021.

Terceirização e desenvolvimento: uma conta que não fecha. Dossiê DIEESE/CUT, setembro de 2011. Disponível em: http://www.sinttel.org.br/downloasds/dossie-terceirizacao-cut.pdf. Acesso em: 19 jun. 2014.

THIESEN, Juares da Silva. A interdisciplinaridade como um elemento articulador no processo ensino-aprendizagem. *Revista Brasileira de Educação*, 13 (39), set./dez. 2008, p. 547. Disponível em: https://www.scielo.br/j/rbedu/a/swDcnzst9SVpJvpx6tGYmFr/. Acesso em: 30 mar. 2023.

TIBURI, Márcia. *Feminismo em comum:* para todas, todos e todes. 3. ed. Rio de janeiro: Rosa dos Tempos, 2018.

TRAVESSONI, Alexandre. *Dicionário de teoria e filosofia do direito*. São Paulo: LTr, 2011.

__________. Ética, valor e direito. 2002. 260 f. Tese (Doutorado em Filosofia do Direito) – Faculdade de Direito, Universidade Federal de Minas Gerais, Belo Horizonte, 2002.

TRINDADE, Antônio Augusto Cançado. *Desafios e conquistas do direito internacional dos direitos humanos no início do século XXI*. Organization of American States – OAS, More Rights for More People, p. 407-490, ago. 2006. Disponível em: https://bit.ly/3wSWRr4. Acesso em: 25 maio 2022.

__________. A interação entre o direito internacional e o direito interno na proteção dos direitos humanos. *In*: *Arquivos do Ministério da Justiça*, Brasília, jul./dez. 1993.

__________. *A proteção internacional dos direitos humanos:* fundamentos jurídicos e instrumentos básicos. São Paulo: Saraiva, 1991.

TRINDADE, Pedro Mahin Araújo; LOPES, João Gabriel Pimentel. *A terceirização e o Supremo (Parte 2):* o STF e a terceirização política. Blog Trabalho, Constituição e Cidadania. Disponível em: http://trabalho-constituicao--cidadania.blogspot.com/2014/06/o-stf-e-terceirizacao-da-politica.html. Acesso em: 4 jul. 2023.

VALTICOS, Nicolas. *Derecho internacional del trabajo.* Madrid: Editorial Tecnos, 1977.

VAZ, Sérgio. *Literatura, pão e poesia.* Rio de Janeiro: Global Editora, 2011.

VENCO, Selma. A docência em instituições públicas da educação básica no brasil do século XXI: precariedade e ocaso da função pública. *In*: DELGADO, Gabriela Neves (Coord.). *Direito fundamental ao trabalho digno no século XXI.* Coleção Trabalho, Constituição e Cidadania. v. II. São Paulo: LTr, 2020.

VERONESE, Josiane Rose Petry. *Interesses difusos e direitos da criança e do adolescente.* Belo Horizonte: Del Rey, 1997.

VIANA, Márcio Túlio. *Para entender a terceirização.* São Paulo: LTr, 2015.

__________. As faces ocultas da terceirização: um mix de velhos textos e novas ideias. *LTr Suplemento Trabalhista,* v. 50, p. 461-464, 2014.

__________. Terceirização e sindicato: um enfoque para além do jurídico. *Revista LTr,* São Paulo, v. 67, n. 7, jul. 2003.

__________; ROCHA, Cláudio Jannotti da (Coord.). *Como aplicar a CLT à luz da Constituição:* alternativas para os que militam no foro trabalhista. Obra em homenagem à Profa. Gabriela Neves Delgado. São Paulo: LTr, 2016.

__________; DELGADO, Gabriela Neves; AMORIM, Helder Santos. Terceirização. Aspectos gerais. A última decisão do STF e a Súmula 331 do TST. Novos enfoques. *Revista Magister de Direito Trabalhista e Previdenciário,* v. 40, p. 05-35, 2011.

__________. A proteção social do trabalhador no mundo globalizado. O direito do trabalho no limiar do século XXI. *Revista LTr,* São Paulo, v. 63, p. 885-896, 1999.

VIEIRA, Liszt. *Cidadania e globalização*. Rio de Janeiro: Record, 1997.

VIEIRA, Regina Stela Corrêa. Cuidadoras: a invisibilidade do trabalho de cuidado e o papel do Direito em seu reconhecimento. *In*: SOUTO MAIOR, Jorge Luiz; GNATA, Noa Piatã Bassfeld (Org.). *Trabalhos marginais*. São Paulo: LTr, 2013.

VIEIRA, S.; LIGNELLI, C. Narrativas atitudes e parâmetros do som: A voz e a palavra em uma aproximação pragmática. *Revista de Estudos Teatrais Pitágoras*. v. 7, p. 4-15, 2018.

VILHENA, Paulo Emílio Ribeiro de. Valor: realidade, ficção ou projeção da realidade. *Revista da Faculdade de Direito da Universidade Federal de Minas Gerais*, Belo Horizonte, n. 37, p. 235-259, 2000.

VIVÈS, Jean-Michel. A pulsão invocante e os destinos da voz. *Psicanálise & Barroco*. v. 7. n. 1, 2009. p. 1-17.

WANDELLI, Leonardo Vieira. O direito fundamental ao conteúdo do próprio trabalho: uma reconstrução normativa do direito ao trabalho como mediação da dignidade humana. *In*: DELGADO, Gabriela Neves (Coord.). *Direito fundamental ao trabalho digno no século XXI*: principiologia, dimensões e interfaces no Estado Democrático de Direito. São Paulo: LTr, 2020.

WEIL, Pierre; TOMPAKOW, Roland. *O corpo fala*. A linguagem silenciosa da comunicação não verbal. 74. ed. São Paulo. Editora Vozes, 2015.

WARAT, Luis Alberto. *El Derecho y su Lenguaje*. Buenos Aires: Cooperadora de Derecho y Ciências Sociales, 1976.

YOURCENAR, Marguerite. *Memórias de Adriano:* seguido do caderno de notas das "Memórias de Adriano" e da Nota. Tradução de Martha Calderaro. Rio de Janeiro: Nova Fronteira, s/d.

ZARUR, Márcia. *Amor concreto*. Brasília: Maria Cobogó, 2018.

Filmografias:

Tempos modernos. Direção: Charles Chaplin. Produção: Charles Chaplin, Paulette Goddard, 1936. Rio de Janeiro: Continental Home Video. 1 fita de vídeo (87 min.), HI-FI, VHS.

A classe operária vai ao paraíso. Direção: Elio Petri. Produção: Ugo Tucci. Itália: 1971. 125 min.

Blade Runner – O caçador de androides. Direção: Ridley Scott. 1 DVD. 117 minutos.

O sucesso a qualquer preço. Direção: James Foley. 1 DVD. 100 minutos;

The closet – Título Original: Le Placard. *Tempo de duração:* 84 minutos. *Ano de lançamento, França:* 2001. *Distribuição:* Miramax Films / Gaumont / Pandora Filmes. *Direção:* Francis Veber. *Roteiro:* Francis Veber. *Produção:* Patrice Ledoux. Música: Vladimir Cosma. Fotografia*:* Luciano Tovoli. Direção de Arte: Hugues Tissandier. Figurino: Jacqueline Bouchard. Edição: Georges Klotz.

Onde está Rosinha? PRT do Ceará. 1 DVD, 15 minutos, 2005. Autoria UFCE/PETROBRÁS/BN/MPT/UNICEF. Data de produção: 2007. Local: Fortaleza, CE. Tempo de duração: 27'43"; *Pão e rosas*. Direção: Ken Loach. 1 DVD, 106 minutos.

Tarja Branca: a revolução que faltava. Direção de Cacau Rhoden. Produção Executiva de Estela Renner, Luana Lobo e Marcos Nisti. Roteiro de Cacau Rhoden; Estela Renner; Marcos Nisti. Intérpretes: Domingos Montagner; Wandi Doratiotto; Antônio Nóbrega; José Simão. Música: André Caccia Bava. São Paulo: Maria Farinha Filmes, 2014. 1 DVD (80 min.), son., color. Documentário.